KB091072

애도상담

**Grief and Loss:
Understanding the
Journey,
First Edition**

Stephen J. Freeman

© 2019 Cengage Learning Korea Ltd. ALL RIGHTS RESERVED.

Original edition © 2005 Wadsworth, a part of Cengage Learning.
Grief and Loss: Understanding the Journey, 1st Edition by Stephen J.
Freeman
ISBN: 9780534593919

This edition is translated by license from Delmar, a part of
Cengage Learning, for sale in Korea only.

No part of this work covered by the copyright herein may be
reproduced or distributed in any form or by any means, except
as permitted by U.S. copyright law, without the prior written
permission of the copyright owner.

For permission to use material from this text or product,
email to **asia.infokorea@cengage.com**

ISBN: 979-11-89946-08-1

Cengage Learning Korea Ltd.
14F YTN Newsquare 76 Sangamsan-ro
Mapo-gu Seoul 03926 Korea

Cengage is a leading provider of customized learning solutions
with employees residing in nearly 40 different countries and sales
in more than 125 countries around the world. Find your local
representative at: **www.cengage.com**.

To learn more about Cengage Solutions, visit
www.cengageasia.com.

Every effort has been made to trace all sources and copyright
holders of news articles, figures and information in this book
before publication, but if any have been inadvertently overlooked,
the publisher will ensure that full credit is given at the earliest
opportunity.

Printed in Korea
Print Number: 3   Print Year: 2024

애도상담

상실과 비애에 관한 상담 지침서

Stephen J. Freeman 지음

이동훈 · 강영신 옮김

사회평론아카데미

✿ Cengage

Australia · Brazil · Canada · Mexico · Singapore · United Kingdom · United States

애도상담 상실과 비애에 관한 상담 지침서
Grief & Loss: Understanding the Journey

2019년 5월 20일 초판 1쇄 발행
2024년 6월 7일 초판 3쇄 발행

지은이 Stephen J. Freeman
옮긴이 이동훈·강영신

책임편집 임현규
디자인 김진운
본문조판 토비트
마케팅 김현주

펴낸이 윤철호
펴낸곳 (주)사회평론아카데미
등록번호 2013-000247(2013년 8월 23일)
전화 02-2191-1128
팩스 02-326-1626
주소 03993 서울특별시 마포구 월드컵북로6길 56
이메일 academy@sapyoung.com
홈페이지 www.sapyoung.com

ISBN 979-11-89946-08-1 (93180)

* 사전 동의 없는 무단 전재 및 복제를 금합니다.
* 잘못 만들어진 책은 바꾸어 드립니다.

* 일러두기 모든 주는 역자 주입니다.

삶의 대부분의 시간을 함께한 사랑하는 아내
메리 리(Mary Lee)에게 이 책을 바칩니다.
또한 삶을 적극적으로 헤쳐 나가고 있는 두 딸
스테파니(Stephanie)와 애나(Anna)에게 바칩니다.
그리고 현재 상실로 고통받고 있거나 장래에 고통받을지 모르는
모든 사람들에게 이 책을 바칩니다.

죽음이 앗아갈 수 있는 것을 사랑한다는 것은 너무나 무서운 일이다.
— 포르테우스(A. J. Porteus)

역자 서문

　죽음은 우리 인간의 역사에서 익숙한 경험이면서도 항상 감당하기 어려운 삶의 과정이자 주제이다. 자신에게 유의미한 존재의 상실로 인한 슬픔과 비애는 그 어떤 것과도 비교될 수 없을 만큼 큰 정서적 반응을 유발한다. 또한 이러한 상실과 비애를 적절하게 이겨내지 못했을 경우 트라우마로 남게 되며 PTSD로 이어지기도 한다.

　2014년부터 2016년까지 안전행정부의 인적재난안전기술사업 R&D인 〈재난분석을 통한 심리지원 모델링 개발〉이라는 연구과제를 연구책임자로 수행하면서 이 책을 접하게 되었다. 연구과제의 일환으로 세월호 재난으로 자녀를 잃은 부모의 경험에 대한 질적연구를 수행하면서 부모의 상실과 비애 경험에 주목하게 되었다. 그분들을 만나 인터뷰를 하면서 상담자로서 그분들의 상실과 비애를 어떻게 도와야 할지에 대한 막막함과 아무것도 할 수 없음에 좌절감을 느꼈다. 상실의 슬픔을 위로하는 데 언어란 무의미할 수도 있다고까지 느끼게 되었다. 이러한 문제의식에서 출발하여 관련 서적과 자료들을 찾아보던 중에 이 책을 접하고 번역해 보고자 마음먹게 되었다. 그리고 출판사에 도움을 요청했는데 이미 전남대학교의 강영신 교수님께서 이 책의 번역 작업을 준비하고 계시던 차였다. 강 교수님께 이 책에 관심을 갖는 이유를 말씀드렸더니 흔쾌히 번역작업에 참여하는 것을 허락하셨다. 공동 작업을 허락해 주신 점 강영신 교수님께 이 자리를 빌어 감사드린다. 더불어 강 교수님께서 비애와 상실에 관한 본 이론서 외에도 워크북인 『애도상담의 실제』에 대한 번역까지 두 권의 책을 먼저 계획하셨는데 그중 이 이론서의 대표역자를 제게 허락해 주신 데에 대해서도 깊은 고마움을 표한다. 이 책의 번역 작업이 나 자신이 더 나은 상담자로 성장하는 데에 큰 계기가 되었다.

이 책이 상실과 비애를 경험하고 있는 내담자들을 상담하고 돕는 데 있어서 이 주제에 익숙하지 않는 상담자와 관련 분야 전문가들에게 많은 전문지식을 제공해줄 것으로 생각한다. 특히 이 책으로 상실과 비애에 관한 기본지식과 개념들을 이해하고, 이를 토대로 구체적인 개입을 어떻게 해야 하는지에 대해서는 '강점 기반 애도상담을 위한 평가와 개입 워크북' 『애도상담의 실제』를 참조한다면 이론과 상담 실제를 함께 연결해 볼 수 있을 것이다.

마지막으로 상실과 비애라는 주제에 관심이 있는 상담자와 관련 분야 전문가들이 공부할 수 있는 좋은 책이 나오도록 허락하고 도움을 준 센게이지와 사회평론아카데미 출판사에 깊이 감사한다. 그리고 이 책이 나오기까지 많은 부분에서 섬세한 지원을 해주신 편집 관계자분들께도 감사의 말씀을 전한다.

2019년 4월
이동훈

저자 서문

에드워드 라이니어슨(Edward Rynearson)은 『정신의학과 연보 (*Psychiatric Annals*)』 1990년(b) 6월호의 서문에서, 상담전문가라면 누구나 마주할 만한 내담자에 대한 이야기를 한다. 내담자는 어린 자녀들이 있는 여인으로 1년 전 남편과의 사별로 여전히 힘들어하고 있었다. 그녀의 "병적인 애도 반응" 때문에 주치의가 그녀를 라이니어슨에게 보냈다. 치료를 받으러 왔을 때 그녀는 자신이 제대로 슬퍼하지 않는다는 말들 때문에 죄책감을 느끼고 있었다. 자세히 알아보니 그녀는 아이들이 슬픔을 극복하도록 할 수 있는 건 모두 하느라 에너지를 다 써버린 것이었다. 라이니어슨이 앞으로 기대해도 좋을 일에 대해 알려주고 그녀가 힘든 상황을 잘 견뎌내고 있다고 격려하자 그녀는 눈물을 흘리며 남편의 죽음을 애도하기 시작했다. 이는 아이들만을 위해서가 아니라 그녀 자신을 위하는 애도였다.

매일 대략 25만 명에서 30만 명의 사람들이 죽는다. 누군가는 우연히 죽고, 누군가는 살해당해 죽으며, 여전히 누군가는 자살을 한다. 누군가는 과식으로, 누군가는 굶주림으로 죽는다. 누군가는 태어나기도 전에, 누군가는 나이가 들어서 죽는다. 사람들은 죽을 수밖에 없기 때문에 죽으며, 남은 이들에게는 큰 슬픔을 맡기고 떠난다(Levine, 1984).

루이스 토마스(Lewis Thomas, 1974)는 『세포라는 대우주: 한 생물학자의 관찰기록(*The Lives of a Cell: Notes of a Biology*)』에서 다음과 같이 말했다:

부고 페이지는 우리가 죽어가고 있음을 말해주는 반면에, 페이지의 한편에 작은 글씨로 적힌 출생 소식은 우리를 대신할 이들을 알려준다. 하지만 우리는 이것이 얼마나 거대한 규모인지 알지 못한다. 지구에는 30억 명의 사람들이 살고 있고, 이 30억 명 모두가 일생의 정해진 시간에 죽는다. 매년 5천만 명이 넘는 사람들을 비롯하여 우리들 대부분이 꽤 비밀리에 죽음을 맞이한다. (98쪽)

보다 최근의 자료에서는 대략 60억 명의 우리들 중 매년 약 1억 명의 사람들이 죽는다고 말한다. 누구나 일생에서 언젠가는 반드시 큰 슬픔을 느끼게 된다는 것이다.

상담전문가가 되려는 학생들은 상담과 치료가 희망을 불어넣어야 한다는 생각을 종종 지침으로 여기며, 이는 올바른 자세이다. 이들은 사람들이 성장하고 삶을 배우도록 돕는 것이 그들이 하는 일의 목적이라고 단언한다. 이러한 관점을 가졌기에 이들은 희망을 물리치는 듯한 죽음과 사별의 영역에 발을 들이기를 망설이기도 한다. 그렇다면 이러한 주제들을 왜 공부해야 할까? 이유는 죽음은 삶의 자연스러운 일부이고, 사별은 삶에 따라오는 피할 수 없는 부분이자, 다른 사람과 관계 맺고 유대감을 느끼려는 자연스러운 마음의 일부이기 때문이다.

사별을 경험한 사람들 중 사회적 지지가 없거나 부족하다고 느끼는 이들은 상담전문가에게 의지해 삶에서 가장 고통스러운 순간을 견뎌내고자 한다(Lenhardt, 1997; Ruskay, 1996; Worden, 1991). 상담전문가 교육에서 애도상담 훈련은 보통 이루어지지 않지만, 상담사가 다양한 애도 단계에 있는 사람들을 만날 확률은 높다. 지숙과 디볼(Zisook & Devaul, 1985)이 연구한 바에 의하면, 캘리포니아에 있는 외래환자 전문 정신병원을 다니는 환자들 중 17%에게서 해결되지 않은 애도가 발견되었다. 존 볼비(John Bowlby, 1980)는 다음과 같이 말한 바 있다.

임상적 경험과 근거자료로 볼 때 이 핵심적인 주장은 의심할 여지가 거의 없다. 즉, 정신질환은 많은 경우 병적인 애도의 표현이며, 이러한 질환에는 불안증 상태, 우울증 질환, 히스테리아 또는 한 가지 이상의 성격장애가 포함된다. (23쪽)

볼비(1980)는 또한 임상가들이 사별을 겪는 사람들의 경과를 가끔 비현실적으로 예상한다고 말한다. 결국에는 절대적이거나 보편적으로 올바른 가정은 물론 사별한 사람들에게 효과적인 하나의 올바른 작업방법이라 할 것도 없다고 말할 수 있다. 그러나 언급할 필요가 있는 몇 가지 주장들은 있다. 이 책에서는 이러한 주장들 몇몇을 확인하고 사별한 사람들을 상담하는 이들에게 기본적인 이론과 기법을 알려주고자 한다. 하지만 한 사람은 다른 모든 사람들과 같고, 몇몇의 다른 사람들과도 같고, 또 어떤 누구와도 같지 않다는 고든 올포트(Gordon Allport)의 말을 염두에 두고, 독자들은 제시되는 정보와 이것의 적용 가능성에 대해 비판적으로 검토해야 한다. 이를 기억하며 시작해 보자.

차례

1장

도입

　우리가 죽음이라고 부르는 경험은 무엇인가? 이 질문은 생각보다 더 복잡하다. 로버트 캐스틴바움(Robert Kastenbaum, 2001)은 죽음이 특정 상황의 특정 시간에 발생할 수 있는 사건 혹은 그 사건 이후에 뒤따르는 상태임에 주목하면서 이 복잡함을 두드러지게 했다. 삶이 끝났다. 그다음은? 이 질문에 대한 답은 실증적으로 얻어지는 것이 아니므로 앞의 질문에 초점을 맞추겠다. 우리가 죽음이라고 부르는 이 실증적 사건은 무엇인가?

　죽음을 사건으로 규정하는 아이디어는 문화나 시대마다 다르다. 서구 문화에서는 역사적으로 영혼을 모든 것에 깃들어 있는 생명의 근원으로 간주했다. 그러므로 전통적으로 자연스럽게 죽음이라는 하나의 아이디어 혹은 개념은 영혼이 육체를 떠나는 것으로 간주되었다. 하지만 영혼은 형체를 갖지 않으므로 육체를 떠나는 것을 육안으로 관찰할 수 없기 때문에 단언할 수 없었다. 이러한 이유로 숨을 멈추는 것을 죽음이 발생했다는 전형적인 신호로 여겼다.

　시간이 지나면서 현대 사회(의학 분야)에서는 죽음을 주요 생체 기능, 이를테면 호흡과 심장 기능의 정지와 연결시켰다. 하지만 현대 의학기술이 발전하면서 개인의 생체 기능을 거의 무한대로 유지할 수 있는 가능성이 생겼다. 그렇기 때문에 죽음이라고 불리는 사건 혹은 개념에 대한 재정의가 필요해졌다. 좀 더 최근에는 죽음의 개념이 뇌 기능의 부족이나 뇌사와 연관되고 있다. 뇌사는 뇌 기능의 불가역적인 손실로 정의된다. 하지만 이러한 개념에도 한계는 존재한다. 한 개인이 좀 더 상위 수준의 뇌 기능을 상실했지만 주요 생체 기능을 담당하는 구(舊)뇌는 계속 작동하고 있는 경우가 그렇다. 심장이 계속 뛰고 폐가 계속 움직이며 반사 반응을 보일 수도 있다. 하지만 이 모든 것에도 불구하고 그 개인의 핵심적인 본질은 존재하지 않는다. 이러한 상황에서는 그 개인이 사망했다는 선고를 내리기를 주저할 수 있다. 그래서 하버드 의과대학에서는 뇌사를 결정하는 주요 기준이 필요하다고 여기고 뇌사 정의에 관한 특별위원회(Ad Hoc Committee of the Harvard Medical School to Examine the Definition of Death, 1968)를 구성하여 몇 가지 기준을 제시했다. 이후 이 기준은 하버드 뇌사판정 기준(Harvard Criteria)이라고 알려졌다. 다섯 가지 기준은 다음과 같다.

　1. 각종 자극에 대한 반응성의 소실　외부 자극이나 내적 욕구에 대한 어떠한 자각도 보이지 않는다. 일상적인 고통 자극이 주어지더라도 반응을 전혀 보이지 않는다.

　2. 자발운동과 자발호흡의 소실　자발적인 호흡과 자발적인 근육 운동이 전혀 나타나지 않는다.

3. 여러 반사의 소실 신경심리 평가에서 보이는 일상적인 반사들이 전혀 나타나지 않는다(예를 들어, 눈동자에 빛을 비추었을 때 동공이 수축되지 않는다).

4. 뇌파의 평탄화 두피에 장착된 전극은 살아 있는 뇌로부터 전기 활동의 활력을 감지한다. 일반적으로 이를 뇌파라 한다. 레스피레이터 뇌[1] (respirator brain)는 일반적인 뇌파에서 보여지는 봉우리와 계곡 패턴을 나타내지 않는다. 대신 전자펜은 평탄한 선을 그린다. 이는 전기생리학적 활동이 거의 없음을 보여주는 것으로 간주된다.

5. 뇌로 혈액이 흐르지 않거나 뇌 안에서의 혈액 순환이 없음 혈액 순환을 통해 제공되는 산소와 영양소가 없다면 뇌 활동은 머지않아 중단될 것이다.

하버드 뇌사판정 기준이 있음에도 뇌사의 요건이 무엇인가에 대한 논쟁은 여전히 지속되고 있다. 머리뼈 내부의 모든 신경구조체의 불가역적인 손상인 전뇌사(whole-brain death), 소뇌와 뇌간을 제외한 양 반구의 불가역적인 손상인 대뇌사(cerebral death), 대뇌피질의 신경조직의 불가역적인 손상인 뇌피질사(neocortical death)와 같은 개념이 이러한 논쟁의 중심에 있다. 이러한 논쟁 때문에 어떤 학자들은 뇌사를 의식적인 사회적 상호작용이나 관계 능력의 소실로 규정해야 한다고 주장하기도 한다.

죽음의 요건이 무엇인가에 대한 개념은 단순히 학문적인 관심 이상의 것이다. 의학기술의 눈부신 발전은 죽음에 이르고 있는 사람들과 남겨진

----

1   뇌사 후에도 인공호흡장치에 의해 심장 기능만이 유지된 환자의 뇌에 나타나는 현상을 가리킴.

사람들 모두를 위한 심각한 윤리적·법적 의문들을 불러일으켰고 수없이 많은 새로운 문제들을 양산해 왔다. 죽음에 대한 정의는 필수적이며 현재 우리의 지식 수준을 고려하면 되도록 포괄적이어야만 한다. 따라서 이 책에서는 살아 있는 사람의 상태의 완전한 변화, 즉 그 사람의 본질적 특성을 상실하는 것을 포함하여 불가역적인 생명의 정지를 죽음이라고 조작적으로 정의하고자 한다. 또한 살아 있음(living)과 죽어 감(dying)이 인간의 동일한 과정, 즉 우리가 태어날 때 시작하여 죽을 때 끝나는 과정의 두 가지 표현임에 주목하고자 한다. 하지만 여전히 질문은 남는다. "죽음은 어떠한 모습으로 나타나는가?"

죽음의 유형

데이비드 서드노(David Sudnow)는 자신의 저서인 『죽음의 사회적 구조(*Passing on: The Social Organization of Dying*)』에서 죽음의 네 가지 유형 혹은 형태를 제시했다. 즉, 사회적 죽음, 심리적 죽음, 생물학적 죽음, 생리학적 죽음이다. 각 유형 혹은 양상은 죽어 가는 사람과 상실을 애도하며 남겨진 사람들에 대한 함의를 포함하고 있다.

사회적 죽음

서드노에 따르면, 사회적 죽음(social death)은 한 개인이 알고 있던 세계에서의 상징적 죽음을 의미한다. 사회적 죽음은 죽어 가는 사람뿐만 아니라 남겨진 사람들에게도 많은 함의를 제공한다. 이러한 죽음에서는 사회적이고 대인관계적인 면에서 이제까지 알아 온 세계가 사라지기 시작한다.

이는 생활방식의 변화(예를 들어, 비자발적 퇴직, 낯선 곳으로의 갑작스러운 이주)나 육체적, 정신적 질환 혹은 퇴화(예를 들면, 암, 치매, 기타 대뇌 손상)로 인해 발생할 수 있다.

원인이 무엇이든지 간에 결과는 익숙한 환경(예를 들어, 직장, 가정, 친구, 공동체)으로부터 개인이 분리되거나 관련된 사회적 접촉이 잠재적으로 감소하는 것이다. 죽어 가는 사람은 친구나 가족의 예기 애도(anticipatory grief)의 결과로 사회적 죽음을 경험할 수도 있다. 예기 애도는 장래에 있을 상실을 예기하면서 발생하는 정상적인 애도의 형태로, 피할 수 없는 일을 질질 끌고 싶지 않은 마음에서 미리 마음의 거리를 두는 것과 같은 형태를 띨 수 있다. 전화나 방문의 횟수가 점점 줄어들다가 결국에는 완전히 멈추게 된다. 다른 사람에게서 죽어 가는 사람을 분리시키는 것은 죽음과 상실에 대한 애도를 확대해석하게 하고 그것에 집착하게 한다. 또한 배제적 행위는 에이즈(AIDS)에 걸린 사람을 따돌리고 고립시킬 수 있다. 여전히 잘 생활하고 있고 유의미한 대인관계 교류를 이어 가고 있는 개인을 배제하는 행위가 갖는 잠재적인 파괴성은 윌리엄 제임스(William James, 1890)의 말에 반영되어 있다.

우리는 타인의 눈앞에 있기를 바라는 모이기 좋아하는 동물일 뿐만 아니라 같은 인간들에게 좋게 비춰지고자 하는 내재적 경향성을 갖고 있다. 사회에서 어떤 한 사람이 떼쳐지고 그에 따라 다른 모든 구성원으로부터 눈에 띄지 않는 사람이 되는 것보다 더 극악한 처벌은 없다(p.293).

누군가를 떠나보낸 사람의 경우, 특히 배우자나 반려자를 떠나보낸 사람의 경우에 사회적 죽음과 관련된 상실은 임종을 앞둔 사람을 아꼈던 친구들이나 소속된 집단과의 접촉이 줄어드는 것에서 시작될 수 있다. 배우자의 죽음 이후에는 수많은 이유로 이전에 함께 즐기던 활동을 피할 수 있다. 남겨진 사람은 우울, 대인관계 불안 혹은 다른 이유로 인해 다른 커플들과 어울리지 못한다고 느낄 수 있다. 아니면 어울렸던 친구들과 애착을 유지하는 방법을 잊어버렸을 수도 있다.

심리적 죽음

서드노에 따르면, 심리적 죽음(psychological death)은 죽어 가는 사람의 인격 측면이 사망하는 것을 가리킨다. 점차로 쇠약해지는 질환이나 불치병의 경우, 이는 종종 죽음의 과정의 일부이다. 한 개인의 독립성과 자율성 수준이 점차로 감소하면서 퇴행과 의존은 커진다. 죽어 가는 사람뿐만 아니라 남겨질 사람은 이러한 상실과 더불어 통제감, 생산성, 안전감, 이전에 자기가 어떠한 사람이었지만 지금은 아닌 것 같다는 느낌과 관련된 자기감(sense of self), 미래 존재감 등의 여러 상실을 다루어야 한다. 죽음을 앞두고 있는 사람이 애도 과정을 어떻게 밟아 가는가와 자신이 겪는 상실을 어떻게 다루는가에 따라 그 개인의 성격이 변화한다. 이러한 변화는 물론 질환의 경과에 따라서나 약물에 의해 생기는 것일 수도 있다. 삶의 끝자락에서 죽음을 앞둔 사람은 마치 이제 곧 닥쳐 올 과제를 준비하는 것처럼 자신에게만 빠져 있을 수 있다. 이러한 변화들로 인해 남겨진 사람은 거부당한다는 느낌이 들 수 있고, 심지어는 자신이 이전에 알고 사랑했던 사람이 더 이상 아닌 것 같다는 상실감이 들 수도 있다. 한 개인을 규정짓는 인격이 더 이상 존재하지 않게 되는 것이다.

심리적 죽음은 두부 외상이나 뇌졸중처럼 한 개인에게 영구적인 심리적 변화를 가져오거나 식물인간 상태를 초래하는 갑작스러운 상황을 통해 유발되기도 한다. 비록 살아 있기는 하나 주변 사람들이 알고 사랑하던 그 사람은 더 이상 존재하지 않는다. 육체는 그대로이나 그 사람의 고유한 성격은 변화하여 이제는 낯선 사람이 되는 것이다. 심리적 죽음은 생물학적, 생리학적 죽음에 앞서 발생할 수 있으며 남겨진 사람들이 고통스러워 하는 여러 죽음 상실 중의 하나이다.

생물학적 죽음

서드노는 생물학적 죽음(biological death)이란 한 개인이 유기체로서 더 이상 존재하지 않는 죽음을 가리킨다고 말한다. 예를 들어, 생물학적 죽음은 심장 발작으로 인해 더 이상 치료할 수 없을 정도로 심장에 손상을 입었을 때 관찰될 수 있다. 뇌사는 사고로 인해 두부 손상을 입은 경우에 발생할 수 있다. 두 경우 모두에서 다른 필수적인 주요 장기들은 손상을 입지 않았을 수도 있다. 비록 생물학적으로 사망했다고 하더라도 의식적인 자각과 대인관계 능력 같은 인간으로서 갖는 특성이 영원히 사라졌음에도 불구하고 의학기술의 발전으로 인공생명유지장치를 통해 이러한 장기들이 계속 기능하도록 만들 수 있다. 이는 애도자와 다른 사람들에게도 중대한 함의를 줄 수 있다.

비록 실제적인 죽음이긴 하지만 생물학적 죽음이 사망의 최종 단계를 의미하지 않을 수 있다. 우리 각자의 안녕은 다른 사람의 안녕과 상호의존적으로 존재한다는 사실을 전형적으로 보여 주는 예로, 장기 기증은 수혜자와 기증자의 유족 모두에게 헤아릴 수 없는 가치를 지닌 선물이 될 수 있다. 수혜자에게는 사망이 유예가 되는 셈이고, 유족에게는 타인을 통해 망자의 생명이 연장되는 셈일 수 있다.

생리학적 죽음

서드노에 따르면, 생리학적 죽음(physiological death)은 모든 주요 장기들의 작동이나 기능이 멈추는 것을 의미한다. 생리학적 죽음(장기 부전)은 인공생명유지장치들이 동원되어도 발생할 수 있다. 생리학적 죽음 이후에 생물학적 죽음이 발생하는 경우에 특히 두 사건 간의 간격이 중요한데, (법적, 도덕적/윤리적으로) 결정적인 질문들, 예를 들어 장기 기능의 문제, 생명유지장치의 중단 등의 문제가 제기될 수 있다.

죽음의 유형: 사례

죽음 사건에서 생존한 사람은 다음과 같은 질문에 대한 답을 이해할 수 있다. "지금 무슨 일이 일어났지?" 다음 사례에는 네 가지 죽음의 유형과 남겨진 한 생존자에게 발생한 일이 제시되어 있다.

X씨의 나이는 70세였고, 그의 부인은 67세였다. 두 사람은 48년 동안 결혼생활을 유지했는데, 비록 재정적인 면이나 대인관계 면에서 부인이 X씨에게 많이 의존했지만 두 사람의 관계는 원만했다. 부인은 전통적인 가정주부로 결혼한 이후에 집 밖에서 일을 해 본 적이 없었다. X씨는 덩치가 크고 신체적으로 건강한 사람으로, 40년 만에 사업에서 손을 떼고 은퇴한 후 근처 골프장에서 시간제 근무를 하고 있었다. 이는 X씨에게는 취미에 좀 더 가까웠는데, 자신이 좋아하는 골프를 공짜로 할 수 있었기 때문이다. 어느 날 골프장에서 일을 끝내고 차를 몰고 귀가하던 중 차선을 잘못 들어선 다른 차가 X씨의 차 앞부분을 들이받았다. X씨는 심각한 두부 손상을 입고 현장에 출동한 응급구조대에 의해 근처 병원으로 옮겨졌고, 병원에서 응급 뇌수술을 받았다. 수술이 끝난 후 X씨는 의식이 깨어나지 못한 채 중환자실로 옮겨졌고 인공생명유지장치가 부착되었다. X씨의 부인은 사고 이후에 중환자실에서 남편을 처음 보게 되었다. 사고로 인한 부상과 수술 때문에 X씨의 머리와 몸이 심하게 부어올라 부인은 남편을 알아보기가 힘들었다. X씨는 혼수상태여서 어떠한 자극에도 반응을 보이

지 않았다. 다음 날 의료진은 부인에게 남편이 뇌사했다는 판정을 전달했다. 부인은 심사숙고 끝에 남편의 장기를 기증하기로 결정했다. 하지만 생명유지장치를 사용하고 있었는데도 남편의 장기를 적출하기도 전에 장기가 손상되기 시작해서 기증이 불가능해졌다. X씨의 생명유지장치는 아내의 동의를 얻어 중단되었고, X씨는 사망했다. X씨의 사고 이후 3일 만에 발생한 일이다.

이 사례에는 유족이 경험할 수 있는 네 가지 유형의 죽음이 예시되어 있다. 첫 번째는 심리적 죽음이다. 부인에게 X씨는 덩치가 크고 건강한 남자로 누구보다 건강해서 신체적으로 아무 문제가 없을 것이라고 여겨졌다. 중환자실에서 만난 남편은 여기저기 부상을 입고 알아보기 힘든 모습이었고 부인에게 그 어떤 반응도 보이지 않아서, 부인이 48년 동안 함께 살았던 건강하고 무너지지 않을 것 같았던 남편의 모습을 찾아볼 수 없었다. X씨의 부인에게 남편은 심리적으로 더 이상 이전의 남편이 아니었다. 남편이 사망하지 않았더라도 뇌손상의 심각성을 고려할 때 남편은 부인이 알던 그 사람과는 거리가 멀었을 것이다. 차후에 어떤 결과가 있더라도 X씨의 부인은 심리적으로 남편을 잃었다.

생물학적 죽음은 X씨의 부인이 그다음으로 접한 것이다. 이는 X씨가 뇌사판정을 받을 때 발생했다. 이 뇌사판정은 남편이 한 인격체로서 이 세상에 존재하지 않는다는 것을 인정하는 것이었다. 생명 유지를 위한 필수 기능들은 그대로이지만 의식적인 자각과 관계형성 능력은 이제 사라졌다. 이젠 죽었으나 죽지 않은 림보(limbo) 상태 혹은 역설적인 상태만 존재한다.

남편의 죽음이 공식화된 후에 X씨의 부인은 자선한다는 마음으로 남편의 장기를 기증하려고 결심했다. 이 같은 행동이 남편의 생명을 어떤 식으로라도 연장할 수 있도록 해 주기 때문이다. 하지만 이러한 행동이 세 번째 죽음에 해당하는 생리학적 죽음을 가져왔다. 외과 의료진이 준비를 끝내기 전에 X씨의 장기가 손상되기 시작했는데, 이는 생리학적 죽음에 해당되었다. X씨의 부인은 남편의 삶을 어떤 식으로라도 이어 가려는 시도를 했지만 다른 유형의 죽음을 경험하게 되었다.

남편의 사망 이후에 X씨의 부인은 죽음의 네 번째 측면에 맞닥뜨리게 되었다. 징조는 사건이 일어나기 전에 관찰될 수 있다. X씨의 부인은 수줍음이 많고 내향적인 사람으로 남편에게 많은 것을 의존하면서 살았다. 남편을 통해 세상과 교류했는데, 이러한 공생 관계는 48년 동안 아무런 문제가 없었다. 하지만 남편의 사망으로 X씨의 부인은 바깥세상과 단절되었고 이를 극복하고자 하는 의지도 잃었다. 남편이 없는 부인의 사회적 관계가 축소되기 시작했고, 마침내 부인은 죽음의 마지막 측면인 사회적 죽음을 경험하게 되었다.

임종을 앞둔 사람에게 분명한 목적이 있다면 그것은 네 가지 죽음의 유형이 한꺼번에 혹은 되도록 시기가 일치되게 발생하도록 하는 것이다. 유족은 죽음에는 많은 측면이 있으며 각 측면을 반드시 인식하고 그와 관련된 상실을 애도해야 한다는 것을 알아야 한다. X씨의 부인의 경우에는 많은 상실을 경험했고, 각 상실은 의미심장한 것이었다. 그녀의 애도는 복합적이며 다면적이었다.

이 사례는 상실과 애도에 관한 우리의 이해의 틀과 논의를 확장시키는 데 도움이 된다. 죽음, 특히 사랑하는 사람의 죽음은 가장 강렬한 형태의 상실일 수 있다. 하지만 그 사람을 잃는다는 것은 단지 한 가지 유형의 상실에 불과하다. 이 사례에서 볼 수 있듯이 더 많은 상실이 있다. 더불어 X씨의 부인은 자신의 일부를 잃었다. 남편이 사망하면서 역할의 혼란이 찾아왔고, '우리'에서 '나'로의 분투가 있었으며, 새로운 자율성에 대한 두려움이 생겼다. 또한 자신을 위해 음식을 마련해 주던 요리사, 재정 고문, 가장 친한 친구를 잃었다. 이러한 상실과 다음 장들에서 살펴보게 될 다른 상실들은 애도 과정에서 매우 중요한 역할을 할 수 있다.

애도 과정에 미치는 사회적 영향

한 사회가 지닌 죽음에 대한 분위기는 죽음이 삶의 목적론적인 관점에 어떻게 맞아떨어지는가와 관련이 있다. 우리가 사는 사회에는 한때 죽음을 수용하는 분위기가 있었다. 죽음은 필연적이며 삶의 자연스러운 일부분으로 간주되었다. 하지만 오늘날의 사회는 과학기술을 강조하면서 죽음 수용적인 사회에서 죽음을 부인하는 사회로 변했다. 죽음에 맞닥뜨리기를 거부하는 것이 일상적이다. 죽음은 공존할 수 없는 것이거나 심지어는 삶에 반대되는 것이어서 인간 경험의 자연스러운 일부가 아니라는 믿음이 존재하는 듯하다. 허먼 파이펠(Herman Feifel, 1971)은 미국 사회에 죽음에 대한 두려움이 존재한다고 말한다. 죽음에 관한 경험을 세탁하고 우리가 지닌 두려움을 잠재우기 위해 저세상으로 간, 세상과 작별한, 영면에 든 등과 같은 완곡한 표현을 만들어 냈다.

이전에는 자연스러웠지만 요즘에는 집에서 죽음을 맞이하는 경우가 드물다. 우리 대부분은 병원이나 요양원, 양로원에서 우리의 마지막 시간이나 날들을 보내게 될 것이다. 의료기술의 발전은 우리의 생명을 연장시켰고 전반적인 삶의 질을 향상시켰으나 대가도 존재한다. 우리 대부분이 가족의 안락을 찾는 바로 그 순간에 우리는 병실에 혼자 혹은 다른 낯선 사람들 그리고 씁쓸한 종착역까지 종종 죽음을 싸워 이겨야 할 적으로 간주하는 의사나 간호사들과 남겨지게 된다.

엘리자베스 퀴블러로스(Elizabeth Kübler-Ross)는 자신의 고전적인 저서인 『죽음과 죽어 감(*On death and dying*)』에서 죽음과 관련된 '옛날' 방식들을 회상하면서 기술했다.

내가 어렸을 때 한 농부가 사망했던 일이 생각난다. 그 농부는 나무에서 떨어졌고 오래 살지 못할 것이라는 말을 들었다. 그는 그저 집에서 죽음을 맞이하고 싶었고, 어느 누구도 그의 바람에 토를 달지 않았다. 그는 딸들을 방으로 불러 모았고 얼마 동안 차례로 이야기를 나눴다. 그는 비록 심한 통증을 느끼고 있었지만 조용히 유언을 남겼고, 재산과 토지를 분배했으나 아내가 세상을 떠날 때까지 그 어느 누구도 상속받지 못하도록 했다. 또한 그는 자녀들에게 자신이 이제까지 했던 일, 책임, 업무 등을 아내가 세상을 떠날 때까지 서로 나누어 하도록 부탁했다. 그는 친구들도 불러서 작별 인사를 나눴다. 비록 그 당시에 내가 어린아이였긴 했지만 나나 다른 자매들을 배제하지 않았다.

우리는 그가 세상을 떠날 때까지 함께 애도하도록 허용되었고 그의 가족이 임종을 준비하는 과정에도 함께 참여하도록 허락받았다. 그는 자신이 손수 지었고 사랑했던 집에서 친구들과 이웃의 품에서 세상을 떠났다. 그의 친구들과 이웃은 그가 실제로 살았고 너무나 아꼈던 그 장소에서 꽃으로 둘러싸인 그를 마지막으로 보기 위해 방문했다. 요즘에도 그곳 사람들은 사망한 사람의 방을 잠자는 방처럼 보이게 꾸미지도 않고, 시신을 방부 처리하며 마치 잠자는 것처럼 보이기 위한 화장을 하지도 않는다. 여전히 오직 못 알아볼 정도로 변형된 부분만 붕대로 가리고, 전염될 우려가 있는 경우에만 장례식 이전에 집에서 옮긴다.

내가 왜 '옛날' 방식에 대해 쓰냐고? 내 생각에 이러한 방식들은 우리가 삶의 종국을 어떻게 받아들이는지를 보여 주며 임종을 앞둔 사람뿐만 아니라 가족이 사랑하는 사람을 잃는 것을 받아들이는 데 도움을 준다. 만약

한 환자가 자신에게 익숙하고 자신이 사랑한 환경에서 생을 마감할 수 있다면 별다른 적응을 할 필요가 없다. 아이들이 임종이 일어난 집에 머물고 대화나 두려움에서 소외되지 않는다면 그들도 다른 사람들과 함께 슬퍼하며 책임을 함께 나누고 애도하면서 위안을 얻는다. 이를 통해 아이들은 점차로 죽음을 삶의 일부분으로 간주하고 준비하게 된다(pp.5-6).

위의 글에서 퀴블러로스는 오늘날의 사회와는 다른 낯선 장면을 묘사하고 있다. 하지만 그녀는 많은 사람들이 괜찮은 죽음(good death)이라고 간주하는 한 사례를 제시했다. 그녀가 묘사한 장면이 왜 우리에게 이토록 낯선 것인가?

로버트 리프턴(Robert J. Lifton)은 자신의 저서인 『삶 가운데 죽음: 히로시마 생존자들(*Death in Life: Survivors of Hiroshima*)』에서 우리가 죽음을 다루기 힘들게 된 여섯 가지 요인에 대해 설명했다.

1. 도시화 사람들은 점차로 자연환경에서 분리되고 있다. 그렇기 때문에 삶과 죽음이라는 자연스러운 순환을 거의 지켜보지 못한다. 도시화와 이동성의 증가로 인해 다른 사람과의 공동체감이 줄어들었고, 감정을 표현하고 어떻게 행동해야 하는지 안내해 주는 보편적이며 공유된 의례들도 점점 줄어들었다.

2. 노인들과 임종을 앞둔 사람의 배제 이 사람들은 일반 사람들에게서 떨어져 양로원이나 요양병원 등에 격리된다. 이렇게 배제되면 외로움과 버려짐에 대한 공포가 생겨나고 죽음이 낯선 것이며 잠재적으로 끔찍한 경험이라고 생각하게 된다.

3. 핵가족으로의 전환 많은 사람들은 확대가족이 주는 장점을 경험하지 못하기 때문에 사랑하는 사람을 잃고 난 후에 애통함과 지지의 상실에 취약해지는 경험을 하게 된다. 나이가 든 친척이 사망하는 것을 볼 기회가 거의 없기 때문에 죽음을 삶의 자연스러운 일부로 경험하지도 못한다.

4. 세속화 종교는 전통적으로 사후를 강조하면서 죽음에 대해 특별한 의미와 목적을 부여하고 영생에 대한 믿음을 제공함으로써 육체적 죽음의 영향을 최소화했다. 이러한 것이 없다면 죽음은 안식을 찾을 수 없는 깊은 나락에 불과하다.

5. 의학기술의 발전 의학기술은 우리에게 삶과 죽음에 대한 더 큰 통제감을 갖도록 해 왔다. 평균수명이 증가하고 있고 냉동 보존술과 미래 의학기술들을 통해 영생에 대한 환상을 갖도록 부추겼다. 생명 윤리에 관한 문제에도 불구하고 이러한 일은 실제로 일어나고 있기 때문에 죽음은 이전에 비해 흔한 사건이 되지 못하고 말기 질환은 만성 질환이 되어 가고 있다. 이러한 발전은 우리가 죽음을 인생의 자연스러운 일부로 이해하고 수용하는 능력을 약화시켰다.

6. 대량 살상 한 개인의 사망에 대한 우리의 민감성은 다소 무뎌졌다. 뉴스에서는 전 세계에서 일어나는 재난의 피해자들을 보도하고 있는데, 우리는 폭탄 테러로 50명이 아니라 15명만 사망해서 다행이라는 생각을 하게 되었다. 얼마 전만 해도 우리는 한 사람의 사망만으로도 충격을 받았다.

수백 명의 목숨을 앗아 간 오클라호마 시에서 발생했던 폭탄 테러에 대한 일반 대중의 반응은 개별적인 사망에 대한 우리의 민감성이 둔화되었다는 생각과 정반대였다. 2001년의 9.11 테러에 대한 미국 전역의 반응은 어떤 특정 상황에서는 대량 살상이 우리의 민감성을 실제로 더 증가시킨다는 것을 보여 준다.

죽음과 애도 과정에 대한 우리의 태도

리프턴은 죽음에 대처하기 위해 애쓰는 사람들에게 희망의 메시지를 주었다. 그는 1973년 집필한 저서인 『영원히 산다는 것: 죽음과 삶의 연속성에 대하여(*The sense of immortality: On death and the continuity of life*)』에서 죽음에 대처하는 데 조금이라도 편안함을 줄 수 있고 영생에 대해 서로 배타적이지 않은 생각 방식이 있다고 주장했다.

1. 생물학적 방식 우리는 우리의 자손과 우리에게서 물려받은 그들의 생물학적 유산을 통해 우리 스스로를 미래로 이어 간다. 따라서 영생은 출산을 통해 얻어지고 우리의 일부는 그렇게 생명을 이어 나간다.

2. 사회적 방식 의미 있는 삶을 삶으로써 우리의 삶은 방향과 목적을 갖게 된다. 죽음 이후에 우리의 삶이 남긴 자취는 우리가 이번 생에 존재했다는 것을 타인에게 일깨워 주는 뭔가 가치 있는 일이다.

3. 종교적 방식 종교는 죽음 이후의 영원한 삶에 대한 명확한 메시지를 전해 준다. 죽음은 끝이 아니라 시작에 불과하다.

4. 자연적 방식 우리는 삶의 순환이나 자연적 진화 과정의 일부일 뿐이다. 우리는 삶을 살아가고 경험하며 다음 세대에 영양분을 주는 데 초점을 맞춘다. 우리가 일부인 이러한 삶의 고리는 끊임없이 이어진다.

5. 경험적이며 초월적인 방식 어떤 사람들은 너무나 강렬해서 보통의 제한적인 존재를 초월하는 심리적 상태, 종교적이거나 세속적인 신비주의를 믿는다. 이러한 상태에서는 평범하지 않은 심리적 실체와 강렬한 지각적 경험이 존재하여 삶의 유한성 같은 제약을 더 이상 느끼지 않는다.

우리는 이러한 방식들의 한 가지 혹은 그 이상에서 위안을 찾을 수 있을 뿐만 아니라 죽음 불안에 대처하는 다른 방식들(예를 들어, 쾌락주의, 환생에 대한 믿음 등)도 찾을 수 있다.

인간의 행동은 맥락하에서 가장 잘 이해될 수 있다. 다시 말하면, 한 사람의 행동은 그 개인과 사회적 맥락 간의 상호작용이다. 만약 어떤 사람이 우리 사회에서 애도하는 사람들을 관찰한다면, 그들이 자신들의 상실은 오직 일시적인 관심사여야 한다는 메시지를 종종 받는 것처럼 보인다는 사실을 알 수 있다. 보편적으로 애도 시간이 짧을수록 더 낫다. 가족 가운데 누군가가 사망했을 경우 3일 정도 휴가를 받는 것이 보통의 관례이다. 그러고는 몇 주나 한 달 정도 지나면 대개는 모든 것을 잊고 일상으로 돌아갈 것이라고 기대한다. 공개적으로 슬픔을 표현하거나 '그 이상의' 시간 동안 애도하는 사람들은 종종 나약하다거나 자기 연민에 빠져 있다거나 심리적 도움, 나아가 정신의학적 도움이 필요하다고 간주된다.

한 개인의 애도 경험을 이해하기 위해서는 사회와 사회적 규칙이 애도 과정에 매우 큰 영향을 미치고 있음을 반드시 이해해야 한다. 우리 대부분은 누군가가 우리에게 혹은 다른 사람들에게 '강해져야' 한다고 말하는 것을 들어 본 적이 있다. 이러한 메시지는 눈물을 흘려서는 안 되고 적어도 공개적으로 우리의 고통을 표현해서는 안 된다는 의미를 담고 있다. 강함에 대한 이러한 개념은 사람들에게 애통해 하지 말라고 권장했던 초기 스토아학파 학자들에게서부터 찾아볼 수 있다. 그들은 자기 통제가 바람직하다고 믿었다. 일반적으로 우리가 애도하는 사람들에 대해 참을성을 보이지 못하는 데서 알 수 있듯이, 우리 사회는 이러한 생각을 받아들인 것 같다. 애도는 경험해야 하는 것이 아니라 극복해야 하는 것으로 간주된다. 우리는 애도 같은 감정을 표현하기보다는 억제하는 것을 권장하거나 그렇게 하면 보상을 주는 사회에 살고 있다. 그 결과 사람들은 혼자서 애도를 하거나 자신들이 갖고 있는 그 어떤 자원을 통해서라도 자신이 느끼는 애도에서 벗어나려고 시도한다. 개인이 죽음이나 상실 같은 민감한 주제를 꺼내지 않는다거나 어떤 사람이 마음을 다치거나 심란해 하는 것이 눈에 띄면 주제를 바꾸도록 하는, 명문화되어 있지는 않지만 사회적으로 반드시 준수해야 하는 규칙이나 칙령이 있다. 애도자는 죽음을 통한 상실을 경험한 이후에 누군가가 물어보면 이러한 규칙에 따라 "괜찮다."고 답하거나 "극복했어요. 아무렇지 않아요. 더 이상 슬퍼하지 않아요. 걱정하지 않으셔도 돼요."라고 말한다. 그러면 가족과 친구들은 안심하고 상실에 대해 더 이상 이야기하지 않음으로써 그 사람을 심란하게 하지 않는다. 사회적으로 용인된 이러한 행동에 대해 애도와 연관된 모든 사람이 동의하는 것은 아니다.

우리 사회는 합리성과 정서의 통제를 중요시하는데, 그 결과로 '하지 말 것'에 대한 미묘하지만 곳곳에 만연한 메시지를 보낸다. '슬퍼하지 마', '우울해하지 마', '애도에 대해 네가 느끼는 것을 느끼지 마'. 이런 잠재적인 메시지를 고려할 때, 시드니 지숙(Sidney Zisook)이 정신과 외래를 찾는 사람들 중 17%가 해결되지 못한 애도를 가지고 있었다고 보고한 사실과, 존 볼비(John Bowlby)가 정신질환의 많은 부분은 병리적인 애도의 표현이라고 가정한 사실이 전혀 놀랍지 않다.

사회적 요소가 애도 과정에 어떻게 영향을 끼쳤는지를 더욱 잘 이해하기 위해서는 죽음 및 관련 애도에 대한 우리 스스로와 타인의 반응을 이해해야만 한다. 사회적 영향은 사회라는 거시적 우주를 보여 준다. 죽음에 대한 우리의 태도는 우리가 속한 사회 전체의 축소판이라고 여겨지거나 그런 축소판을 보여 준다고 할 수 있다.

죽음에 대한 우리의 태도를 살펴볼 때, 우리가 어느 정도는 망상, 달리 말하면 거짓된 믿음을 공유한다는 것을 인식해야만 한다. 어떤 사람은 치명적인 망상이라고 부를 수도 있다. 우리 모두는 미래를 바라보고 살며, 일상의 삶 속에서 그러한 미래를 이루기 위해 많은 계획을 세운다. 그럼으로써 마치 미래가 항상 존재하는 것처럼 믿고 행동한다. 우리는 이런 영구적인 존재의 망상에 끈질기게 매달린다. 그렇게 하지 않으면 무기력해질 것이다. 내일이 없다고 생각하면 삶이 어떨 것인가를 생각해 보라.

죽음은 우리 자신과 우리가 가치 있게 여기는 모든 것을 부정함으로써 우리를 위협한다. 이러한 위협에 맞서는 것은 우리가 아무리 강하다고 하더라도 불안을 유발한다. 우리 각자는 이러한 죽음의 위협에 끊임없이 영향을 받기 쉬우므로 이에 대처하기 위한 방안을 반드시 마련해야 한다. 죽음에 대한 온갖 반응과 태도는 철저한 부인에서부터 어느 정도의 실존적 수용에 이르기까지 다양하다. 우리가 취하는 태도는 우리가 어떻게 삶을 살아가느냐에 엄청난 영향을 끼친다. 한 가지 태도는 죽음을 부인하는 것일 터이다. 이러한 태도를 보이는 사람들은 죽음과 관련된 대부분의 혹은 모든 주제를 회피할 것이다. 초상집 방문이나 장례식도 피할 것이다. 연례 건강검진과 유서 작성은 해야 할 목록에 포함되지도 않을 것이다. 다른 행동(예를 들어, 젊음, 일, 성행위에만 초점을 두는 것)에만 더 열중할 것이고 이러한 행동을 통해 주의를 다른 데로 돌리려고 할 것이다. 이런 분산 거리들을 방해하는 것이 없다면, 그러한 행동은 계속될 것이다. 죽음의 필연성과 죽음과 관련된 신호나 지표들은 외면할 것이다.

또 다른 태도는 죽음에 맞서려는 것일 터이다. 이러한 태도를 보이는 사람들은 극단적으로 위험을 무릅쓰려고 하거나 스릴을 추구하면서 자신들이 운명의 주인인 것처럼 보이려고 하거나 죽음이 자신의 손 안에 있다는 것을 증명하려고 한다. 우리는 언젠가 죽을 것이며 우리의 존재도 사라질 것이라는 사실에 대한 의식적, 무의식적 깨달음과 우리가 취하는 관련 태도는 현재의 삶을 어떻게 살 것인가에 중대한 파급력을 가진다.

죽음에 대한 우리의 태도는 너무나 다양하지만 때로는, 아니 많은 경우에 결코 긍정적이지 않다. 로버트 캐버노(Robert Kavanaugh)는 자신의 저서인 『죽음에 직면하기(*Facing death*)』를 통해 죽음과 사별 분야에서 연구하며 작업하는 사람들에게 남다른 기여를 했다. 캐버노는 우리가 자신의 태도와 감정을 자각하고 있는 한 그것이 임종을 앞둔 사람과 사별을 경험한 사람들과 효과적으로 작업하는 것을 가로막지 않는다고 말했다. 그는 다음에서 죽음에 대해 긍정적이지 않은 감정을 갖는 것은 정상이라고 설명했다.

대부분의 미국인은 죽음에 대한 자신들의 감정을 어둡게 표현하는 것 같다. 죽어 가는 것 혹은 죽음에 대해 어떤 느낌을 갖는지 친구에게 물어보라. 그러면 어떻게 느끼고 싶은지 혹은 어떻게 느껴야 한다고 생각하는지에 관해 듣게 될 것이다. (…) 내가 점점 분명하게 알 수 있는 사실은, 죽음에 대한 솔직하고 인간적인 접근은 우리의 본능적 감정에 접촉할 수 있을 때에만 시작될 수 있다는 것이다. 그렇지 않으면 우리가 죽음에 대해 취하는 어떠한 입장이라도 죽음에 대한 진정한 대면을 가로막거나 회피하는 또 다른 형태에 불과할 것이다. 죽어 가는 것 혹은 죽음만큼이나 우리가 두려워하는 것은 우리 안에서 지펴지는 미지의 검증되지 않은 감정이다 (p.22).

캐버노는 다음과 같이 말하면서 우리를 안심시킨다.

불안하거나 두렵다는 느낌을 가져도 괜찮다고 확실하게 말하고 싶다. 도 망가기를 바라거나 장례식에 참석하는 대신 꽃 화환이나 카드를 보내도 괜찮다. 섬뜩한 기분이 들거나 지나치게 긴장감이 들어도 괜찮다. 어디론 가 숨어서 울거나 욕을 하고 싶거나 소리를 지르거나 화낼 만한 것에 퍼부 어도 괜찮다. 누군가가 사망했을 때 안도감을 느껴도 괜찮고, 심지어는 행 복감을 느껴도 괜찮다. 어떤 것이든지 진짜 감정이라면 괜찮다. 감정에는 옳고 그름이 없다. 감정은 좋은 것이나 나쁜 것이 아니고 항상 윤리적으로 중립적일 뿐이다(p.39).

한자로 '위기'라는 말은 위험과 기회라는 두 가지 뜻을 합해 놓은 것이 다. 죽음에 대한 미지의 검증되지 않은 감정에서 뿜어 나오는 두려움을 직 면하는 데에는 위험(두려움)이 존재한다. 하지만 이제까지 찾지 못한 자유 에 대한 큰 기회도 있다. 삶과 죽음을 서로 맞물려 융합한 이 개념은 기록 된 역사만큼이나 오래되었다. 우리가 사는 현실, 우리의 존재가 일시적이 며 우리가 사라지는 것을 두려워한다는 것은 삶의 가장 자명한 이치이겠으 나, 그럼에도 불구하고 우리는 두려움을 안고 살아야만 한다. 미셸 드 몽테 뉴(Michel De Montaigne)는 죽음에 대하여 통렬히 쓴 수필에서 다음과 같 이 질문한다. "왜 당신은 당신의 마지막 날을 두려워하는가? 그것은 다른 사람들에게와 마찬가지로 죽음에 더 좋은 일을 하는 것일 뿐이다. 마지막 발자국은 피곤함을 불러일으키는 것이 아니라 단지 그 피곤함을 드러낼 뿐

이다."(p.65)

실존주의자들은 죽음이 삶에 의미를 부여한다고 상정한다. 역설적으로, 죽음이 지닌 물질적 특성이 우리를 파괴하는 것은 사실이다. 그렇지만 똑같은 자각이 우리를 자유롭게 만들어 삶을 살아갈 수 있게 해 준다. 하지만 정확하게 그 말이 무슨 뜻인가? 마르틴 하이데거(Martin Heidegger)가 말한 실존주의 철학의 핵심 개념이 이러한 역설을 명확하게 설명해 줄 수 있다.

하이데거는 죽음이라는 아이디어가 어떻게 인간을 구원했는지에 관한 질문을 탐색했고, 우리 자신의 죽음에 대한 자각이 단지 존재로부터 그 이상의 존재로의 전환을 가져다주는 자극제 역할을 한다는 중요한 통찰에 도달했다. 그는 이 세상에는 두 가지의 본질적인 존재 방식이 있다고 믿었다. 한 가지는 존재를 잊어버리는 상태(a state of forgetfulness of being)이며, 다른 한 가지는 매 순간 존재를 자각하는 상태(a state of mindful being)이다.

존재를 잊어버리는 상태에서 우리는 사물의 세계에 살면서 삶의 일상적이고 단순한 기분전환 거리들에 몰두한다. 여기에서 한 개인은 정형화되고 상상하지 않으며 집단에 파묻히고 일상의 세계에 자신을 맡기면서 일이 돌아가는 방식을 걱정한다.

존재를 자각하는 상태에서 한 개인은 일이 돌아가는 방식에 감탄하지 않고 일이 돌아간다는 것 자체에 감탄한다. 존재의 연약함을 잊지 않을 뿐만 아니라 존재의 책무도 잊지 않는다. 개인이 자기 창조, 즉 자신을 바꿀 수 있는 능력과 접촉하는 방식은 오로지 이것뿐이다.

하이데거는 우리가 일상적으로 존재를 잊어버리는 상태, 즉 진솔하지 못한 방식 안에서 산다고 믿었다. 이 방식에서 한 개인은 자신의 삶과 자신이 사는 세계를 만들어 가는 사람이 자신이라는 것을 자각하지 못한다. 하지만 개인이 두 번째 방식인 존재를 늘 자각하는 상태를 접하게 되면, 책무와 한계, 절대적인 자유와 존재하지 않음(nothingness)도 함께 수용하면서 거짓됨 없이 존재하고 자기 인식 상태가 된다.

자, 그럼 죽음이 이 모든 것과 무슨 관련이 있다는 말인가? 하이데거는 단순히 생각만으로는 한 개인이 존재를 잊어버리는 상태, 진실하지 않은 상태에서 좀 더 존재를 자각하는(진실된) 계몽된 상태로 쉽게 전환되지는 않는다고 이해했다. 우리를 일상의 진실되지 않은 존재 상태에서 진실된 존재 상태로 전환시키는, 바꿀 수 없으며 돌이킬 수 없는 몇 가지 특정 조건들이나 특정 경험들이 있다. 이러한 경험들 가운데 죽음은 단연 최고이다. 죽음은 우리가 진실된 방식으로 삶을 살도록 해 주는 유일한 조건이다. 죽음이 삶에 긍정적인 기여를 한다는 이런 관점을 수용하기가 항상 쉬운 것은 아니다. 하지만 우리는 잠시만이라도 우리의 판단을 제쳐 두고 죽음이 없는 삶을 생각해 볼 필요가 있다. 그런 삶에는 삶의 격렬함과 풍미가 없을 것이다.

위대한 문학 작품들에서도 죽음에 직면하는 것이 한 개인에게 어떤 긍정적인 영향을 주는지에 관한 몇 가지 예시를 찾아볼 수 있다. 레프 톨스토이(Lev Tolstoy)의 『전쟁과 평화(War and peace)』에서 그런 예시를 볼 수 있다. 주인공 피에르는 러시아 귀족으로 진실되지 못하고 의미 없는 공허한 삶을 살고 있었다. 삶의 목적을 찾아보고자 했던 그는 나폴레옹 군대의 포로가 되었고 사형을 선고받았다. 그는 자기보다 앞서 사형 집행을 받는 사람들을 지켜보면서 죽을 준비를 하지만, 집행 직전에 갑자기 사형 집행이 취소된다. 피에르는 이 경험을 통해 변화하여 진실된 삶을 살 수 있게 되었으며, 자신에게 의미 있는 삶의 과제들을 발견하고 그 과제들에 전념할 수 있게 되었다.

톨스토이의 다른 작품인 『이반 일리치의 죽음(The death of Ivan Ily-

icb)』도 유사한 메시지를 담고 있다. 이반 일리치는 야심찬 관리인데 치명적인 병에 걸려 극심한 고통에 시달린다. 죽음 바로 직전까지 무자비한 고통이 지속되었고, 죽음을 눈앞에 둔 그는 한 가지 충격적인 진실을 마주하게 된다. 그 진실은 바로 좋지 않게 살았기 때문에 좋지 않게 죽는다는 것이었다. 이반 일리치는 죽음을 며칠 앞두고 극적으로 변화하고 개인적으로 성장한다. 이전의 존재를 잊어버리는 상태와 연관된 헛된 자만심, 교만, 불친절이 없는 삶을 이제야 살 수 있게 된 것이다.

리처드 누버거(Richard Neuberger) 상원의원은 암으로 사망하기 직전에 다음과 같은 변화를 기술했다.

내게 어떤 변화가 찾아왔다. 나는 이것이 되돌아갈 수 없는 변화라고 믿는다. 특권, 정치적 성공, 경제적 지위 등의 문제가 한순간에 중요하지 않게 되었다. 내가 암에 걸렸다는 사실을 알게 된 첫 몇 시간 동안 나는 상원의원 자리, 은행 계좌, 자유세계의 운명 등에 대해 전혀 생각하지 않았다. (…) 나는 암 진단을 받은 이후에 아내와 한 번도 싸우지 않았다. 이전에는 치약을 아래부터 짜서 쓴다고 아내에게 잔소리를 했고, 내 까다로운 입맛에 맞는 식사를 차려 주지 않는다고 짜증을 냈으며, 나와 상의하지 않고 초대자 명단을 만들었다고 야단법석을 떨었고, 옷을 사는 데 돈을 너무 많이 쓴다고 뭐라고 하기도 했다. 이제 나는 그러한 일들에 주의를 기울이지 않으며, 그러한 일들이 나와 아무런 상관이 없다고 느끼기도 한다.

그것들을 대신해서, 이전에는 내가 당연시 여겼던 것들, 예를 들어 친구와의 점심 식사, 고양이의 귀를 긁어 주는 것과 고양이가 그르렁거리는 소리를 듣는 것, 아내가 함께 있는 것, 밤에 침대 옆 램프 밑에서 조용히 책이나 잡지를 읽는 것, 오렌지 주스 한 잔 혹은 커피 케이크 한 조각을 먹기 위해 냉장고를 뒤지는 것 등에 대해 새로운 면을 발견하게 되었다. 난생 처음으로 나는 삶을 음미하고 있다. 나는 내가 영원히 살지 않을 것임을 안다. 헛된 자만심, 가짜 가치들, 근거 없는 모욕들을 통해 내가 망친 모든 일들을 기억할 때면, 심지어 그때는 내 건강이 가장 좋았을 때였음에도 몸서리를 친다.

우리는 이러한 예시들을 통해 "당신이 살 날이 이제 하루밖에 남지 않았다는 사실을 알게 된다면, 지금과 다르게 해 보고 싶은 것은 무엇인가요?"라는 진부한 질문에 몇 가지 그럴듯한 답을 얻을 수 있다. 우리 자신의 죽음 그리고 그와 관련된 우리의 태도를 직면함으로써 우리가 삶을 진실되게 경험하고 다른 사람과의 관계를 진실되게 형성할 수 있게 해 주는 방법들을 얻을 수 있다. 죽음은 우리의 삶과 경험을 제한하지만, 동시에 무한한 가능성과 경험으로 이끌어 주기도 한다.

뉴잉글랜드 지역의 한 묘지에 있는 어떤 묘비에 다음과 같은 말이 쓰여 있는데, 이는 우리가 지닌 실존적 과제가 무엇인지 명료하게 해 준다.

"이곳을 지나가는 사람이여, 들으시오.
이전 내가 있었던 곳에 지금 당신이 있는 것처럼,
지금 내가 있는 이곳에 앞으로 당신도 있을 터이니.
나를 뒤쫓아 올 준비를 하시오."

사고와 성찰을 위한 질문

1 죽음이 없는 삶을 살 수 있다고 가정해 보자. 질병, 노화, 환경 문제 등이 해결되었고 영원히 살 수 있게 되었다. 당신은 개인적으로 어떤 결과를 경험하게 될까? 사회는 어떤 결과를 경험하게 될까? 이렇게 되면 당신의 신념, 가치, 욕구, 행동은 어떻게 변할 것 같은가?

2 죽음과 관련하여 당신이 기억할 수 있는 가장 초기의 기억은 무엇인지 말해 보라. 언제 일어난 일인가? 사망한 사람은 누구인가? 누가 사망 소식을 전해 주었는가? 그가 뭐라고 하면서 소식을 전해 주었는가? 당신은 어떻게 반응했는가? 주변 사람들의 반응은 어떠했는가? 당신은 죽음에 관한 어떤 메시지를 받았는가? 어떤 느낌이나 생각이 들었으며 어떤 걱정이나 두려움이 생겼는가?

3 '죽음' 혹은 '사망한' 등의 말 대신에' 세상을 떠난' 혹은 '영원히 쉬는' 같은 완곡어가 더 편한가? 소집단별로 당신의 생각과 느낌을 나눠 보자.

4 살아가기 위해서는 죽음을 부정할 필요가 있는가? 보장되지도 않고 지속되지도 않을 미래를 위해 일하고 놀며 계획을 수립하는 것은 필수적인 망상인가?

5 죽음에 관한 질문 중 당신이 답을 얻으면 좋겠다고 여기는 것은 무엇인가?

6 자신의 죽음에 대한 생각이나 느낌은 어떤가?

7 당신이 사망할 때 누구 또는 무엇을 가장 그리워할 것인가?

8 당신이 죽음에 대해 가장 두려워하는 것은 무엇인가?

9 당신이 사망하는 장면을 상상해 보고 기술해 보자. 장소는 어디인가? 누가 옆에 있을까? 당신의 육체적·정신적 상태는 어떠할까?

10 당신의 사망 장면과 관련하여, 사망한 후에 당신에게는 어떤 일이 일어날까?

2장

죽음과 임종:
하나의 과정

우리는 첫 장에서 죽음의 정의에 대해 살펴보았다. 이제 임종(dying)에 이르는 과정의 변화를 검토할 것이다. 임종은 실제로 우리가 삶의 일부로 경험하는 많은 변화 과정 중의 하나이다. 어떤 변화는 오래 기다리고 간절히 기대하게 되지만(예를 들어, 십대가 되는 것, 첫 번째 데이트, 운전), 반면호감이 덜한 변화(예를 들어, 30세에 접어드는 것, 첫 번째 흰머리)도 있어서 종종 양가감정이나 두려움을 품고 마주하게 된다. 우리는 한 상태에서 다른 상태가 되는 시간의 경과인 변화(transition)를 삶의 일상적인 측면으로 받아들인다. 여기서 핵심은 이러한 변화의 결과뿐만 아니라 그 과정을 예측할 수 있다는 사실이다. 그 진행 과정은 적어도 우리가 겪는 것과 동일한 변화 단계를 다른 사람들도 겪었거나 겪고 있다는 사실에서 확인할 수 있고 친숙하다. 그러나 삶에서 죽음에 이르는 변화는 그것이 마지막 변화를 의미한다는 점에서 그리고 우리가 그 결과를 예상할 수 없다는 점에서 다르다.

언제 임종이 시작되는가?

여기서 다루어야 할 분명한 질문은 "언제 임종이 시작되는가?"이다. 실존주의자들은 우리가 태어난 그 순간부터 죽는다고 가정한다. 이렇게 스스로 인정하는 것이야말로 진정한 개인 철학의 기초를 형성한 것으로 간주된다. 하지만 우리 가운데 실존주의적인 사람은 많지 않으며, 대다수는 이 사실과 관련된 공포와 불안을 회피하고자 이를 경시하거나 그냥 무시한다. 임종은 죽음이 임박했음을 처음으로 인식할 때 시작된다고 말할 수 있다. 그러나 죽어 가고 있는 사람이 이를 가장 먼저 인식하지 못하는 경우가 있을 수 있다. 의료인들은 일반적으로 우리가 말기 혹은 생명을 위협하는 질병에 걸렸으며 그에 따라 죽어 가고 있음을 '공식적으로' 결정하는 사람들이다. 임종은 개인의 관점에서 자신의 임박한 죽음을 인식할 때 시작된다. 이러한 인식은 다양한 방식으로 생겨날 수 있다. 각 개인은 주치의나 의료인에게서 불치병 진단을 받을 수 있고, 그들이 다른 사람이나 가족 구성원에게 한 말을 엿들을 수도 있다. 이러한 의사소통은 의사, 의료인, 가족, 친구들의 행동 변화와 같이 비언어적으로 이루어질 수도 있다.

정보가 어떻게 제공되느냐에 따라 환자나 가족이 그 정보를 처리하거나 수용하는 능력을 돕거나 방해할 수 있는데, 이는 애도 과정에 영향을 미친다. 예후에 대해 환자나 가족과 직접적으로 이야기를 나눌 책임이 있는 사람들은 좋은 방식과 그리 좋지 않은 방식이 있다는 것을 알아야 한다. 나쁜 소식과 더불어 모든 사실과 선택사항을 한꺼번에 제공하는 것은 좋지 않다. 고통스러운 사실을 부정하고 있는 상황에서 당장 '돌파구'를 찾는다거나 더 이상 할 수 있는 일이 아무것도 없음을 분명히 하는 것은 좋은 방식이 아니다. 개인이 예후에 대해 전해 들은 직후에 홀로 남겨지는 것은 보통 도움이 되지 않는다. 정보를 제공하기 전과 후에 다른 사람이나 가족과 함께 시간을 보내는 것이 좋다. 간단히 말해서, 사실이 아닌 것은 어떤 것도 말하지 말고 제공되는 정보가 어떻게 이해되고 있는지 관찰하면서 한 번에 조금씩 정보를 제공해라. 질문이 있으면 언제든지 하도록 장려하고, 당신이 환자 및 가족과 함께할 것이라고 안심시켜라.

대부분의 사람들은 있는 그대로의 사실을 전달받아도 상황이 현실화되고 남의 일이 아닌 자신의 일로 경험하고 받아들이기 전까지는 자신이 죽어 가고 있다고 믿지 않는다. 어떤 경우에는 전해 들은 것을 인식은 하지만 그 정보의 명확한 초점을 알아차리지 못한다. 또 어떤 경우에는 임종을 앞둔 시점에서 자신이 할 수 있는 무언가가 더 있을 것이라고 생각하면서 운명을 받아들이지 않을 수도 있다.

자각 수준이 어떠한지와 관계없이 죽음이 임박했음을 깨달았을 때 결과는 대개 위기이다. 패티슨(Pattison, 1978)은 죽음이 임박했다는 것을 알게 됨으로써 발생하는 위기의 다섯 가지 측면을 설명했다.

1. 이러한 극심한 스트레스 상황은 의미상 가까운 미래에 해결할 수 없는 문제이다. 이러한 의미에서 임종은 우리가 굴복할 뿐 해결할 수 없기 때문에 가장 스트레스가 강한 위기이다.

2. 이 문제는 개인의 전통적인 문제해결 방식으로는 해결되지 않기 때문에 개인의 심리적 자원에 과중한 부담이 된다. 임종은 이전의 어떤 경험에서도 끌어낼 수 없는 새로운 경험과 만나는 것이다. 비록 모든 사람들이 죽음 가운데에서 살아가고 있다고 하더라도, 이는 자신의 죽음과는 너무 다르다.

3. 이 상황은 개인의 삶의 목표에 대한 위협 또는 위험으로 지각된다. 임종

은 한창 삶을 살아가고 있는 사람을 좌절시키며, 심지어 노년기에 접어든 사람도 자신이 정해 둔 삶의 목표에 갑자기 직면하게 된다.

4. 이 위기 기간의 특징은 긴장이 정점을 찍었다가 줄어든다는 것이다. 개인이 죽음을 인식하는 위기에 직면할 때 여러 기제의 통합이나 붕괴가 이루어진다. 불안은 대개 죽음 이전에 정점에 다다른다.

5. 이 위기 상황은 가까운 과거뿐만 아니라 먼 과거의 해결되지 않은 중요한 문제를 깨닫게 한다. 의존성, 수동성, 자기애, 정체성, 그 밖의 많은 문제들은 임종이 진행되는 과정 동안 활성화될 수 있다. 그러므로 개인은 당장의 임종 과정뿐만 아니라 자신의 생애에서 해결되지 않은 감정과 그것의 불가피한 갈등에 직면하게 된다.

사람들은 자신이 불치병과 마주하고 있다는 소식을 들으면 다양한 방식으로 반응한다. 그 현실을 수용하거나 부정할 수 있고 수용과 부정 사이에서 흔들릴 수도 있다. 현실을 지적으로는 받아들일 수 있으나 정서적으로 부정할 수도 있다. 정서적 수용이 그 사람을 압도하여 뭐라 말로 표현할 수 없게 할 수도 있다. 어떤 반응이건 간에, 이는 가능한 모든 방법을 통해 위기 상황에 대응하려는 개인적 노력의 일환이다.

임종 과정에서 직면하는 과업들

위에서 지적한 바와 같이, 우리 모두는 자신이 죽는다는 것을 알고 있다. 그러나 "그렇게 우리는 모두 죽어 가고 있고 삶은 별다를 게 없다."라는 합리화는 불쾌한 현실에 대처하기 위한 방식이다. 불치병으로 진단받으면 이 같은 합리화가 쓸모없어지기 때문에 위기가 생겨난다. 패티슨(1978)은 죽음이 임박했음을 앎으로써 발생하는 위기와 죽음의 순간 사이의 시기를 삶과 죽음의 간격(living-dying interval)이라고 불렀다. 무스와 추(Moos and Tsu, 1977)는 이 간격의 시기 동안 생길 수 있는 새로운 과업들을 파악했다. 각 과업의 상대적 중요성은 질병의 특징, 개인의 성격, 환경적 상황에 따라 다를 수 있다.

첫 번째 과업은 일종의 적응이다. 우리 사회의 대부분의 개인은 통제와 독립에 큰 가치를 두고 있다. 삶과 죽음의 간격에 놓인 개인은 임종을 앞둔 역할에 적응할 수 있고, 불편함, 무능력함, 무력감과 관련 증상을 다루는 방식을 찾을 필요가 있다.

두 번째 과업은 진단, 관련 치료, 보호시설에 있게 될 가능성에서 오는 스트레스를 관리하는 것이다. 치료를 받는 장소는 주로 환자와 그 가족의 스트레스를 가중시키는 낯선 환경이다. 치료 기간 동안 가족 구성원에게서 분리되는 것 역시 많은 스트레스를 줄 수 있다.

간병인과의 관계를 형성하고 유지하면서 관리 의료를 포함한 건강관리체계에 대처하는 것이 세 번째 과업이다. 비인격적인 체계와 상대하는 것은 잠재적으로 다소 위협적일 수 있다. 가족뿐만 아니라 환자도 자신의 요구를 표현하거나 필요한 정보를 얻는 것에 대해 불안함을 느낄 수 있다.

만족스러운 자아상을 유지하는 것과 자신감 및 통제감을 유지하는 것이 네 번째 과업이다. 이 변화의 기간 동안에 발생하는 모든 육체적·심리적 변화는 새롭게 수정된 자아상에 통합되어야 한다. 독립성의 한계를 자각해야 하고 도움을 받는 사람으로서의 미덕을 고려할 수도 있다. 만약 도움을 받는 사람이 없다면, 다른 사람들이 그에게 마음을 쓰고 있다는 것을 보여 줄 기회도 없을 것이다.

칼리시(Kalish, 1970)는 불치병에만 해당되는 독특한 과업을 파악했다. 임종을 앞둔 사람은 다양한 일을 정리해야만 한다. 각각의 일은 죽음이 임박했다는 신호 역할을 한다. 이러한 독특한 과업의 예로는 일반적으로 적법한 유언장 마련하기, 보험증권 갱신하기, 장례 절차를 준비하기, 뒤에 남겨질 사람들의 복지를 돌보기가 포함된다. 편하지만은 않은 이런 과업은 임종을 맞이하는 환자에게 통제력을 주고 뒤에 남겨진 사람들을 돌볼 수 있도록 한다. 분명히 어떤 사람은 현재 상황을 부인함으로써 임박한 죽음에 대한 생각을 거부할 수 있지만, 그렇게 된다면 이러한 준비를 할 수 없을 것이다.

스스로의 상실뿐만 아니라 사랑하는 사람들의 상실에 대처하는 것은 중요한 일이다. 임종을 앞둔 사람과 그의 가족, 가까운 친구들이 공유하고 있는 슬픔, 욕구, 취약성 그리고 미래의 관계에 대해 공개적이고 솔직하게 이야기하면 서로 더 가까워지고 남은 시간을 더 좋고 친밀하게 활용할 수 있다.

이와 동시에 임종을 앞둔 사람은 자신을 포함한 온 세상과 모든 사람들을 곧 잃어버리게 될 것이라는 점을 다루고 수용해야만 한다. 이는 자신과 타인을 상실하는 것에 대한 개인의 반응과 생존자와 유가족을 가엾어하는 그 개인의 공감이 합쳐져 작용한다.

미래를 위한 계획을 세우는 것 또한 임종을 앞둔 개인이 직면한 과업이다. 시간, 에너지, 자원, 존재하는 무엇이든 간에 남아 있는 시간을 고려하여 배정해야 한다. 일부 상황에서는 남아 있는 시간이 불명확할 터이고 계획하기가 더 어려워질 것이다. 여기서 삶이란 생존이며, 개인이 생존하는 한 삶에 대한 개입은 하나의 선택임을 기억하는 것이 현명할 수 있다.

갈수록 더 제기되고 있는 관련된 과업은 임종 과정을 천천히 아니면 빠르게 시도할지에 대한 결정이다. 의료기술이 발전하면서 잠재적으로 놀라운 수명연장시술이 생겨났다. 그와 동시에 사회적 변화로 인해 몇몇 지역에서는 안락사를 선택할 수도 있다. 죽음과 임종에 관해 논란이 되는 쟁점들은 3장에서 깊이 다룰 것이다.

임종, 확실성, 시간

글레이저와 스트로스(Glaser & Strauss, 1966, 1968)는 선구적인 연구를 통해 죽음을 향한 다양한 순서나 경로와 그것의 독특한 특성을 발견했다. 이들은 이러한 경로를 임종의 궤도(trajectories of dying)라고 불렀다. 이 궤도는 개개인의 임종 경험의 경로이고 예상 사망시간 및 죽음에 대한 확실성과 관련이 있다. 죽음 예상에는 네 가지 유형이 있다. 즉, 언제 사망할지 알 수 있는 확실한 죽음, 언제 사망할지 알 수 없는 확실한 죽음, 확실성이 해결되면 언제 사망할지 알 수 있는 불확실한 죽음, 확실성에 대한 의문이 언제 해결될지 알 수 없는 불확실한 죽음이다. 우리는 일반적으로 죽음 예상을 상당히 확신하게 될 때 대처하기가 더 쉽다. 그 이유는 불확실성이나 모호함이 불안과 스트레스를 증가시키기 때문이다.

언제 사망할지 알 수 있는 확실한 죽음
글레이저와 스트로스는 죽음 예상의 첫 번째 유형인 언제 사망할지 알 수 있는 확실한 죽음에서 가능한 궤도의 몇 가지 유형을 발견했다. 급성 질병에 걸리거나 심각한 사고 이후에 초점은 즉각적으로 발생하고 몇 가지 궤도 중 하나에 뒤따르는 임박한 죽음에 맞춰진다. 각 개인은 방향이 결정된 궤도에서 생명을 구하기 위해 필요하지만 매우 위험한 의료적 절차를 밟을 수 있다. 그러나 그 절차는 환자의 사망을 야기할 잠재적 가능성을 가지고 있다. 이러한 경우에 환자는 개인적 문제를 해결하거나 가족과 시간을 함께할 기회를 얻을 수 있다. 여기서 초점은 이용할 수 있는 시간을 가장 효율적으로 사용하는 것이다. 이와 비슷한 예상을 할 수 있으나 지켜보고 기다리는 것을 포함한 다른 상황(위험-기간 궤도)도 있다. 개인은 이러한 상황에서 위험성이 높은 수술 절차, 심장마비, 뇌졸중을 경험하며 생존이 불확실해진다. 이러한 경우에 개인은 의식이 없거나 부분적으로만 깨어 있으면서 반응할 수 있다. 가족이 밤샘 간호를 하면서 기다리거나 위험한 기간은 몇 시간에서 며칠까지 지속될 수 있다. 세 번째 가능성은 위기 궤도이다. 여기서 개인은 그 순간에는 심각한 위험에 처해 있지 않다. 하지만 상태가 금방이라도 악화되어 사망에 이르는 상황으로 갑자기 바뀔 수 있다. 마지막 궤도는 아마도 곧 사망에 이르게 되는 것이다. 이 상황에서는 가능한 모든 것이 이미 행해졌으며, 목표는 몇 시간이나 며칠 내에 사망에 이를 때까지 되도록이면 편안하게 해 주는 것이다.

정해진 시간 내에 죽음이 예상되는 상황과 관련된 몇 가지 공통된 문제가 있다. 개인은 보통 병원 같은 보호시설 환경에 있는데, 이러한 시설은 환자와 가족 모두에게 스트레스를 준다. 가족은 종종 환자와 떨어져 대기실에서 지내지만 이것은 환자와 가족 모두에게 스트레스와 불안감을 가중시킨다. 위급함을 고려해 보면, 의료진과 가족, 환자 사이의 대화가 중요하다. 마지막으로, 생명을 구할 수 있는 가능성 여부는 부분적으로는 지각된 사회적 가치에 달려 있을 것이다. 노인 환자들은 살만큼 살았고 죽을 준비가 되어 있다고 지각될 수 있는 반면, 어린 환자들은 이제 막 삶을 시작하고 있기에 총력을 기울이는 회복 시도가 당연하게 여겨진다.

언제 사망할지 알 수 없는 확실한 죽음

죽음 예상의 두 번째 유형인 언제 사망할지 알 수 없는 확실한 죽음은 보통 만성 불치병과 관련된 궤도이다. 오랜 불치병을 앓고 난 후의 죽음은 할 수 있는 모든 것을 해 왔고 이제 그 고통을 종결하는 시간만을 앞두고 있기 때문에 좀 더 수용적으로 받아들여질 수 있다. 하지만 이 유형의 궤도에서는 사회적 죽음이 실제의 육체적 죽음에 선행할 수 있다. 해당 개인은 병원이나 장기요양시설에서 생활할 수 있는데, 가족 구성원은 시간이 지나면서 의료진에 점점 더 많은 돌봄 기능을 양도할 수 있다. 친구와 가족의 방문 빈도와 지속성은 방문이 사실상 중단될 때까지 점진적으로 감소할 수 있다.

이러한 두 번째 유형에서 오래 지속된 궤도 후에 개인이 예상한 바와 달리 사망에 이르지 않을 때, 가족과 의료진의 인내심은 압박을 받을 수 있다. 이런 반응은 언뜻 보기에 냉정해 보일 수 있지만 그렇지 않다. 그보다는 주로 삶과 죽음의 간격 속에서 오래도록 불확실성에 사로잡혀 있던 가족이 경험한 스트레스의 결과이다. 이러한 상황에서 가족과 의료진은 예기 애도를 경험한다. 퍼터, 호프먼, 사브신(Futter, Hoffman, Sabshin, 1972) 등은 예기 애도를 일련의 다섯 가지 기능적 측면으로 개념화했다.

1. 인정 죽음이 필연적임을 점차로 수긍하는 것
2. 애도 예상된 상실의 정서적 충격을 경험하는 것과 표현하는 것
3. 화해 예상된 죽음과 전반적인 삶의 가치에 대한 관점을 형성하는 것
4. 분리 임종을 앞둔 사람에게서 정서적인 투자를 거두어들이는 것
5. 추모 임종을 앞둔 사람이 죽고 난 후에도 지속될 비교적 확고한 정신적 표상을 만드는 것

특정 상황에서 예상과는 달리 죽음이 연장되는 경우, 가족은 임종을 앞둔 사람에게서 자신을 분리할 수 있도록 미리 애도해 왔기 때문에 상당한 정서적 비용을 치르지 않고서는 다시 마음을 쏟을 수 없다. 이는 애도 과정을 다시 반복해야 할 가능성에서 오는 좌절감과 분노를 야기할 수 있다. 비록 애도 과업이 죽음보다 훨씬 앞서 시작되었다고 해도, 이는 거의 완수되지 않는다는 점에 주목해야 한다. 중요한 애도 작업은 일반적으로 그대로 남아 있을 수 있다.

이러한 궤도는 임종을 앞둔 환자와 가족 모두를 위한 몇 가지 잠재적 이점을 가지고 있다. 가장 확실한 것은 임박한 상실에 적응할 수 있는 시간이다. 이 시간에 미해결된 문제나 오해를 해결할 수 있는 기회와 자신의 삶과 관계를 검토하고 새롭고 다른 삶을 계획할 기회가 생긴다.

임종 문제와 효과적으로 더불어 살기 위해서는 불확실성의 스트레스를 최소화할 필요가 있다. 또 다른 식으로 말하면, 임종을 앞둔 사람은 확실한 것에 초점을 두어야만 한다. 장기 혹은 심지어 단기 목표와 포부보다는 일상생활에서 예측할 수 있는 그날그날의 구체적인 문제에 초점을 두어야 한다. 이렇게 하면 임종을 앞둔 사람과 가족이 어느 정도의 확실성과 통제력을 경험할 수 있고 남은 시간을 잘 활용할 수 있다.

확실성이 해결되면 언제 사망할지 알 수 있는 불확실한 죽음

죽음 예상의 세 번째 유형은 현재는 불확실한 상태이지만 확실성이 해결되면 언제 사망할지 알 수 있는 죽음이다. 이는 죽음의 확실성이 추가 정보(예를 들어, 조직검사 결과 또는 장기이식)에 의존하는 경우에 일어난다. 이와 관련된 사람들에게는 종종 격렬한 감정과 스트레스가 발생한다. 문제는 죽음의 확실성이 의심스러울 때 생기는 스트레스와 불안에 어떤 방식으로 대응할지이다. 이는 문제의 핵심이지만 미해결된 채로 남는다. 대응 전략

으로 마치 결과를 이미 알고 있는 것처럼 일과 놀이, 계획을 지속함으로써 통제 착각을 유지하는 시도를 들 수 있다. 이러한 전략은 최상이나 최악의 결과와 그에 상응하는 관련 행동을 낳을 수 있다.

확실성에 대한 의문이 언제 해결될지 알 수 없는 불확실한 죽음

죽음 예상의 마지막 유형은 확실성에 대한 의문이 언제 해결될지 알 수 없는 불확실한 죽음인데, 다발성 경화증이나 유전병 같은 만성 질병과 관련된다. 여기서는 죽음의 가능성이 어렴풋이 있지만 불명확하고, 죽음의 확실성에 대한 의문이 언제 해결될지도 모호하다. 그런 것 같기도 하고 아닌 것 같기도 하고, 그렇게 될 것 같으면서도 아닌 것 같으며, 아무도 결론을 알 수 없다. 이런 유형의 딜레마에 사로잡힌 개인은 역기능적 대처기제와 자신의 신체 증상에 대한 건강염려증적 집착을 가지기 쉽다. 어떤 사람들은 불확실성 때문에 생겨난 이러한 잠재적 딜레마에서 빠져나올 수 있다. 그렇게 함으로써 그들은 (혹시 있을지 모를) 자신의 한계와 삶에 동반되는 불안, 자신이 여전히 살아 있다는 것에 대한 인식을 실존적으로 수용한다. 가장 넓은 의미에서 이 마지막 궤도는 자신이 죽을 날과 시간을 알지 못하는 우리 모두에게 적용되는 현실이다.

....

임종 경험에 영향을 미치는 요인

애도 반응에 영향을 미치는 요소들이 있는 것처럼, 임종 현상이 어떻게 경험되는지에 영향을 미치는 요인들이 있다. 연령과 대인관계는 두 가지 중요한 요소이다.

개인은 각자의 생애주기 내내 정서적으로나 인지적으로 변화한다 (Ginsberg & Oppers, 1987; Inhelder & Piaget, 1952; Piaget, 1960, 1973). 따라서 개인의 죽음에 대한 개념과 태도도 변화한다(Nagy, 1948; Speece & Brent, 1996). 예를 들어, 3세 이하의 아이는 많은 발달 과업을 갖고 있다. 최초의 과업은 어떤 것이 나이고 어떤 것이 내가 아닌지를 결정하는 것이다. 그러나 아이가 성장함에 따라 죽음과 관련된 경험(예를 들어, 까꿍 놀이, 헤어짐의 인사, 모두 사라짐, 부모와의 분리)에 노출된다. 이 연령대에서는 죽음에 대한 개념을 인지적으로 파악할 수 없다. 이 발달 단계는 초기 전조작적 사고(예를 들어, 마술적 사고)와 관련되며 아이는 놀이와 상상을 통해 의사소통한다. 이 시기의 아이가 가장 두려워하는 것은 주 양육자와의 분리이다. 3세 아이는 죽음의 영속성이나 인과관계를 이해하지 못하고 사망한 부모가 언제 돌아오는지를 반복적으로 물어볼 수 있다. 이는 사망 이후에 몇 주나 몇 개월 동안 지속될 수 있다. 아이는 어른들의 애도에 관한 정서적 표현이 오래 지속되면서 겁을 먹을 수 있다. 엄마나 아빠가 하늘나라에 갔다는 말을 들었을 때 아이는 매우 화를 낼 수 있고, 엄마 아빠가 여기에 있으면 좋겠다고 답할 수 있다. 아이는 1명이나 여러 명의 대체 인원을 요구할 수도 있다(예: 다음에 나는 2명을 갖겠어, 다시 잃어버릴 때를 대비해서.)

복합 애도의 징후로 볼 수 있는 것으로는 안정적이고 예측할 수 있는 가정환경을 회복한 후에도 생존한 부모나 양육자에게서 분리될 때 심각하고 지속적인 분리 불안이 6개월 이상 계속되는 것을 들 수 있다. 다른 징후로는 죽음 이후에 6개월이 지나서도 퇴행 행동(유분증이나 야뇨증)이 지속되거나 악화되는 것이다.

아이는 3세에서 대략 6~7세까지 매우 자기중심적이고 환상, 공상, 마술적 사고를 한다. 옳고 그름, 칭찬과 처벌 같은 개념은 매우 중요하다. 죽음이 영속적이거나 보편적이라는 관점은 형성되고 있지만, 여전히 죽음이 돌이킬 수 있는 것이라거나 일시적인 것이라는 생각을 할 수 있다. 인과관계에 대해 가장 기초적인 이해를 하기 시작하지만, 빈약하게 이해하고 있기 때문에 인과관계를 쉽게 오해한다. 불치병과 죽음은 현실이나 상상 속에서 저지른 잘못된 행동에 따른 처벌이라고 여길 수 있다. 나쁜 생각, 말, 바람이 피해와 죽음을 유발한다는 두려움이 존재할 수도 있다. 이에 더하여, 아이는 부모의 질병이나 죽음에 대해 잘못된 자기비난과 죄책감을 보일 수 있다. 부모와의 분리는 부모가 아이의 자존감의 중요한 원천이라는 점에서 중요한 문제가 될 수 있다. 애도 과정에는 슬픈 추억뿐만 아니라 즐거운 추억도 포함될 수 있다. 죽은 부모는 한 장소(주로 천국)에 있을 것으로 생각되며 어떤 역할(예를 들어, 수호천사나 이빨 요정)을 하는 것으로 여겨진다.

복합 애도의 징후로 볼 수 있는 것으로는 정서 및 행동 통제력 상실을 동반한 지속적인 퇴행 행동, 원인 모를 지속적인 신체 증상, 학교 공포증이나 그 밖의 다른 공포증, 죽음 이후 3개월 이상의 기간 동안 변화가 없거나 악화된 애도, 사망한 엄마 또는 아빠와 함께한다는 의미로 죽음(자살)에 관해 지속적으로 이야기하는 것이 포함된다.

아이는 학령기 동안 죽음의 개념에 대해 이해하게 된다. 구체적 조작적 사고를 통해 논리와 인과관계를 더욱 잘 이해하게 된다. 그러나 이 시기에 아이는 제한된 정보로부터 추론을 끌어낼 수 없어서 해당 연령에 적합하게 질병과 치료의 과정에 대한 세부적인 설명을 할 필요가 있다. 이 시기의 아이는 자신의 감정을 분리할 수 있고 격한 감정을 피하기 위해 다른 것으로 눈을 돌릴 수 있다. 아이는 슬픔을 피하고 싶은 마음과 앞으로 행해질 추모 의식과 관련된 감정 사이에서 균형을 잡기 위해 도움을 필요로 할지 모른다. 이 연령대의 아이가 사망한 엄마 또는 아빠를 옆에 있는 것처럼 강하게 느낀다는 보고는 드물지 않다.

사망 이후 3개월에서 6개월 이상 지속되는 또래나 가족으로부터의 철수, 잦은 감정 변화, 분노 및 바람직하지 못한 행동의 증가는 복합 애도의 징후일 수 있다. 학업 수행 저하나 방과 후 활동에 대한 흥미 감소도 징후일 수 있다.

청소년기는 자신이 누구인지 파악하는 과업과 깊이 관련된 시기이다. 청소년은 성인만큼의 인지 능력을 갖고 있으므로 죽음 개념에 대해 성인과 같은 수준으로 이해할 수 있다. 그러나 초기 청소년기(12~15세) 동안에 형식적 조작적 사고는 종종 일관성이 없다. 성인으로서의 삶의 출발점에 서 있지만 아직 보호막에서 완전히 나오지 않은 청소년은 자신이 새롭게 발견한 독립과, 부모에게 의존하는 것에 대한 익숙함 및 안전에 대해 양가감정을 가지고 있다. 부모의 질병과 그에 따른 필요에 대해 자기중심적이고 둔감하게 대응하는 것, 특히 또래 활동을 제대로 못하게 될 때 부모에게서 정서적으로 철수하고 또래 집단에만 몰입하는 것은 청소년기의 일반적인 관점에서 이해할 수 있다. 초기 청소년기의 청소년은 죽음 이후에 돌아가신 부·모에 대한 강한 의식을 표현할 수 있고 고인과 계속 대화할 수 있다. 돌아가신 부·모의 옷을 입고자 할 수도 있다. 고인의 소지품과 의복, 다른 유품은 애착의 기제로 매우 중요할 수 있다.

후기 청소년기는 변화가 통합되는 시기이다. 형식적 조작적 사고는 더욱 일관성을 갖게 되고, 현재와 과거는 미래와 더욱 통합된다. 성숙해지면서 독립성에 대한 양가감정은 줄어든다. 이 발달 시기의 애도는 더욱 성인과 같은 특성을 갖게 된다. 그러나 지속 기간은 일반적으로 더 짧다. 돌아가신 부·모와의 대화는 계속되고, 자신을 향한 부·모의 꿈을 실현하는 데 흥미를 표현할 수도 있다.

복합 애도의 징후로 볼 수 있는 것으로는 눈에 띄는 감정 기복, 또래 상호작용이나 다른 정상적인 집단 활동으로부터의 철수, 약물이나 성관계,

반사회적 행동을 수반하는 고위험 행동의 증가 등이 있다.

성인은 가정을 꾸리고 경력을 쌓는 초기 성인기의 과업부터 삶의 경험에 대해 정서적으로 통합하고 의미를 찾으며 수용하려고 시도하는 노년기의 과업에 이르기까지 저마다의 독특한 발달 과업과 마주한다. 상담자는 노년층에게도 불치병에 걸리는 것이나 죽음이 눈앞에 다가오는 것 등이 대체로 뜻밖의 일이라는 것을 기억해 두는 것이 좋다. 개인의 독특성을 고려한 치료적 개입으로는 상실을 확인하고 겪어 내기, 일어났을 수 있었던 일을 받아들이기, 감정 표현하기, 개인이 원하는 바대로의 죽음을 맞이하도록 돕는 것 등이 있을 수 있다. 발달의 연속선상에서 개인이 어디에 놓여 있는지 그리고 그 사람이 어떤 삶을 경험했는지는 개인의 임종 경험에 중요한 영향을 미칠 것이다.

인생 경험의 마지막에서 대인관계의 중요성이 과소평가되어서는 안 된다. 와이즈먼과 워든(Weisman & Worden, 1975)은 입원 환자 가운데 활동적이고 상호 반응적인 관계를 유지하는 환자는 사회적 관계가 좋지 않은 환자에 비해 더 오래 산다는 것을 발견했다. 또한 이들은 사망에 이른 속도가 빨랐던 환자들에게는 친구가 더 적었고 가족과 소원했으며 동료와 친구에 대해 좀 더 모순적인 관계를 맺는 경향이 있음을 발견했다. 그리고 대인관계 능력이 부족한 환자들은 종종 죽음에 대한 바람을 표현했음에 주목했다. 그러나 이는 죽음의 수용을 의미하는 것이 아니라 오히려 삶에 대한 좌절과 실망의 표현이다. 이후 와이즈먼과 워든(1976)은 가장 심한 정신적 고통을 경험한 말기 환자들이 또한 가장 많은 대인관계의 어려움을 겪은 환자들이었음을 발견했다. 생존 기간뿐만 아니라 생존 시의 삶의 질이 환자의 즐겁거나 고통스러웠던 대인관계와 관련된다는 사실을 발견한 것이다.

임종의 단계

　　임종을 앞둔 환자와의 상호작용을 망설이는 것은 종종 친숙함의 결핍 혹은 이해의 부족에 기인한다. 사람들은 종종 여러 가지 이유로 임종을 앞둔 환자와 상호작용하는 것을 망설이는데, 그 이유 가운데 하나는 임종 과정에 대한 시각이나 이해의 부족이다. 이론적 모델은 애도의 과정이나 과업을 이해하는 데 도움이 되어 왔다. 마찬가지로 임종 과정의 모델은 임종을 앞둔 환자와 일하는 것에 대한 관점을 제공하는 데 도움이 될 것이다.

　　엘리자베스 퀴블러로스는 『죽음과 죽어 감』(1969)이라는 저서에서 임종의 5단계를 소개했다. 이러한 단계는 개인이 자신의 상태를 인식할 때 시작되고, 애도의 경우에는 상실을 경험하거나 예상할 때 시작된다고 여겨진다. 퀴블러로스는 이 단계에 대해 자신의 죽음을 예상할 때의 정상적 반응이라고 설명했다. 그 과정은 부인에서 시작되며, 시간이 지나면서 분노, 협상, 우울, 수용이라는 다음 단계로 진행된다. 상실의 모든 반응 단계와 마찬가지로, 진행 과정은 연속선상의 어느 단계에서 가로막힐 수 있고 퇴행하거나 여러 단계 사이를 왔다 갔다 할 수도 있다. 퀴블러로스는 각 단계에 들어서는 것에 대한 개인적 다양성을 인정하면서도 이 과정을 보편적인 것으로 개념화했고 인간의 고유한 본성으로 인식했다. 개인이 자신이 죽을 수도 있다는 가능성에 직면했을 때, 퀴블러로스가 설명한 감정 모두가 아니라 일부만을 경험하고 단계에 들어설 때 대처 전략 중 일부만을 시도한다는 점은 분명하다. 하지만 모든 사람이 같은 단계를 거치는지 혹은 모든 단계를 필수적으로 거쳐야 하는지의 여부나 어떤 조건에서 수용이 일어나는지는 알려지지 않았다. 이론의 역할은 연구 조사가 그러한 질문에 분명하게 답할 수 있을 때까지 유용한 정보와 지침을 제공하는 것이다.

1단계 부인(denial)은 '나쁜' 소식에 관한 초기 반응이다. "아니, 나는 아니야. 이런 일이 일어날 수는 없어."는 처음에 나타나는 전형적인 사고이다. 이 단계에서 충격을 받거나 무감각해 보이는 것은 불안으로부터의 자기 보호와 죽음이 상징하는 허무주의적 접근으로 볼 수 있다. 처음의 충격 반응이 사라지고 회복되는 과정은 점진적이다. 이로써 두 번째 단계로 진입할 수 있다.

2단계 처음의 충격과 부인이 줄어든 이후에는 분노(anger)가 끓어오를 수 있다. "왜 나야!"는 이러한 사고 과정의 특징이다. 분노는 좌절, 억울함, 무력감, 절망감 때문에 더 증가한다. 이러한 놀라운 정서는 모든 방향으로 표출될 수 있다. 의료인, 심지어 신에게 분노를 쏟을 수도 있다. 강렬한 정서의 방출은 통제가 안 되는 것처럼 보이고, 어느 정도의 통제감이라도 되찾기 위해 다음 단계로 진입할 수 있다.

3단계 중간 단계인 협상(bargaining)은 달리 통제할 수 없는 상황에서 어느 정도의 통제력을 발휘하기 위한 시도로 보일 수 있다. 되도록이면 죽음의 두려움과 불안에서 벗어나서 거래를 시도한다. "만약 내가 2년만 더 살 수 있다면, …을 할 것이다." 협상은 임종을 앞둔 환자와 가족 구성원, 간병인 또는 종종 신과의 사이에서도 일어날 수 있다. 협상의 명백한 무익함과 다른 요인으로 인해 다음 단계로 이동하게 된다.

4단계 우울(depression)은 보통 협상의 효과가 없음을 증명하는데, 개인이 육체적·정신적 악화, 나약함, 신체적인 불편함을 경험한 이후에 뒤따른다. 증상은 점차 너무 분명해져서 무시할 수 없게 되고 개인은 자신이 더 나아질 수 없다는 사실을 피할 수 없게 된다. 이전 단계에서 보인 분노나 다른 문제와 관련된 죄책감은 이제 낮은 자기 존중감 및 무가치함과 함께 발생할 수 있다. 개인은 이전에 비해 반응을 덜 보이게 되고 죽음이라는 다가오는 상실에 더욱 집착한다. 시간과 환경이 허락된다면 마지막 단계로 들어갈 수 있다.

5단계 마지막 단계인 ("그래, 나야."라는 인식) 수용(acceptance)은 살고자 발버둥 쳤던 투쟁의 종결과 놓아주는 것을 상징한다. 수용은 반드시 행복하고 즐거운 시간을 의미하지는 않는다. 퀴블러로스는 다음과 같은 방식으로 이를 설명했다. "그것은 거의 감정의 부재이다. 그것은 마치 고통이 사라지고, 발버둥 쳤던 투쟁이 끝나고, 한 환자가 표현한 것처럼 '긴 여행을 떠나기 전의 마지막 휴식'을 위한 시간이 오는 것과 같다."(1969, p.100)

찰스 코어(Charles Corr, 1993)는 단계 모델의 결점에 대해 다루면서 "임종을 앞둔 환자에 대처하는 적절한 모델은 각 개인이 보이는 행동처럼 기민하고 융통성이 있으며 역동적일 필요가 있다."(p.77)고 말했다. 그는 사람들이 특정 대처 전략을 시도하거나 거부할 수 있고 양립할 수 없는 몇 가지의 전략을 동시에 추구할 수도 있다는 사실을 감안한 모델이 필요하다고 보았다. 그는 간병인에게 실용적인 모델이라면 개인의 욕구 및 관련된 과업에서의 개인차를 존중하면서 동시에 보편성을 무시하지 않아야 한다고 믿었다.

코어는 임종 과정에 대한 대처 모델에서 임종을 앞둔 환자가 직면하는 네 가지 도전을 발견했다. 신체적 도전은 육체적 욕구를 만족시키고 스트레스를 줄이는 것으로 구성되어 있고, 심리적 도전은 안정감과 통제력, 자신이 여전히 살아 있다는 지각을 유지하는 것을 포함한다. 사회적 도전은 집단과 조직뿐만 아니라 다른 개인과의 소중한 애착을 유지하는 것을 수반한다. 영적 도전은 희망과 자기 초월, 자신 이외의 것들과 유대감을 갖는 것, 의미를 찾고 확인하는 것이다.

대처기제

임종 스트레스와 싸우는 과정에서 모든 사람은 어느 정도 대처기제 (coping mechanisms)를 사용한다. 이것은 수년 전에는 방어기제(defense mechanisms)라고 불렸으나 시간이 지나면서 방어기제는 건강하지 못한 부인이나 도망치는 것과 관련된 회피 등과 같은 부정적인 함의를 갖게 되었다. 위협이나 스트레스에 직면할 때 적응기제로 적절하게 사용되는 대처기제는 상당히 바람직하다. 사실 적절한 대처기제가 부족하거나 그것을 사용할 능력이 없으면 정서 기능이 결핍되었다고 여겨질 수 있다. 다음은 임종 과정과 흔히 연관된 몇 가지 대처기제를 간략하게 요약한 것이다.

부인은 정도의 차이만 있을 뿐 불치병에 걸린 모든 환자에게 발생하는 대처기제이다. 부인은 개인이 참을 수 없다고 여기는 것을 회피하는 방식이다. 부인은 일반적으로 일시적이지만 정도에 있어서는 매우 다양할 수 있다. 예를 들어, 한 개인은 뭔가 잘못되었다는 것을 전적으로 부인할 수 있고, 뭔가 잘못된 것을 수용하지만 그 심각성을 부인할 수도 있다. 또 다른 경우에 개인은 뭔가 잘못되었고 그것이 죽음을 야기한다는 것을 수용할 수 있지만 자신이 그로 인해 죽을 것임은 부인한다. 개인은 부인과 수용을 동시에 할 수 있기 때문에 이를 이분법적 현상으로 볼 수는 없다. 개인은 자신이 불치병에 걸렸음을 수용할 수 있지만 해 볼 수 있는 것은 다 해 보았다는 사실을 부인하면서 부적절한 치료를 요청할 수도 있다.

1장에서 본 것처럼, 우리 대부분은 우리가 죽을 것이라는 현실에 직면하지 않을 것처럼 현실을 창조하고 활동하며 계획함으로써 일종의 부인을 하고 있다. 부인은 정상적인 대처기제이지만, 모든 것이 그렇듯이 과하면 비생산적이다.

퇴행(regression)은 불치병과 관련된 일반적인 행동 특성이다. 퇴행은 좀 더 즐겁고 안전한 시기와 연관된 이전의 행동 방식으로 되돌아가는 것과 관련된다. 퇴행과 관련된 몇 가지 행동은 자기중심성, 흥미의 제한, 타인에 대한 의존성 증가, 비참여, 과거의 활동과 관여로부터의 철수이다. 위독한 말기 환자에게 이러한 행동은 필수적이고 치료적일 수 있다. 정상적인 퇴행 경향에 따르기를 거부하면 문제가 될 수 있으며 심리적인 문제의 지표가 될 수도 있다. 하지만 독립성과 생산성의 결여나 감소 같은 정상적인 과정에 대해 정서적으로 심각하게 반응할 수 있는데, 이는 반드시 비정상적인 것은 아니다. 퇴행은 임종 과정에서 불가피한 균형 행동으로 보인다. 한쪽이 너무 과하거나 다른 쪽이 너무 적으면 해로운 결과를 가져올 수 있다.

합리화(rationalization)는 아마 가장 일반적인 대처기제 가운데 하나일 것이다. 합리화는 선택적 인과관계를 거부하고 자신의 입장에서 상황의 사소한 측면에 초점을 맞추어 크게 과장하는 사고 과정의 한 유형이다. 상황의 중요한 측면은 최소화되고 자신이 원하는 대로 보기 위해 지각이 왜곡될 수 있다. 여우와 포도의 우화는 합리화의 훌륭한 예이다.

여우는 손이 닿지 않는 나무에 열려 있는 달콤한 포도를 발견했다. 여우는 포도를 매우 좋아했고 포도를 따기 위해 계속해서 온갖 방법을 시도했다. 반복해서 시도했음에도 여우는 포도를 딸 수 없었다. 거듭 좌절한 끝에 마침내 여우는 포기하면서 말했다. "나는 어차피 포도를 원하지 않았어. 아마 신 포도일 거야."

임종 과정에서 합리화는 잠재적으로 압도적인 현실을 왜곡하거나 평가절하하는 역할을 할 수 있다(예를 들어, 심장마비 증상을 위에 가스가 차서 나타나는 통증처럼 대충 설명한다). 죽음의 위협적인 면을 대충 얼버무림으로써 그것의 존재 자체를 부인할 수 있다. 몇몇 경우에 위협은 사라지지 않고 잠재적으로 나쁜 상황을 더욱 악화시키기 때문에 합리화의 효과성과 적절성에 대한 평가에는 주의를 기울여야 한다.

주지화(intellectualization)는 합리화와 가까운 사촌 사이이다. 이 대처 행동에서 감정은 사고와 분리된다. 문제나 사건의 지적·인지적 측면에만 전적으로 초점을 맞추게 되면 잠재적으로 고통스러운 감정이 완화된다. 말기 환자는 자신의 질병이나 관련 증상에 집착하게 된다. 그는 이 치명적인 질병에 대해 더 잘 '이해하려고' 애쓰거나 자신이 지닌 지식에 기반한 원인을 머릿속에 그려 보면서 끊임없이 자신의 질병에 대해 읽고 연구할 수 있다. 주지화를 통해 실제로 자신의 질병을 더 잘 이해할 수 있으며, 투르 드 프랑스에서 다섯 번이나 우승한 사이클 선수인 랜스 암스트롱의 경우처럼 더 좋은 치료적 접근을 취할 수 있다. 암스트롱은 지적인 추구를 통해 다른 치료적 접근을 취했고 궁극적으로 자신의 생명을 구했다.

증상이나 치료를 통해 자신의 상태가 끊임없이 환기될 가능성이 높기 때문에, 억압(repression)은 말기 환자의 대처기제로서 그 효과가 제한적일 수 있다. 억압은 죽음에 대한 생각을 자극하거나 문제를 일으키는 불안을 의식이나 지각에서 제거하는 것과 관련된다. 억압은 망각과 유사한 것처럼 보인다. 위협을 줄이고 적절히 기능하기 위한 억압이 제대로 작동하지 않으면 부인과 합리화 같은 보조 대처기제가 나타날 수 있다.

강박적(obsessive-compulsive) 대처기제도 임종 과정에서 드물지 않다. 강박이라는 것은 사고나 생각에 사로잡히는 것이다. 이 기제는 말기 환자의 집중을 방해하거나 주의를 기울이지 못하게 한다. 말기 환자가 자신의 상황에 대해 생각하지 못하게 하며 부차적인 두려움을 경험하지 못하게 한다. 일반적으로 강박 행동은 여러 번 반복되는 의식의 형태를 취한다. 강박적인 행동은 개인이 불안을 줄이기 위해 예측할 수 없는 세상과 기능을 정리하려는 시도로 보인다. 이러한 행동은 기능이 제한될 정도로 도를 넘지 않는 한 개인에게 통제력, 질서의식, 안전감을 제공할 수 있다.

승화(sublimation)는 카타르시스를 느끼게 해 준다는 이유로 한때 단 하나의 진정한 방어기제로 일컬어졌다. 이 대처기제는 수용할 수 없는 사고나 감정을 사회적으로나 개인적으로 수용할 수 있는 결과물로 돌리는 것과 관련된다. 자신의 질병 또는 병원 직원이나 의사에게 화가 난 말기 환자는 골프공을 한 양동이만큼 치거나 벽에다 테니스공을 힘껏 던질 수 있다. 말기 환자는 종종 건강이 허락하는 한 미국암학회 같은 단체를 위해 일하는 것에 많은 에너지를 쏟는다.

이론이나 모델이 제공하는 지침을 수용하고 사용할 때, 임종을 앞둔 환자 개개인이 여전히 매우 활기차다는 것과 가능한 많은 자원을 이용하여 대처하기 위한 시도를 하고 있음을 명심하는 것이 중요하다. 그 사람이 사용하는 모든 전략은 아마도 축적된 삶의 결과일 터이고, 우리에게 이상하고 특이하게 보일지라도 그 전략은 그 사람에게는 잘 맞을 수 있다. 어떤 것을 고치기 전에 정말로 고장이 났는지부터 확인해야 한다.

사고와 성찰을 위한 질문

1 임종 과정은 언제 시작되는가?

2 당신은 죽은 후에 집행될 유언장이나 다른 지시사항을 마련해 두었는가? 있다면 왜 준비해 두었는가? 없다면 그 이유는 무엇인가?

3 현재 당신의 삶에서 가장 중요한 사람 5명을 열거하시오. 당신이 불치병에 걸렸다고 진단받았으며 이제 살날이 며칠 남지 않은 것처럼 가정하고 그들에게 보낼 작별 편지를 작성해 보시오.

4 임종 과정에 대해 이해한 대로 설명하시오.

3장

삶의 마지막에 관한
의사결정과 윤리

나는 의술을 주관하는 아폴론(Apollon)[1]과 아스클레피오스(Aesculapi-us)[2], 히기에이아(Hygeia)[3], 파나케이아(Panacea)[4]를 포함한 모든 신 앞에서 내 능력과 판단에 따라 이 선서와 그에 따른 조항을 지키겠다고 맹세한다. 나는 어떤 요청을 받더라도 치명적인 의약품을 누구에게도 주지 않을 뿐만 아니라 그렇게 하도록 권고하지도 않을 것이다. 또한 마찬가지로 나는 어떤 여성에게도 낙태할 수 있는 약을 주지 않겠다. 나는 일생 동안 순수하고 경건하게 의술을 펼쳐 나가겠다(히포크라테스 선서).

---

1   예언, 의료, 궁술, 음악, 시의 신
2   의학과 의술의 신
3   건강의 여신
4   치료의 여신

히포크라테스 선서는 2,500년 전에 그리스의 코스(Cos) 섬에서 활동하던 의사의 글에서 유래된 것으로 여겨진다(Edelstein, 1943). 더 이상 모든 의대생이 필수적으로 암송해야 하는 것이 아님에도, 이 선서와 그것이 나타내는 바는 오늘날에도 여전히 커다란 쟁점이다.

의약품과 의학기술이 발전하면서 기대수명이 증가하고 죽음이 장기간의 신체와 정신의 쇠퇴 기간을 포함한 길고 긴 과정이 될 가능성이 높아졌다. 어떤 사람들은 죽음에 앞선 이러한 변화에 대처하고 그 경험에서 의미와 가치를 찾는다. 반면에 다른 사람들은 단지 고통만 경험하는 인생은 가치 없는 삶이라고 생각한다. 인생의 마지막 단계에 직면한 대부분의 사람들에게 삶의 질은 시간이나 삶 그 자체를 연장하는 것보다 훨씬 더 큰 중요성을 갖는다. 이러한 경우를 고려해 보면, 우리가 개인적으로나 사회적으로 죽음에 대해서 생각하는 방식은 극적인 변화를 보이고 있다. 생명연장 치료는 오랫동안 대중과 전문가의 관심의 초점이 되어 왔다. 하지만 캐런 앤 퀸란(Karen Ann Quinlan) 사례 이후로 생명윤리 영역에서 생명연장 치료와 죽을 권리를 둘러싼 논란보다 더 큰 쟁점은 없다. 최근에는 논란의 초점과 파생적인 논쟁이 안락사(euthanasia), 자발적인 적극적 안락사(voluntary active euthanasia), 의사 조력 자살(physician-assisted suicide)로 확대되었다.

용어와 개념

주요 사안과 쟁점으로 더 들어가기에 앞서, 몇 가지 핵심 단어와 개념을 정의하는 것이 유용할 것이다.

안락사

안락사는 말 그대로 행복하고 좋은 죽음을 의미한다. 하지만 이 단어는 좀 더 정확하게 고통 또는 괴로움이 없는 죽음이라는 의미로 사용되었다. 시간이 지나면서는 죽음을 앞당기기 위해 행해지는 행위를 포함한 의미로 변화해 왔다. 오늘날 안락사는 고통과 괴로움이 없는 죽음이라는 의미와 미래의 고통과 괴로움을 피하도록 사람의 생명을 의도적으로 단축시킨다는 의미를 모두 포함한다.

적극적 안락사와 소극적 안락사

안락사라는 단어는 적극적 안락사와 소극적 안락사로 나뉘어 변화했다. 적극적 안락사는 많은 고통을 겪거나 회복될 가능성이 없는 사람의 삶을 마감하려는 의도를 가진 행동을 의미한다. 모르핀 또는 다른 유사한 치명적 약물의 투여는 적극적 안락사의 확실한 예이다. 소극적 안락사는 치료 또는 생명을 연장시키는 행동을 보류하는 것을 의미한다. 폐렴 또는 기타 잠재적인 감염을 치료하지 않는 것과 죽음을 맞이하도록 내버려두는 것은 소극적 안락사의 예이다. 오늘날 소극적 안락사는 생명유지장치나 치료를 보류하거나 중단하는 것을 의미한다.

조력 자살

조력 자살, 의사 조력 자살, 약물 조력 자살 등은 모두 유사하지만 단지 죽고자 하는 사람만이 아니라 다른 사람의 행동이 수반된다는 점에서 자살과 다르다. 자살하는 사람은 오롯이 자신의 의도와 행동을 기반으로 한다. 하지만 누군가 도움을 주는 자살 유형에서는 원하는 결과를 얻기 위해 타인의 적극적 참여를 필요로 한다. 만약 누군가 자신의 삶을 마감하고자 하는 바람과 의도를 가진다면, 자살과 조력 자살의 차이는 그저 의미론에 불과할지 모른다. 하지만 이러한 차이가 얼마나 중요한지에 대해서 공개적이고 열띤 논쟁이 진행되고 있다.

1988년에 캘리포니아에서 안락사를 합법화하려는 시도가 비밀투표에 문제가 생겨 무산되었다. 1991년에 워싱턴주의 투표자들은 안락사를 합법화하자는 제안을 받아들이지 않았다. 1994년 11월에 오리건주의 투표자들은 51% 대 49%로 존엄사법을 통과시켰다. 1997년 11월의 투표에서는 60% 대 40%로 존엄사법이 계속 유지되었다.

오리건 존엄사법(The Oregon Death with Dignity Act)은 오리건주에 거주하고 있는 말기 환자들이 치사량의 자기 투여용 약물을 의사에게서 처방받는 것을 허락한다. 하지만 존엄사법은 안락사, 즉 의사 또는 다른 사람이 타인의 삶을 마감하려는 의도로 약물을 직접 투여하는 것을 금지한다. 존엄사법에 따르면, 개인이 법에 따라 처방된 치사량의 약물을 자기 자신에게 투여하여 삶을 마감했을 때에는 자살로 여기지 않는다. 오리건 존엄사법 같은 합법적 결정은 논란을 가라앉히기보다는 삶의 마지막에 대한 의사결정과 관련 활동이 윤리적이고 도덕적인지 아닌지에 관한 논란을 한층 격화시켰다. 말기 환자를 돌보는 사람들과 환자의 가족은 언젠가 이러한 논란에 참여하게 될 것이다. 보호자에게 필요한 것은 말기 환자와 임종을 앞둔 환자가 선호하는 것을 포함한 도덕적/윤리적 의사결정을 정당화하는 데 기초 지식과 지원을 제공하는 논쟁에 참여할 수 있는 방법이다.

윤리 원칙

보챔과 칠드리스(Beauchamp & Childress, 1979, 1983, 1989, 1994)는 일반적인 윤리 원칙(자율성에 대한 존중, 선행, 무해성, 해를 끼치지 않을 것, 정의)에 주목하여 윤리적 결정에 대한 접근 방법을 제안했고, 이러한 원칙은 사회 구성원이 공유한 일반적인 도덕성을 나타낸다고 주장했다. 이들은 이러한 윤리 원칙이 상식에 기반을 둔 도덕성에 뿌리를 두고 있고 반증이 없는 한 일단 옳다고 가정되는 일련의 의무사항으로 구조화되어 있다고 주장했다. 이러한 윤리 원칙은 더 복잡한 수준의 추상적인 윤리적 추론을 좀 더 압축하려는 시도일 수 있다. 그 결과 윤리적 판단을 내리는 데 사용할 수 있는 좀 더 단순한 패러다임이 되었다. 삶의 마지막과 관련된 의사결정을 둘러싼 문제의 중심이 되는 윤리 원칙은 선행(타인에게 도움이 되거나 득이 되는 행동)과 무해성(해로움을 야기하는 것을 삼가는 것)이다. 자율성에 대한 존중은 부수적 원칙으로, 주로 환자가 선호하는 것을 지지하는 것과 관련된다.

자율성에 대한 존중 자유민주주의 체제 안에서 개인의 자율성 또는 자기결정권은 개인의 삶에서 아마도 가장 소중한 권리일 것이다. 개인은 자기결정권을 통해 자신이 좋은 인생이라고 지각하는 바대로 가능한 한 자신의 삶과 죽음을 결정한다. 이와 같은 행동을 통해서 개인은 자신이 되고자 하는 것에 대해 책임을 진다. 자율성에 대한 존중이라는 윤리 원칙은 인간의 자기결정 능력을 인정하고 개인의 자율성이 반드시 존중되어야 한다는 점을 천명한다. 하지만 자기결정 능력이라는 개념은 몇 가지 최소한의 필요조건을 수반한다. 첫째, 자율적이려면 개인은 과도한 압박 요소(예를 들어, 공포, 무지 같은 강한 욕구 또는 다른 제한 요소)에서 자유로워야 한다. 하나의 예로, 다른 사람으로부터 위협, 공포, 끊임없는 강압 또는 조종을 받아서 관계가 형성되면 개인은 자율성이라는 능력을 거의 혹은 전혀 갖지 못하게 된다(Benn, 1988; Haworth, 1986). 자율성을 가지려면 개인이 필수적으로 적절한 수준의 선택권을 가지고 그것과 관련된 결과에 대한 정보를 알고 있어야 한다. 다시 말하면, 강압, 조종 그리고 정보의 부족은 선택권을 제한할지 모른다. 더불어 선택권은 아마도 사회적, 물리적인 환경에 의해서 제한될 수도 있다(Raz, 1986). 마지막으로, 자율성을 가지려면 최소한의 자기주장을 포함한 합리적인 의사결정 능력이 있어야 한다.

선행 선행의 정의는 좋은 일을 하는 행위, 즉 적극적인 친절함이다. 여기서 초점은 타인을 위해 선행을 베푸는 것인데, 이때 이러한 행위는 직업적인 의무로 간주된다. "누구를 위한 일인가?"라는 질문에 대답해야 할 때, 선행 원칙과 관련된 쟁점이 매우 위험하다는 것을 알 수 있다. 의사들은 종종 타인에게 선행을 베푸는 것이 주어진 상황에서 환자를 위한 것이라고 여기지만, 이러한 관점은 너무 편협하다. 누군가가 개인의 자율성에 대한 존중과 타인이나 다른 집단에 대한 선행과 마주할 때, 가치관의 갈등이 발생할 수 있다. 이러한 문제를 해결하기 위해서는 한 화상 환자가 단호하게 치료를 거부하고 죽음을 원했던 일에 대한 버트(Burt, 1979)의 탁월하지만 심기를 거스르는 정신분석적 해석을 참고할 필요가 있다. 버트는 죽음을 원했던 환자의 진정성과 자율성 원칙의 타당성을 인정했다. 그리고 화상 환자의 반응을 감정적인 맥락에서 해석하려고 시도함으로써 그 사례에 대한 이해를 넓혔다. 그는 환자의 거부가 자유에 대한 명확한 표현이라기보다는 주변 사람들의 인정, 수용, 애정에 대한 호소일 수 있다고 제안했다. 아마도 그것은 어떤 진술이 아니라 숨겨진 질문이었을 수 있다.

명료하게 말하면, 이 사례에서 자율성과 선행 원칙의 관련성은 거부를 하나의 진술로 여기는지 아니면 질문으로 여기는지에 따라 다르다. 버트의 잠정적인 해석에 동의하든 그렇지 않든, 원칙을 적용함으로써 도덕적 명분을 찾는 일은 보기보다 훨씬 복잡하다는 것만큼은 분명하다.

무해성 무해성은 유해성, 해로움, 피해가 없도록 하는 것, 즉 해를 입히지 않는 것을 의미한다. 이는 과실 행위와 태만 행위에 적용된다. 특정 행동은 특정 상황에는 적합할 수 있어도 다른 상황에는 적합하지 않을 수 있다. 무해성 원칙은 우리가 마주하는 사람들과 상황에 대한 관심과 민감성을 기르고 항상 방심하지 않도록 해 주는 경고이며, 각 만남의 독특한 필요조건을 탐색하도록 한다. 무해성 원칙은 해답을 제공하는 지침이라기보다는 각 만남이 독특하며 그에 맞는 고유한 해답이 필요하다고 간주하지 않는 위험성에 대한 경고이다.

자율성에 대한 존중이라는 윤리 원칙을 둘러싸고 보호자가 던지는 주된 질문은 개인의 자기결정권이 죽을 시간과 장소를 스스로 정하는 것에도 해당되는지의 여부이다. 이 질문에 대답하기 전에 무해성과 선행의 윤리 원칙과 관련된 의무가 먼저 논의되어야 한다. 이러한 의무를 논의할 때, 윤리적인 자기결정권에 필요한 최소한의 필요조건을 (부분적으로) 충족시키기 위해 필수적인 준비 작업을 하게 된다. 하지만 위에 언급한 의무를 논의할 때에는 명백한 갈등이 존재한다. 예를 들어, 안락사는 두 가지 결과를 낳는다고 볼 수 있다. 하나는 이득이 되는 결과(고통 또는 괴로움의 완화)이고, 다른 하나는 해가 되는 결과(죽음을 초래함)이다. 그렇다면 개인은 도덕적/윤리적으로 올바른 것을 어떻게 결정할까?

선행과 무해성 원칙에 대한 의무는 생명윤리와 삶의 마지막에 대한 의사결정의 핵심이다. 일반적으로 인생에서는 피할 수 없는 위험 또는 나쁜 결과가 발생하지 않고는 이득이 생기거나 해로움을 제거할 수 있는 기회가 없기 때문에, 비용과 위해 가능성에 맞서는 행위가 갖는 선함을 가늠하고 균형을 맞추는 원칙이 필요하다. 삶의 마지막을 결정하려면 생명을 보존하는 것과 존엄하고 평안하게 죽고자 하는 소망의 균형을 잘 맞출 수 있는 방법이 필요하다. 이러한 기제를 찾기 전에, 이와 관련된 문제를 보여 주는 몇 가지 구체적인 사례를 다음에 제시했다.

삶의 마지막과 관련된 논란 사례

의료적 개입 이후에 환자가 살게 될 삶과 그 삶의 질을 예상하지 않은 채 무엇이 환자에게 이익이 될지를 결정하는 것은 불가능하다. 의료적 개입을 의무로 이해해야 하는가, 아니면 선택적인 것으로 이해해야 하는가? 우리는 어떠한 상황에서 어떻게 결정해야 하는가? 논의를 돕기 위해 아래의 사례들을 살펴보자.

1975년 4월 14일 저녁 파티 이후에 캐런 앤 퀸란이라는 21세 여성이 회복 불가능한 혼수상태에 빠졌다. 파티가 벌어지는 동안 캐런 앤의 호흡이 멈췄다. 한 친구가 인공호흡을 하고 다른 친구가 경찰을 불러 병원으로 옮겼다. 나중에 그녀의 혈액에서 신경안정제와 퀴닌(quinine)[5]이 발견되어서 약물에 의한 혼수상태로 진단이 내려졌다. 이 진단은 이후에도 논란이 되었고 여전히 해결되지 않았다. 원인과 관계없이, 캐런 앤은 산소 부족으로 인해 심각하고 돌이킬 수 없는 뇌손상을 입었다. 그녀는 '만성 식물인간 상태'에서 생명유지장치(인공호흡기와 인공영양)로 생명을 유지했다. 몇 개월이 지난 후에 그녀의 몸무게는 60파운드[6]로 줄었고, 앞으로 영원히 태아 자세로 누워 있을 것이라고 추정되었다.

신앙심이 깊은 그녀의 부모는 대략 6개월 동안 희망을 품고 있었으나, 도덕적·종교적인 이유로 딸의 생명을 연장하기 위해서 임의적인 방법을 사용해서는 안 된다고 결정했고 딸의 인공호흡기를 떼려고 했다. 의사들은 캐런 앤의 인지 기능이 멈추었고 회복할 가망이 없다고 판단하면서도 이를 거절했다. 의사들은 인공호흡기를 제거하는 행동의 도덕적 의미에 대한 확신이 없었고, 그 시기에는 이러한 상황과 관련된 명확한 법적 판례가 부족

---

5   물질대사 억제제
6   약 27.2킬로그램

했기 때문에 위법행위로 고발당할 가능성에 대해 걱정했다.

그녀의 부모는 종교의 자유라는 면에서 궁극적으로 생명유지장치를 제거하는 것을 허락해야 한다고 주장하면서 법원에 도움을 요청했다. 법원은 처음에 부모의 요청에 반대하는 판결을 내렸지만, 이후 항소 재판에서 뉴저지 대법원은 인공호흡기를 제거하고 캐런 앤이 죽음을 맞이하는 데 동의했다. 생명 유지를 중단해도 된다는 법원의 판결은 이때가 처음이었다. 혼수상태에 빠진 지 14개월 만에 캐런 앤의 인공호흡기는 제거되었다. 하지만 그녀는 장비의 도움 없이도 숨을 쉴 수 있었다. 영양분과 수액뿐만 아니라 항생제가 투여되는, 코에 꽂은 튜브를 제거하는 것은 판결에 포함되지 않았다. 캐런 앤 퀸란은 10년이 넘도록 의식을 찾지 못한 채 혼수상태로 누워 지냈고 1985년 6월에 폐렴으로 사망했다(1976년 퀸란 판례).

1983년 1월에 낸시 크루잰(Nancy Cruzan)은 교통사고를 당해 심하게 다쳤다. 구급대원이 현장에 도착했을 때 그녀는 숨을 쉬지 않았고 심장도 뛰지 않았다. 구급대원은 그녀의 호흡과 심장 기능을 모두 회복시켰고, 그녀는 의식이 없는 상태로 병원으로 옮겨져서 이후에 혼수상태에 빠졌다. 호흡기관과 순환기관이 정상적이었기 때문에 인공호흡기를 사용할 필요는 없었다. 하지만 그녀는 수술로 삽입한 위루관을 통해서 음식을 섭취해야 했다. 그리고 재활치료를 시도했지만 낸시는 반응하지 않았다. 여러 해가 지난 후에도 그녀는 캐런 앤 퀸란처럼 회복하지 못했고 계속해서 식물인간 상태로 지내리라는 것이 분명해 보였다. 그녀의 부모는 딸이 임의적인 방법을 통해 삶을 지속하지 않도록 생명을 유지해 주는 위루관을 제거해 달라고 요구했다. 병원 측은 그 요구를 거절했고 법원에 중재를 요청했다. 주 법원은 낸시 크루잰이 말기 질병 상태가 아니며 치료의 종결을 인정받을 만한 명백하고 설득력 있는 근거가 없는 한 기존의 생명유지 치료를 지속하도록 명령할 수 있다고 주장했다. 이 논쟁은 대법원까지 이어졌는

데, 최종적으로 부모의 요구가 받아들여져서 대법원은 주 법원으로 사건을 돌려보냈다. 위루관을 통한 음식 공급을 중단한 후 낸시 크루잰은 1990년 12월 26일에 사망했다(1990년 크루잰 대 미주리 보건국 판례).

마지막 사례는 1988년에 「미국의학협회지(*Journal of the American Medical Association*)」에 보고된 논문 중 하나에 나오는데, 논문 제목은 "다 끝났어, 데비(Debbie)"이다. 저자의 이름은 표기되지 않았다. 간략하게 이야기를 정리하면 다음과 같다.

한 젊은 산부인과 레지던트가 한밤중에 당직을 서다가 산부인과-종양(암) 부서의 호출을 받았다. 환자는 난소암으로 죽어 가는 20세의 여자였다. 그녀는 고통을 줄이기 위해 술을 마셨지만, 이 때문에 끊임없이 구토했다.

레지던트는 방에 들어서자마자 실제 나이보다 훨씬 늙어 보이는 환자를 보았다. 그녀는 코로 산소를 주입받는데도 매우 힘들게 숨을 쉬었고 심각한 호흡곤란을 겪는 것처럼 보였다. 그 논문에는 환자가 이틀 동안 아무것도 먹지 않았고 잠자지 않았을 뿐만 아니라 항암치료에도 반응하지 않았다고 기술되어 있다. 레지던트는 이러한 상황을 잔인하고 불필요하다고 보았고, "누군가가 어서 끝냅시다."라고 말하는 것을 들었다.

간호사실로 돌아간 후에 레지던트는 환자에게 휴식을 주기로 결정했고, 정맥에 투여하기 위해 황산모르핀을 준비하라고 간호사에게 일렀다. 그는 병실로 돌아와서 그곳에 있던 두 여성에게 자신이 데비에게 휴식을 줄 뭔가를 투여할 테니 작별인사를 하라고 이야기했다. 정맥주사를 놓은 후에 데비의 호흡이 즉시 느려졌고 눈이 감겼으며 고통이 약해졌다. 그녀는 잠이 들었다. 레지던트는 그다음에 일어날 필연적인 효과인 호흡기능 저하가 나타나기를 기다렸다. 4분이 지나지 않아 호흡이 느려졌고 결국 멈추었다. "다 끝났어, 데비."

이 간략한 익명의 보고서는 구독자뿐만 아니라 대중의 분노를 자아냈고, 미디어는 신속하게 움직였다. 반응은 둘로 나뉘었지만 비판적인 반응이 더 지배적이었다.

이러한 사례들에서 알 수 있는 것처럼, 삶의 마지막에 대한 의사결정은 쉽고 간단한 정답이 없는 질문을 해결하도록 강요한다. 우리는 인간의 가장 기본적인 관심사, 즉 우리 자신의 죽음을 피할 수 없고 우리가 사랑하는 사람의 죽음 또한 피할 수 없다는 것에 직면할 수밖에 없다. 삶의 마지막에 대한 의사결정에서 답을 찾는 질문은 타인에게 이익이 되도록 행동하라는 도덕적 의무에 어떻게 반응할지임과 동시에 의도적인 해를 끼치지 말라는 도덕적 의무에 어떻게 반응할지이다. 여기서는 이러한 질문을 다루는 데 유용한 상호보완적인 메커니즘으로 이중효과 원칙과 미덕 윤리에 대해서 탐색해 볼 것이다.

꼭 그것에만 국한된 것은 아니지만, 삶의 끝에 대한 의사결정에 핵심적인 최근의 쟁점으로 안락사와 생명연장 치료가 있다. 여기에서 안락사는 죽음에 이르는 데 있어 다른 사람에게서 적극적(예를 들어, 치명적인 약물의 투여) 또는 소극적(예를 들어, 생명연장 치료의 보류) 방식으로 도움을 받는 것을 의미한다. 생명연장 치료는 생체기능을 대체하거나 유지하고 회복시키기 위한 기계적 또는 인위적(물과 영양 공급을 포함) 의학적 방법을 의미하는데, 이러한 방법을 사용했을 때 생명과 죽어 가는 과정을 연장하는 데 도움이 된다. 이러한 방법은 우리가 어떤 유형의 해로움에서 사람들을 보호할 수 있고 그래야만 한다는 신념에 근거를 둔다. 하지만 우리는 그들의 고통을 불필요하게 연장하거나 그들에게 해를 끼치는 것을 피할 수 있어야 하고 반드시 그래야만 한다.

무해성 원칙에서 고의로 해를 끼치지 말아야 한다는 의무가 있다고 명시한 것을 떠올려 보자. 이는 무고한 사람을 죽여서는 안 된다는 널리 받아들여지는 도덕 원칙이다. 이러한 원칙은 분명 안락사, 말기 환자에게 위험한 양의 진통제를 투여하는 것 혹은 다른 유사한 행위에 대해 의문이 발생할 때 우리가 찾는 타당한 이유가 되는 것 같다. 전 미국공중위생국장인 에버렛 쿱(C. Everett Koop)은 적극적 안락사에 해당하는 의도적인 행동인 영양분과 수액을 투여하지 않는 사례에 대해 비난했다. 그 이유는 그러한 행동이 예방할 수도 있었던 죽음을 초래하기 때문이다(Koop & Grant, 1986).

무고한 사람들을 죽이는 결과를 가져올 수 있는 행동을 금지시키는 원칙은 사고나 비의도적 살인을 감안하지 않기 때문에 실제적으로는 타당하지 않다. 한 예로, 의료인이 의도적으로 환자를 사망에 이르게 한 사례(안락사)와 완화 치료[7]를 하는 도중에 자연스럽게 예상되는 결과를 그저 인정한 사례 사이에는 차이점이 있는가? 데비의 사례 같은 적극적 안락사는 무해성의 원칙을 위반한 것처럼 보인다. 하지만 캐런 앤 퀸란과 낸시 크루잰 같은 사례에서는 선행 원칙에 따른 도덕적 행위였는데도 치료 개입이나 생명 연장 치료를 의도적으로 회피함으로써 질병과 상해가 자연사를 야기했다고 해석할 수 있다.

선행 원칙은 다른 사람에게 도움이 되기 위해서 행동하는 도덕적 의무를 말한다. 선행은 적극적으로 선을 촉진하는 의무뿐만 아니라 해를 가하는 것을 금하고 피해를 제거하거나 방지하는 의무(무해성 원칙)까지 포괄하는 원칙으로 볼 수 있다(Frankena, 1973). 프랜키나(Frankena)는 선행 원칙을 네 가지의 일반적인 의무로 나누었다. ① 피해 또는 해로움을 가하지 말아야 한다. ② 피해 또는 해로움을 예방해야 한다. ③ 피해 또는 해로움을 제거해야 한다. ④ 좋은 것을 행하거나 촉진해야 한다. 그는 이 순서를 활용

---

7   질병의 치유를 목적으로 하지 않고 고통을 완화시키는 것만을 의도하는 치료법

하여 도덕적 갈등 상황에서 다른 것이 동등하다면 첫 번째 의무는 두 번째 의무보다 도덕적으로 우선권을 가지고, 두 번째는 세 번째보다 우선권을 가지며, 세 번째는 네 번째보다 우선시된다고 말했다(p.47).

보챔과 칠드리스(1994)는 프랜키나의 의무들을 적용했지만, 위계적 구조를 제안하지 않고 두 가지의 분명한 원칙에 따라서 재분류했다. 무해성 원칙은 해로움을 가하지 말아야 한다는 의무로 보인다. 선행 원칙은 해로움을 예방하고 피해와 해로움을 제거하며 선을 촉진해야 한다는 의무이다.

이중효과 원칙

이 두 원칙이 두 갈래로 나뉘었다고 보는지의 여부와 관계없이, 문제는 여전히 남아 있다. 특정한 상황에서(다른 것이 동등하지 않은 상황), 선행 원칙은 무해성 원칙보다 더욱 절박하다. 하지만 다른 상황에서는 선행 원칙보다 무해성 원칙이 더욱 절박하다. 이러한 혼란스러운 상황에 한 가지를 더하면, 한 가지 행동이 선함과 해로움의 두 가지 효과를 초래하는 경우가 있다. 이때 두 가지 원칙(선행 원칙과 무해성 원칙)은 서로 충돌하며, 행동의 올바른 방향은 아마도 명확하지 않을 수 있다. 행동의 결과 중 하나가 이익이 되고 다른 하나는 해로운 상황에서 이중효과 원칙(principle of double effect)[8]은 무해성과 선행 원칙의 조건을 구체적으로 명시하는 데

---

8 토마스 아퀴나스가 『신학대전』에서 이중효과 논증을 제기했는데, 오늘날에는 이중효과 논리라는 명칭으로 알려져 있다. 어떤 결과를 기대하고 어떤 행위를 했는데 예상하지 못했던 다른 결과가 나타나는 것에 대해 판단하는 윤리적 원칙을 말한다.

활용될 수 있다.

　예를 들어, 극도의 고통을 경험하면서 안락사를 요구하는 말기 환자를 고려해 보자. 만약 그 환자가 자신의 고통과 괴로움을 끝내기 위해 안락사를 택했다면, 행위자의 의도는 환자를 죽이는 것이고, 이러한 행위는 환자의 고통과 괴로움을 완화시키기 위한 것이라고 이해하더라도 과연 정당한지 강한 의문이 제기된다. 현재 겪고 있는 고통과 이후의 괴로움을 완화시키기 위해 많은 양의 강한 진통제를 제공할 수 있다. 그러나 결과적으로 약물 투여와 관련된 합병증 때문에 그 환자는 빨리 죽음에 이를 수 있다. 이러한 행동은 분명히 두 가지 효과를 가지고 있다. 하나는 선한 효과이고, 다른 하나는 해로운 효과이다. 만약 강력한 임시처방 약물을 투여하지 않거나 적은 양을 투여한다면, 그 환자는 고통과 괴로움을 지속적으로 겪으면서 피해를 입을 것이다. 하지만 만약 적정량의 약물을 투여한다면 환자의 죽음을 앞당기게 될 것이다. 이중효과 원칙에 따르면, 조치를 취하거나 취하지 않는 행위는 반드시 심각하게 해로운 효과가 선한 이유를 가질 때에만 허용된다. 따라서 이중효과 원칙에 따라 강력한 임시처방 약물이 주어진다면, 이는 환자의 고통과 괴로움을 완화시키기 위한 처방이어야 하지 죽음을 직접적으로 서두르기 위한 처방이어서는 안 된다. 만약 행동의 의도가 환자의 고통을 완화시키려는 것이고 치명적인 결과를 의도하지 않았다면, 해를 끼치지 말아야 한다는 원칙(무해성 원칙)에 의해 약물을 투여하는 것은 금지되지 않는다.

　퀸란과 크루잰의 사례에서 영양분과 수액 공급 중단에 대한 유사한 논쟁을 생각해 보자. 이러한 사례에서 관을 통해 영양분을 공급함으로써 영양과 수액 면에서는 개선되었지만 식물인간 상태가 지속되었다는 면에서는 개선되지 않았다고 간주된다. 관을 통해 지속적으로 영양분을 공급해야 한다는 부담은—식물인간 상태의 지속적인 유지라는 점에서—어쩌면 이 방법의 실제 이익보다 잠재적으로 더 클 수 있다. 죽을 권리를 인정해서는 안 된다고 주장하는 사람은 거의 없을 것이다. 하지만 이러한 사례에서의 문제는 치료를 보류하고 환자가 죽도록 허락하는 것이 도덕적으로 옳은지의 여부이다.

기능과 조건

이중효과 원칙에서는 네 가지 조건이 충족될 때 옳은 효과와 그른 효과를 가져오는 개입이나 비개입이 정당화된다.

1. 행위(적극적 개입 또는 비개입)는 선하거나 도덕적으로 중립적이어야만 한다. 본질적으로 잘못된 것이어서는 안 된다. 이 조건은 선한 효과나 원하는 효과와는 관계없이 잘못된 유형의 행동은 비도덕적이라는 것을 의미한다.

2. 행위자는 선한 효과를 의도해야 한다. 해로운 효과는 예상됐다고 하더라도 용인되거나 허용될 수 있지만 그것을 의도해서는 안 된다. 이 조건에서는 도덕적 행위자의 의도를 중요하게 본다.

3. 해로운 효과는 선한 효과의 수단이 될 수 없다. 이익을 실현하기 위해서 해로운 효과를 추구해서는 안 된다. 이전의 사례에서처럼, 고통과 괴로움을 완화시키는 수단으로 환자의 죽음을 직접적으로 추구할 수 없다. 이 조건에서는 해로운 효과를 의도했다는 것을 그럴듯하게 부인하는 상황을 지적하고 있다. 해로운 효과를 의도적으로 사용함으로써 선한 효과를 가져올 수는 없다. 결과는 수단을 정당화하지 않는다.

4. 선한 효과가 해로운 효과보다 더 커야 한다. 해로운 효과는 오직 예상되는 해로운 효과의 허용을 보상할 만한 비례적 추론이 있을 때에만 허용된다. 만약 행동의 해로운 효과가 선한 효과보다 더 크다면, 그 행동은 부당하다.

이 조건들은 기술적으로 체크리스트 같은 역할을 한다. 만약 어떠한 사례가 조건들을 모두 만족시킨다면, 그 행동은 이중효과 원칙에서 정당화된다. 고통을 겪는 환자의 예를 들어 보면, 첫 번째 조건(행동의 목적)에서는 치명적인 약물을 투여하는 행동이 제외된다. 이러한 행동은 무고한 사람을 직접적으로 죽이는 것이며 본질적으로 잘못되었기 때문이다. 이와 유사하게, 죽음을 피할 수 없는 상황에서 괴로움을 계속 연장시키는 것은 본질적으로 잘못되었다. 여기서는 그 행동 자체가 아니라 행동의 목적이 철저하게 검토된다. 퀸란과 크루잰의 사례를 보면, 식물인간 상태에서 생명을 인위적으로 연장하는 것은 객관적으로 잘못된 것이다.

두 번째 조건(의도)에서는 사람을 죽이려는 목적으로 강한 진통제를 사용하는 것을 금지한다. 환자의 고통을 완화시키기 위해 필요한 효과적인 양의 약물은 그 사람의 생명을 위협할 수 있지만, 죽음을 적극적으로 의도하지 않는 한 허용될 수 있다. 퀸란과 크루잰의 사례에서 보면, 살인과 죽음을 허락하는 것 사이에는 개념적인 차이가 있다. 죽음을 허락하는 것은 해롭지 않은 행동일 수 있지만, 살인을 하거나 죽음을 허락하지 않는 것은 해로운 행동일 수 있다. 인간관계에 필수적인 질적 측면이 전혀 없는 상태에서 단지 생물학적인 삶의 유지가 환자에게 이익이 되지 않는 한 죽음을 허락하는 행동은 해롭지 않다. 이는 주로 선택적 치료 대 의무적 치료에 대해 토론하기 위한 개념으로 더욱 적절해 보인다. 하지만 단어를 바꾼다고 해서 당면한 쟁점이 바뀌는 것은 아니다. 특정한 상황 또는 조건에서 치료

(이를테면, 인위적으로 영양분과 수액을 제공하는 것)를 하지 않고 죽음을 허락하는 것은 고의적으로 살인하는 것과는 다르다.

세 번째 조건(질료적 원인[9])에서는 환자의 고통을 완화하는 수단으로 치명적인 양의 약물을 사용하는 것을 금지한다. 환자의 죽음으로 고통의 완화라는 올바른 효과를 가져올 수는 없다. 오히려 진통제를 신중하게 사용함으로써 좋은 결과를 가져올 수 있다. 환자에게 이익이 되는 올바른 효과는 삶을 연장하거나 죽음을 피함으로써 항상 얻을 수 있는 것이 아니며, 오히려 죽는 것을 허락함으로써 얻을 수도 있다.

마지막 조건(비례적 추론)에 따르면, 견딜 수 없는 고통과 회복이 불가능한 정도에 따라 진통제의 복용량도 더욱 많아진다. 또한 비례적 추론에서는 이런 질문을 던진다. 어떤 조건에서 치료를 포기하여 환자가 죽도록 허용할 수 있는가?

보일(Boyle, 1980, 1991)은 조건을 두 가지(의도와 비례)로 줄였다. 그는 나중에 이중효과의 기능으로 과실이 많은 행위자와 과실이 적은 행위자를 구별하는 것 또는 허용되는 행동과 허용되지 않는 행동을 구별하는 것이 항상 명확하지 않다는 점을 인정했다. 그는 후자가 사실이라면, 이중효과 원칙은 의사결정을 할 때 이용되는 절차를 제공하거나 부당행위를 밝히는 데 필요한 도덕적 판단을 내리기 위한 기준으로만 기능할 수 있다고 덧붙였다. 보일은 가끔 이중효과가 두 가지 문제를 모두 다루기 위해서 사용된다고 말했다. 이중효과 원칙의 기능과 상관없이, 비의도적인(원인을 예상할 수 있거나 허락된) 행동 및 의도하지 않은 부수적 효과와는 적절히 구별되는, 의도적인 행동 및 행동의 의도된(그저 예상된 것이 아닌) 효과에 대한

---

9   아리스토텔레스가 주장한 형이상학적 원리 중 하나로, 사물(물질)에 내재하는 변하지 않는 속성을 가리킨다. 여기서는 수단은 수단일 뿐이며 목적으로 대체되어서는 안 된다는 것을 의미한다.

설명이 필요하다(Beauchamp & Childress, 1994).

의도적 효과와 비의도적 효과

원하는 효과를 보기 위해 인지한 채로 자발적으로 행동한 행위자는 매우 의도적이다. 하지만 의도된 효과가 바람직하지 않을 수 있고, 행동의 목표가 아닐 수도 있다. 극심한 고통과 괴로움을 겪고 있는 환자의 사례에서, 행위자는 고통을 완화하지만 죽음도 재촉하는 진통제를 투여한다. 원하는 것은 오직 환자의 고통을 완화하는 것이지만, 죽음을 재촉하지 않고는 고통을 줄일 수 없다. 행위자가 환자의 죽음을 앞당기는 것을 바라지 않았음에도, 그것을 의도하지는 않았다고 말하는 것은 개념적으로 잘못되었다.

도덕적인 행위자는 해로운 효과를 바라지 않는다. 또한 도덕적인 행위자는 만약 해로운 효과를 피하는 것이 도덕적으로 바람직하다면 해로운 효과를 용인하지 않을 것이다. 그러나 이중효과 원칙이 의미하는 것처럼, 선한 효과를 잃지 않으면서 해로운 효과를 제거할 수 없는 상황에서는 해로운 효과가 수용될 수 있다.

브래트먼(Bratman, 1987)은 의도적 효과와 비의도적 효과에 대한 논란을 더 명백하게 설명했다. 그에 따르면, 의도적인 행동을 하려면 행동의 실행을 위한 수단과 목적에 대한 계획이나 표현이 필요하다. 따라서 의도적인 행동을 하려면 행위자가 어떠한 효과를 바라고 그것을 어떻게 계획하고 실행하는지에 대해서 인지하는 것이 필수적이다. 무엇이 의도적 효과이고 비의도적 효과인지에 대한 브래트먼의 정의를 받아들이면, 그다음에 비례 원칙의 문제를 다루어야 한다.

비례적 추론

수익체감점은 주어진 행동의 즉각적이고 해로운 효과가 즉각적이고 선한 효과와 비교했을 때 압도적으로 커서 우연이라고 말하기 어려우며 직접적으로 의도하지 않았는데도 허용될 때 발생한다. 그 예로, 효과적인 약물 투여의 부작용 때문에 죽음이 앞당겨진다는 두려움으로 말기 환자가 지속적으로 극심한 고통을 겪는 경우와, 관을 통해 영양분을 주입함으로써 환자의 영양 상태와 수액 수준을 개선할 수 있지만 식물인간 상태인 환자에게는 별 이득이 없는 경우가 있다. 이러한 상황에서는 무슨 일이 일어나고 있는지 상식적으로 해석하기가 불가능하다. 단지 누군가 이러한 상황을 직접적으로 의도하지 않았다고 말하는 것만으로는 실제 일어난 상황을 바꾸지 못할 것이다. 이는 의문을 불러일으킨다. "도덕적인 행위자는 실제 상황에서 해로운 효과를 직접적으로 의도하는 것을 피하지 않을까?" 달리 표현하면, 최후의 수단으로 어떤 한 행동이 취해졌을 때 직접적이고 해로운 효과를 피하는 것이 심리적으로 그리고 솔직하게 가능한가?

비례적 추론에서는 의도적인 것과 우연한 것 또는 비의도적인 것을 구별하는 것이 이중효과 원칙의 무게를 견딜 수 있다는 주장의 정당성에 초점을 둔다. 이러한 구별을 통해 모든 정황에서 잘못된 행위와 그에 따른 효과가 있는지 혹은 타인의 필요에 부응함으로써 정당화될 수 있는 의도된 행위와 그에 따른 효과가 있는지에 대한 질문을 던질 수 있다.

이러한 조건, 의도, 비례 원칙은 필요조건으로 간주될 수 있지만, 도덕적으로 옳은 일련의 행동을 채택하는 데에는 충분조건이 아닐 수 있다. 위의 조건에서 허용되는 행동은 또 다른 이유(예를 들어, 개인의 자율성을 위반함)로 금지될 수 있다. 의도와 비례 원칙의 중요성을 버리지 않고 행위자의 동기와 성격을 보여 주는 방법에 초점을 두는 것을 등한시하지 않으면서, 놓쳐서는 안 될 부분인 행위자의 동기 구조와 선한 인격에도 초점을 맞추어야 한다. 올바른 동기와 도덕적 인격을 지닌 도덕적으로 선한 사람은 다른 사람들에 비해 도덕적 이상뿐만 아니라 도덕적 원칙에 기반하여 무엇을 해야 하는지를 더 잘 이해하는 경향이 있다.

미덕 윤리

미덕을 기반으로 하는 도덕 이론을 통해 도덕적 정당성과 비례적 추론에 대한 추가적인 초점을 이해할 수 있다. 의도의 중요성을 주장한 피니스(Finnis, 1991)는 행위의 반영적 특성을 강조했는데, 그에 따르면 행위는 세계뿐만 아니라 행위자의 인격을 형성한다. 가르시아(Garcia, 1993)는 도덕적 정당성에 대한 설명은 행위자의 내면을 향해야 하며, 행위의 도덕성이나 비도덕성의 원천을 전체 효과에서 찾는 것이 아니라 그것이 포함하고 있는 민감성, 의사결정, 계획의 질에서, 그리고 보호자와 환자 간의 관계를 어떻게 훼손하는지 혹은 그것에 어떻게 부합하는지에서 찾아야 한다고 제안했다. 사실상 행위자의 미덕(virtue)과 인격(character)에 초점을 맞춘 이러한 제안은 이중효과 원칙에 균형을 맞추고 보완하는 역할을 한다.

윤리가 의사결정과 원칙에 주요한 초점이 되어야 한다는 가정에 도전하는 사람들도 있었다(Braybrooke, 1991; Keenan, 1992; Meara, Schmidt, & Day, 1996; Oakley, 1996; Spohn, 1992). 이들은 행위를 수행하는 행위자의 인격에서 행위의 올바름과 선함의 문제를 분리하는 것은 실수라고 주장한다. 도덕적인 사람은 도덕적으로 옳다고 판단되는 것을 끌어내기 위해 만들어진 적절한 원칙과 규칙에 이끌리는 인격뿐만 아니라, 너그럽고 배려하며 공감적이고 호감이 가며 공명정대한 인격을 지니고 있다. 그는 우리가 도덕적 모델의 예로 생각하는 사람이다.

의료 서비스에서는 의사 또는 보호자와 환자의 관계가 중요하다. 치료 관계에 필수적인 신뢰, 배려, 연민은 의료 서비스에 고유한 미덕이다. 펠레그리노(Pellegrino, 1985)는 의사가 환자의 질병 경험과 환자에게 무엇이 가치 있는지를 느낄 수 있는 공감 능력을 가지고 있어야 한다고 기술했다. 더불어 그는 다음과 같이 말했다.

모든 의사결정을 할 때마다 모든 미덕이 필요하지는 않다. 우리가 미덕을 갖춘 의사에게 기대하는 것은 미덕이 요구될 때 의사가 그 미덕을 보여 줄 것과 그에게는 미덕이 습관처럼 너무나 익숙한 것이어서 우리가 의지할 수 있다는 점이다. 의사나 그 가족에게 불의를 저지르도록 하거나 양심을 위반하는 행위를 요구하지 않는 한, 그는 자기 자신보다 환자의 이익을 먼저 생각하고 추구할 것이다(p.246).

비치(Veatch, 1985)는 미덕 이론이 의학에 적합하지 않다고 주장했다. 그는 현대 의학이 '낯선 자 의학(stranger medicine)'으로 실행되어야 한다고 언급했다.

의학은 본질적으로 낯선 사람들 사이에서 실행된다. 큰 도시의 응급실에서 긴급 상황에서 실행되는 의료 서비스가 이에 해당한다. 또한 임상기관에서 제공하는 서비스, 항시 대기하는 의사가 없는 보건 관련 기관, 대부분의 학교 의료 서비스, 재향군인병원, 자문 전문가에 의한 서비스, 군대 내 의료 서비스, 이동이 잦아서 주치의와 장기적 관계를 맺기 어려운 환자에 대한 일반의의 의료 서비스도 해당된다.

비치(1985)는 "응급실에서 무작위로 짝지어지는 낯선 사람이 자신과 같은 미덕 이론을 가질 것이라는 확신에 대한 합리적인 근거는 없다."고 주장했다(p.339).

비치는 의사 또는 보호자와 환자의 관계에 대해 미덕을 고려하지 않고 원칙으로만 특징지을 수 있다고 주장하면서 원칙 그 자체가 도덕적 해결책을 정당화한다고 제안한다. 이런 식으로 원칙을 사용하면 행위자의 역할을 단순 전달자로서의 역할로 비하하게 되는 동시에 그 원칙에 부적절한 권한을 부여하게 된다. 이중효과의 조건을 충족시키는 데에는 필수적이지만 도덕적으로 옳은 행동을 채택하는 데에는 충분치 않다는 점을 떠올려 보자. 아리스토텔레스는 고전 작품인 『니코마코스 윤리학(*Nicomachean Ethics*)』에서 도덕적으로 옳은 행동을 채택하는 데 필요한 두 번째 조건을 제시했다.

정의롭고 자제력 있는 사람이 할 것 같은 유형의 행동을 정의롭고 자제력 있는 행동이라고 부른다. 하지만 정의롭고 자제력 있는 사람은 이러한 행동을 하는 사람이 아니라 정의롭고 자제력 있는 사람이 하는 방식으로 이러한 행동을 하는 사람이다(p.1105).

원칙이 우리를 이끈다. 하지만 아리스토텔레스(Aristotle, 1962)가 제안했듯이, 우리는 상황을 평가하고 적절한 대응을 고안해 낼 필요가 있다. 평가와 대응은 원칙 못지않게 인격으로부터도 나온다.

미덕 윤리는 개인을 "나는 어떤 사람이 될 것인가?"라는 질문에 응답하는 방식으로, 주어진 선택과 행동을 끌어내는 주관적 자질에 대한 것이다. 키넌(Keenan, 1992)은 이 질문을 다룰 때 그에 대한 답을 궁극적으로 결정하는 것이 행위인지 아니면 행위를 하는 자신인지 결정해야 한다고 간결하게 지적했다. 만약 행위자가 수행하는 행위가 결정 요소라면, 그 행위는 평가되어야 하고 다음과 같은 질문을 받아야 한다. 즉, 어떤 행위가 허락되고 어떤 행위가 금지되는가? 행위가 선한 효과와 해로운 효과 두 가지를 내는 조건에서, 이중효과 원칙이 답을 줄 수 있다. 하지만 이러한 대답은 불완전하다. 그 행위를 하는 행위자를 고려해야 한다. 이것은 미덕 윤리의 요소와 관련된다.

행위와 행위자 모두를 다룰 때 현대의 미덕 윤리에서는 이미 형성된 규칙에 도덕적 경험을 가져다 맞추는 것을 피하려고 노력한다(Braybrooke, 1991; Keenan, 1992; Teehan, 1995; Thomas, 1996). 올바른 행위에 대한 미덕 윤리의 처방은 "어떤 행위가 나를 지금 그리고 미래에 더 나은 사람으로 만들 것인가?"라는 행위자의 물음을 포함하고 있다. 이러한 지향의 본질은 한 개인이 그 행위의 행위자가 된다는 것이다. 따라서 올바른 행위를 결정할 때 자기 이해는 필수적이다(Braybrooke, 1991; Keenan, 1992; Punzo, 1996; Thomas, 1996).

원칙과 미덕

프랭키나(1973)는 아리스토텔레스가 한 말을 본떠서 특성(미덕)이 없는 원칙은 무력하고, 원칙이 없는 특성은 맹목적이라고 말했다. 하지만 그는 미덕이 옳은 수행을 하기 위한 방법을 짚어 주는 구체적인 지침을 제공하기보다는 행위자의 선한 동기를 활성화시킨다고 말했다. 프랭키나의 관점을 통해 잠재적으로 양립할 수 있는 체계로 미덕과 원칙 윤리(이중효과 원칙)를 고려하게 되었다.

원칙 윤리에는 언뜻 확실해 보이는 다섯 가지 의무, 즉 무해성, 선행, 진정성, 정의, 자율성(Beauchamp & Childress, 1994; Bersoff & Koeppl, 1993)이 있다. 이중효과 원칙은 특정 행동에 하나 이상의 효과가 있는 상황에서 언뜻 분명해 보이는 일련의 의무를 설정하는 방식으로 여겨질 수 있다. 도덕적 추론에서 구체적 상황에 원칙을 (유연하게) 적용하고자 하는 이러한 호소는 딜레마의 규칙이나 세부사항과 관련하여 적용될 수 있는 여러 잠재적 선택을 제공한다. 이중효과 원칙에서는 전형적으로 행위나 선택 및 "나는 무엇이 될까?"라는 질문에 초점을 맞추며, 객관적이고 합리적인 기준으로 간주되는 것을 적용함으로써 답할 수 있다. 미덕의 관점은 약간 다른데, 행위를 하는 행위자를 강조하고 "나는 어떤 사람이 될 것인가?"라고 묻는다. 이 질문에서는 내적 자질, 특성이나 성숙한 습관을 형성함으로써 답을 얻는다. 이러한 조합은 미덕에 힘을 주고 잠재적으로 맹목적인 원칙에는 시야를 넓혀 준다.

미덕을 이해하려고 할 때 공동체가 가장 중요하다고 언급되어 왔다(Hauerwas, 1985; MacIntyre, 1981). 공동체는 무해성, 선행, 정직함, 정의, 자율성의 원칙이 어떻게 정의되는가를 결정한다. 하지만 전통과 공동체가 정한 정의에 지나치게 의존하면 자민족 중심적이고 잠재적으로 부도덕한 결정을 내릴 수 있다. 빈곤층, 유아, 노인, 장애인, 소수자는 모두 잠재적으로 삶의 마지막에 대한 의사결정에 가해지는 과도한 압박에 취약해질 위험에 처해 있다.

일부에서는 특정 행동이나 정책이 윤리적으로 허용될 수 있다고 묵인하면 원치 않은 결과가 생길 수 있다고 주장하는데, 이는 타당한 의견이다. 묵인에 찬성하는 주장은 제기된 행동이 어떠한 윤리적 원칙도 위반하지 않고 의도치 않은 결과와는 별도로 윤리적으로 허용될 수 있는 경우에만 설득력이 있다. 묵인에 반대하는 주장은 사람들에게는 심리적으로 문제를 더

넓게 해석하는 경향이 있기 때문에 묵인의 수용이 쉽게 전파된다는 전제에 기초한다. 심각한 악용은 즉각적으로 발생하는 것 같지 않지만 시간이 지나면서 증가할 수 있다. 주의 깊게 엄격히 제약하면서 시작해도 점차 변경될 여지가 있으며, 나아가 정당하지 않은 살인(unjustified killing)을 포함하는 경우까지 확장될 수 있다. 이 논쟁의 궁극적인 성공 또는 실패는 도덕적 규제의 점진적 약화 가능성에 달려 있다. 미라, 슈미트, 데이(Meara, Schmidt, & Day, 1996)는 미덕 윤리를 포함시킴으로써 전문가들이 사회 또는 공동체의 변덕에 영향을 받지 않고 규준을 융통성 있게 유지할 수 있다고 언급했다.

브레이브룩(Braybrooke, 1991)은 흥미로운 주제를 제안했는데, 미덕 없이는 규칙이 없고 규칙 없이는 미덕이 없다는 것이다. 브레이브룩에 따르면, 미덕과 규칙은 원래 하나의 몸통에서 나와 서로 밀접하게 연결된 가지처럼 양분된 것이다. 그는 어떠한 규칙의 존재는 그 규칙이 예시하고 있는, 이전에 존재했던 어떤 미덕을 암시한다고 지적했다. 이와 유사한 방식으로, 브레이브룩은 상황에 따라 행위를 조정하는 미덕인 근원적 공정성(epieikeia)은 조정할 규칙이 없으면 모습을 드러낼 수 없다고 언급했다. 규칙은 공공선(common good)을 촉진하는 목표임에도 만들어지는 과정에서 필연적으로 불완전하다고 간주되므로 상황에 따라서 규칙을 조정하는 특별한 미덕을 필요로 한다.

우리는 타인에게 해를 끼치는 것을 피할 뿐만 아니라 타인을 해로움으로부터 보호할 수 있고 또 그래야만 한다. 다른 사람들에게 해를 끼치지 말아야 한다는 의무와 다른 사람들에게 혜택을 주어야 한다는 의무의 구별을 둘러싼 개념적이고 도덕적인 불확실성이 존재한다. 이중효과 원칙과 미덕 윤리는 다른 주안점을 지니지만, 서로 보완적이고 서로를 강화해 준다. 이러한 상보성은 삶의 마지막에 대한 의사결정을 하는 과정에서 중요한 위치를 차지한다.

전경과 배경이라는 게슈탈트 원칙은 삶의 마지막에 대한 의사결정을 다룰 때 불가분의 관계인 이중효과 원칙과 미덕이 얼마나 뒤엉켜 있는지를 다루는 데 가장 적절하다. 전경은 보호자의 주의 깊은 자각의 중심을 차지한다. 배경은 전경이 아닌 지각 영역의 일부로, 주의 깊은 자각을 필요로 하지 않는 부분이다. 전경과 배경은 함께 게슈탈트를 구성한다. 도덕적으로 올바른 일련의 행동을 채택하는 데 이중효과의 조건은 필요조건이지만 충분조건은 아니다. 문제가 되고 있는 원칙에서 나온 미덕은 각 상황의 독특함 안에 묻어 있다. 그렇다면 보호자가 선한 효과와 해로운 효과를 가져오는 일련의 행위와 마주하고 있는 상황에서, 도덕적인 행위에 대한 결정은 이중효과 원칙을 사용하여 내려져야 하는가, 아니면 도덕적 윤리의 원칙으로 내려져야 하는가? 혹은 둘 중 하나가 다른 것의 배경에서 전경이 되는 방식으로 둘 다를 사용하여 의사결정을 하면 안 되는가?

사고와 성찰을 위한 질문

1 당신은 어떤 행동이 윤리적인지를 어떻게 결정하는가? 그것은 모두 상대적인가? 아니면 어떤 지표가 되는 원칙이 있는가?

2 당신의 행동이 하나 이상의 결과를 가져왔을 때, 그 행동이 올바른지 어떻게 결정하는가?

3 다음의 윤리 원칙(자율성에 대한 존중, 선행, 무해성, 정의) 중 당신에게는 무엇이 가장 중요한가? 이유는 무엇인가?

4 말기 (성인) 환자는 생명연장 치료를 거부할 권리를 가지고 있으며, 실제로 자신의 삶의 마지막을 결정할 권리를 갖고 있는가? 어떤 요소를 고려하여 답을 정했는가? 그 이유는 무엇인가?

5 위의 질문에서 말기 환자가 만약 아동 또는 청소년이라면 그에 대한 답변이 어떻게 바뀌는가? 이유는 무엇인가?

4장

애착 이론:
애도와 상실에 대한 함의

상실과 그에 따른 인간 행동의 중요성을 이해하기 위해서는 먼저 애착의 의미에 대해 알아야 한다. 관계를 애착의 관점에서 이해하는 견해는 존 볼비(John Bowlby, 1969, 1973, 1980)의 애착과 상실에 대한 중요한 연구에서 많은 영향을 받았다. 하지만 최초의 애착 이론가는 볼비가 아니었을지도 모른다. 아래의 글을 보면 그 명예가 아마도 찰스 다윈(Charles Darwin)에게 돌아가야 할지 모른다.

동물은 처음부터 무리 지어 살고 서로에게서 떨어지면 불편해하며 함께할 때 편안하게 느낀다고 종종 추측되었다. 하지만 이러한 생각에는 동물이 무리 지어 살면서 이익을 얻을 목적으로 그렇게 발달했다는 더 그럴듯한 관점이 함께 포함되어야 한다. 동료와 긴밀하게 지내면서 이익을 얻는 동물의 경우, 집단 속에서 가장 큰 기쁨을 느끼는 개체는 다양한 위험에서 가장 잘 벗어날 수 있을 것이다. 반면 동료에게 거의 관심이 없거나 혼자 사는 개체는 생존하기 힘들다(Darwin, 1871/1981, p.80).

이 글을 보면 다윈의 '집단'에 대한 설명과 볼비의 개인의 삶에서 중요한 타인에 대한 설명이 일맥상통한다는 것을 알 수 있다. 다윈의 '동료' 개념과 볼비의 애착 대상 개념도 마찬가지이다.

아이러니하게도 다윈은 성인기에 여러 스트레스 사건으로 인한 복합적인 육체적·정신적 질병으로 고통을 받았다. 정확한 이유는 알 수 없으나 8세에 어머니를 잃은 경험이 영향을 미쳤을 가능성이 있다. 볼비는 다윈의 열렬한 추종자였고 그의 전기를 집필했다. 그는 다윈의 전기(Bowlby, 1990)에서 질병의 원인을 어머니의 죽음에 대한 억압된 애도로 보았다. 그는 애도를 억압하면 고통스러운 정서적 반응의 자연스러운 과정이 억제되는데 이것이 자연스럽게 흘러가지 않으면 육체적·정신적 질병에 걸릴 수 있다고 믿었다.

볼비는 애착이 형성되었다가 깨지는 과정을 탐색하기 시작했고, 생애 전반의 성격 발달에 관한 거대 이론인 애착 이론을 개발했다. 상실에 관한 그의 생각은 계속 변화하고 발전했지만, 그는 해결되지 않고 억압된 애도를 중요한 병리적 요소로 보았다. 그리고 애도를 개인과 주요 애착 대상 간의 분리가 지속되는 것을 막아 주는 인간의 자연스러운 성향의 일부로 보았다.

애착 행동의 본질과 기능

볼비(1973)는 애착 행동을 "주로 더 강하고 현명하다고 여겨지고 다른 사람과 구별되며 자신이 좋아하는 개인과 가까워지게 하고 그 관계를 유지해 주는 모든 행동"(p.292)이라고 정의했다. 인간을 포함한 많은 동물은 유아기 때 생존하기 위해 보호와 보살핌을 필요로 한다. 유아는 잠재적 보호자의 관심을 끌어서 보호와 돌봄 반응을 이끌어 내기 위해 육체적 적응(빨기)과 행동적 적응(울기)을 발달시킨다. 볼비는 이러한 기본적인 적응에 더하여 유아가 자신과 보호자 사이의 근접성을 유지하기 위해 자연선택에 따라 만들어진 동기 체계(애착 체계)를 지닌다고 가정했다. 애착 체계의 목적은 스트로프와 워터스(Stroufe & Waters, 1977)가 말한 안전감(felt security)이다. 이는 보호자나 애착 대상이 가깝고 접근 가능하다고 느낄 때 발생한다. 이때 유아는 주변을 탐색하고 놀이에 참여할 수 있다. 하지만 애착 대상이 없거나 접근할 수 없다고 느낄 때 유아는 불안해 하고 격하게 반항하며 다시금 접촉하고자 시도한다.

볼비(1969, 1982)에 따르면, 이러한 반항을 통해 유아는 애착 대상과의 근접성을 확보하고 생존을 도모한다. 유아는 불안해지면 기진맥진해질 때까지 잃어버린 애착 대상을 찾아 헤맨다. 이러한 관점에서 볼 때, 분리와 상실을 경험했을 때 당황스러워 하는 많은 반응(예를 들어, 애착 대상이 객관적으로 사라졌을 때조차도 계속 찾기, 조르기)은 이해할 만하다. 볼비(1973)의 가정에 따르면, 애착 행동은 애착 대상과의 근접성을 유지하기 위해 계획된 행동 체계(예를 들어, 미소 짓기, 울기)를 형성한다. 애착 행동의 예로는 상대의 위치 확인하기, 인사하기, 따라다니기, 달라붙기, 울기, 부르기 등이 있다. 이러한 행동은 유아기와 아동기에 시작되어 평생 동안 여러 형태로 드러난다. 이는 타인에 대한 애착 발달을 돕는다. 이러한 행동에 대한 피드백에 따라 애착 행동은 변화한다. 피드백이 좌절될 경우 개인은 애착 행동을 더 많이 하게 되고, 이는 애착 대상에게서 위로 반응을 끌어낸다. 애착 관계에 위협이 있을 경우 강한 감정(분노, 불안, 초조, 슬픔)이 발생하기도 한다. 애착의 초기 경험은 그 이후의 애착 유형에 영향을 미친다. 볼비에게 애착 체계는 생존 보장을 위한 몇 가지 행동 체계(예를 들어, 탐색하기, 보살핌, 성관계) 가운데 하나였다. 볼비는 이러한 행동 체계가 인간과 환경 사이에 비교적 안정된 상태를 유지하는 항상성 조절 체계라고 설명했다.

볼비는 애착 행동을 타인과 가까워지기 위한 수단으로 보았지만, 애착의 상호관계적인 기능이 밝혀졌다. 우리가 이해한 것처럼 애착 대상은 유아가 환경을 탐색하고 제어하도록 하는 안전기지 역할을 한다. 애착 대상이 충분히 근접해 있고 위협이 존재하지 않는 상황에서 유아는 애착 행동이 아니라 탐험에 나서는 경향이 있다. 그러나 환경에서 위협이 느껴지면 유아는 더욱 애착 행동을 하게 된다.

볼비는 애착 체계를 형성하는 것이 인간의 본능이라고 말했다. 그는 개인 사이의 차이를 고려함으로써 애착 행동의 개념을 더 보완하기 시작했다.

애착의 개인차

다음과 같은 애착 이론의 가정에서 개인차의 문제를 찾아볼 수 있다.

① 필요할 때 언제든 애착 대상과 함께할 수 있다고 확신하는 사람은 그렇지 않은 사람보다 강렬하거나 만성적인 공포를 훨씬 덜 겪는 경향이 있다.

② 애착 대상과 함께할 수 있다는 확신 혹은 그런 확신의 결핍은 미성년

기(유아기, 아동기, 청소년기) 동안 천천히 형성된다. 이 기간 동안에 발달한 기대는 평생 동안 변치 않고 지속되는 경향이 있다.

③ 미성년기에 발달된 애착 대상의 접근 가능성과 반응성에 대한 다양한 기대는 개인이 실제로 겪었던 경험을 비교적 정확히 반영한다(볼비, 1973, p.235).

애착 대상에 대한 기대는 개인에게 매우 중요하다. 애착 대상의 접근 가능성과 반응성에 대한 기대는 개인의 애착 양식에 통합된다. 이 양식은 애착 대상과 보살핌에 대한 개인의 초기 경험에서 발달된 기억, 지각, 신념을 반영한다. 이는 새로운 관계를 맺을 때에도 지각과 관련 행동 반응에서 주된 역할을 한다.

에인즈워스, 블레어, 워터스, 월(Ainsworth, Blehar, Waters & Wall, 1978) 등은 애착 행동의 개인차에 대해 세부적인 연구를 수행한 최초의 학자들이다. 이들은 모자 상호작용에 대한 자연적 관찰 연구를 수행했다. 이들은 관찰 결과를 토대로 세 가지 애착 유형, 즉 안정 애착, 불안 애착, 회피 애착을 제안했다. 각 애착 유형은 서로 다른 양육 환경에서 적응 문제를 해결하기 위해 만들어진 서로 다른 비상사태 전략을 반영한다.

안정 애착 유아의 엄마는 아이의 필요와 신호에 늘 준비를 하고 있으며 반응적이다(Ainsworth et al., 1978; Grossmann, Grossmann, Spangler, Suess, & Unzner, 1985). 그녀는 괴로워하는 아이의 신호에 매우 적절히 대응했고(Crockenberg, 1985), 적절하고 충분한 자극을 제공했으며(Belsky, Rovine, & Taylor, 1984), 아이와 같은 속도로 상호작용했고(Isabella, Belsky, 1990; Isabella, Belsky, & von Eye, 1989), 아이에게 따뜻하고 밀접하게 일관적 태도로 반응했다(Bates, Maslin, & Frankel, 1985). 애착 대상이 관심을 표현하고 일관적으로 대해 주기 때문에 안정 애착을 형성한 유아는 애착 대상과 함께하고 반응하는 것에 걱정할 필요가 없다. 따라서 유아는 애착이 아닌 다른 일에 자유롭게 주의를 집중할 수 있다.

불안 애착 유아의 양육자는 아이를 일관적으로 대하지 않는다. 그는 유아가 보내는 신호와 필요에 대해 변덕스럽게 반응하고 종종 무심한 태도를 보인다(Belsky et al., 1984; Isabella et al., 1989; Lewis & Feiring, 1989; Smith & Pederson, 1988). 이러한 유아는 요구가 많고 항상 거세게 조르는데, 이는 부주의한 양육자에게서 반응을 충분히 얻어 낸 후에 이를 유지하고 개선하기 위해 만들어진 전략을 반영하는 것일 수 있다(Cassidy & Berlin, 1994; Main & Solomon, 1986).

회피 애착 유아의 양육자는 일관적으로 냉정하고 아이를 거부한다(Ainsworth et al., 1978). 아이의 불만 표출에 무감각하고(Crockenberg, 1981), 아이를 지나치게 공격적으로 대하며(Belsky et al., 1984) 신체 접촉을 싫어한다(Ainsworth et al., 1978). 메인(Main, 1981)은 유아의 회피적인 행동이 공격적이거나 감정에 휩싸인 양육자의 곁을 떠나지 않고도 가까운 거리를 적절히 유지할 수 있게 해 준다는 가설을 세웠다.

메인과 헤시(Main & Hesse, 1990)는 네 번째 유형을 확인했는데, 그것은 불안정 애착이다. 이 유형의 유아는 애착 대상에게 모순되는 행동, 혼란, 불안 반응을 보이는 경향이 있다. 이 유형은 애착 대상이 매우 폭력적이거나 우울하거나 정서적으로 불안정할 때 나타난다(Crittenden, 1988; Main & Hesse, 1990).

애착 행동의 유형은 타인의 요구나 지각된 위협이 있을 때 접근 가능한 안전기지가 확립되어 있는지 없는지의 결과로 나타난다. 안전기지의 확립은 한 개인이 유아기, 아동기, 청소년기, 성인기가 된 이후에도 타인 및 세상과 관계를 맺는 방식에 영향을 미친다. 안정 애착을 형성한 아이는 위험을 무릅쓰고 환경을 탐색하며 양육자가 돌아와 함께할 수 있으리라는 것을 알고 있다. 또한 청소년기에 자율성을 추구하는 행동은 탐색 작업의 일환으로 볼 수 있다(Allen, Kupermic, & Moore, 1997). 이러한 탐색 없이는 청소년기와 성인기에 장기적 관계 맺기, 생산적인 직업 경력 같은 사회적 발달 과업을 성취하기가 어려울 수 있다. 앨런, 하우저, 벨, 오코너(Allen, Hauser, Bell, & O'Conner, 1994) 등은 청소년기의 자율성 추구 행동이 부모와의 긍정적 관계 형성을 기반으로 한다고 제안했다. 독립심이 강해질수록 애착 관계의 본질상 부모와 자녀의 정서적 거리는 재정립된다. 이러한 관계의 재정립은 부모-자녀 관계의 문제를 해결하는 데 도움을 주고 타인과 안정적인 관계를 형성하는 것을 가능하게 하며 미래에 자신의 자녀에게도 좋은 애착 대상이 될 수 있도록 도와준다.

애착과 상실

볼비가 남긴 가장 큰 업적은 애착과 상실을 인종학적 관점으로 보았다는 것이다. 볼비(1969, 1982)에 따르면, 유아가 분리기에 보이는 조르는 행동은 양육자를 주변에 붙들어 놓는 데 도움이 되는 것으로 유아의 생존을 도모하는 역할을 한다. 분리기의 조르기 단계(protest phase)에서 유아는 자신이 겪는 곤경에 대체로 격렬하게 반응한다. 하지만 양육자의 죽음처럼 분리 기간이 길어지는 경우에는 이러한 반응의 강도가 점차 약해진다. 정서적 조르기(불안, 울음, 분노)는 점차 절망, 슬픔, 철수로 바뀐다. 볼비는 이 두 번째 단계를 잃어버린 애착 대상을 되돌림으로써 자신을 보호하려고 시도했던 조르기의 실패에 따른 결과라고 보았다.

거리 두기(detachment)와 기존 활동 및 사회적 관계에 대한 관심을 점진적으로 보이는 것이 세 번째 단계이다. 거리 두기는 무관심을 내포한 단어여서 약간 오해의 소지가 있다. 볼비는 잃었던 애착 대상이 다시 돌아와 영원히 곁에 있을 것이며 애정을 줄 것이라는 확신의 기간이 지난 후에 잃었던 애착 대상과 재회하면 애착 체계와 관련 행동(예를 들어, 울기, 따라다니기, 매달리기)이 다시 시작된다는 것을 발견했다. 볼비는 외견상의 거리두기가 애착의 유대가 사라지는 것이라기보다는 애착 대상을 귀환시키는 데 장기간 실패한 애착 반응의 방어적 억압이라고 생각했다.

볼비는 일차적으로 부모-자녀 애착에 관심을 두었지만, 성인의 연애 혹은 이성 간의 애착도 유아 애착을 설명할 때와 같은 틀에서 보았다. 볼비는 파크스와 와이스(Parkes & Weiss, 1983)와 마찬가지로 연애 상대 혹은 배우자와 분리되거나 상실을 경험한 성인이 애착 대상과 분리되거나 상실을 경험한 유아에게서 관찰되는 것과 유사한 반응을 나타내는 것을 관찰했다. 파크스와 와이스는 『사별에서의 회복(*Recovery from bereavement*)』에서 남편을 암으로 잃은 여성의 조르기 반응에 대해 설명했다.

저는 남편 곁으로 다가갔습니다. 시아주버니는 자꾸 저를 남편한테서 떼어 내려고 했습니다. 제가 자꾸 남편에게 매달리고 머리를 어루만졌다고 하더군요. 저는 통곡했어요. 시아주버니가 와서 저를 데려갔던 기억이 납니다(Parks & Weiss, 1983, p.78).

상실이 지속되거나 영구적이 되면 조르기 단계에서 잃어버린 사람에 대한 집착(preoccupation)이 나타난다. 성인의 경우, 잃어버린 사람에 대한 강렬한 그리움을 느끼게 되고 일상에서 애착 대상의 부재를 인식하게 될 때 놀라는 경우가 한동안 계속된다. 파크스와 와이스는 남편과 사별한 여성의 이야기를 다시 예로 들었다.

저는 밤에 제일 힘듭니다. 이웃이 야간근무를 해서 밤마다 차를 타고 들어오는 소리를 듣습니다. 그럴 때마다 남편은 "저 양반, 브레이크는 언제 고

친대?" 등의 말을 하곤 했습니다. 저는 밤마다 이웃이 도착할 때 여기에 앉아 있는데, 남편이 살아 있다면 그때마다 제게 뭔가 말을 했을 터이기 때문에 남편 생각이 많이 납니다(Parks & Weiss, 1983, p.87).

결국 상실은 영구적이고 배우자는 돌아오지 않을 것이라는 깨달음이 생긴다. 그렇게 되면 절망과 혼란이 수반된다. 수면 및 식사 장애, 사회적 철수, 깊은 외로움, 절절한 슬픔 등의 우울 증상이 성인과 아동 모두에게 흔히 나타난다. 와이스(Weiss, 1973)는 외로움이 특히 애착 대상의 부재와 관련되고 다른 사람의 존재로 완화될 수 없다고 했다. 가족과 친구들의 사회적 지지는 위로가 되지만 그 빈자리를 채우지는 못한다. 이러한 단계는 잠깐일 수도 있고 몇 년간 지속될 수도 있다. 유족은 "잊는 게 아니라 그냥 익숙해지는 것"이라고 입을 모아 이야기한다.

볼비는 성인의 상실에 대한 이후 작업(1980)에서 무감각(numbing)이 라는 초기 단계를 확인했다. 그에 따르면, 애도의 초기 단계에서는 너무나도 고통스럽고 압도된 나머지 애착 대상의 죽음을 부정하는 태도를 보인다. 파크스와 와이스(1983)가 제시한 다음 예에서 남편의 갑작스럽고 예상치 못한 죽음을 경험한 여성의 심리적 무감각 현상을 찾아볼 수 있다.

믿을 수가 없었습니다. 20분 동안 거기에 그대로 있었습니다. 남편의 얼굴을 비비고 두드리고 불렀지만 그는 대답이 없었습니다. 내가 계속 부르면 그가 나의 목소리를 알기 때문에 대답할 것이라고 생각했습니다. 하지만 그는 대답하지 않았습니다. 사람들은 남편이 죽었다고 말했습니다. 하지만 그의 피부는 제 피부만큼이나 따뜻했습니다(Parks & Weiss, p.84).

볼비는 성인의 애착을 연구하면서 마지막 단계를 분리에서 재정립(reorganization)의 단계로 바꾸었다. 이러한 변화는 사별을 경험한 사람들이 상실의 대상과 자신을 분리하지 않고 그보다는 상실한 대상과의 관계를 재정립하면서 유대를 지속하여 현실 상황에 적응한다는 볼비의 신념을 반영한다.

동물도 인간처럼 분리와 상실에 대해 혼란스러운 반응을 보인다. 많은 동물 종은 태어날 때 스스로를 돌볼 능력을 갖지 않으며, 주요 애착 대상을 상실하면 극도의 불안과 조르기 반응을 보인다. 히말라야원숭이의 애착에 관한 초기 연구(Seay, Hansen, & Harlow, 1962)에서는 5개월 된 아기 원숭이를 3주 동안 어미에게서 분리했다. 처음에는 아기 원숭이가 어미 원숭이와 갈라놓은 철창을 부수려 하고 소리를 지르면서 과도한 조르기와 흥분의 징후를 보였다. 하지만 계속 반복해도 소용이 없자, 아기 원숭이는 무기력해지고 철수했다. 플림톤과 로젠블럼(Plimpton & Rosenblum, 1987)과 라이트와 보치아(Reite & Boccia, 1994)의 최근 연구도 이를 지지한다.

포유동물이 아닌 종에서도 유사한 애착 행동이 발견되었다. 콘래드 로렌츠(Konrad Lorenz)는 회색기러기의 혼란스러운 행동을 짝에게서 분리된 것에 대한 반응으로 설명했다.

회색기러기는 자신의 짝이 없어졌을 때 처음에는 불안한 행동을 보이면서 찾으려고 노력한다. 밤낮을 가리지 않고 쉼 없이 움직인다. 장거리 비행을 하고 괴성을 지르며 짝이 있을 만한 공간을 찾는다. 짝을 찾아 헤매는 시간이 길어지면 회색기러기 자신도 길을 잃거나 사고를 당하기도 한다. (…) 짝 잃은 회색기러기에게서 객관적으로 관찰할 수 있는 모든 특성은 인간의 애도 특성과 거의 같다(Lorenz, 1963; Parkes, 1972, p.40에서 재인용).

애도의 단계

볼비(1980)에 따르면, 사별은 한 사람이 자신의 환경 속에서 중요한 타인에게 지녔던 애착의 붕괴이다. 애착이 붕괴되었을 때 그 체계는 다른 수준으로 재정립되어야 한다. 그는 이 과정을 네 단계로 설명했다.

첫 번째 단계에서는 중요한 타인이 실제로 죽었다는 사실을 믿지 못하고 정서적으로 무감각해진다. 이러한 무감각은 유족이 상실과 관련하여 치밀어 오르는 정서적 고통을 일시적으로 미룰 수 있게 해 준다. 이러한 단계는 몇 시간 혹은 몇 주 이상에 걸쳐 나타날 수 있으며 극한 감정에 방해를 받을 수 있다. 자기 방어는 많은 에너지를 소모시키고, 장기화되면 소진되어 체력을 저하시키며 뒤이어 신체적 질병까지도 나타낼 수 있다.

두 번째 단계는 갈망(yearning)과 찾기(searching)이다. 이 단계에서는 상실의 현실을 직시하고 무감각이 사라지기 시작한다. 안절부절못할 수도 있고, 사별한 사람에 대한 생각에 사로잡혀 휴대전화가 울리거나 현관문이 열리면 그 사람일 것이라고 생각하게 된다. 무감각 단계가 길어져도 에너지가 고갈되지 않았다면 그 사람은 에너지 수준이 다소 높은 편에 속한다. 울기, 그 사람의 이름 부르기, 그 사람이 존재한다는 단서에 주목하기 등이 대표적 증상이다. 유족은 자신이 상실한 사람을 찾고 있다고 인지할 수도 있고 못할 수도 있다. 유족은 죽음에 책임이 있는 사람을 찾거나 상실한 사람을 찾지 못하여 좌절하면서 흔히 분노한다. 이러한 애착 행동은 몇 달 혹은 몇 년에 걸쳐 나타날 수 있다. 이는 애착 관계의 대상을 되찾으려는 노력으로 보인다.

세 번째 단계는 혼란(disorganization)과 절망(despair)이다. 고인이 살아 있을 때는 애착을 유지하는 데 효과적이었던 애착 행동이 이제는 더 이상 소용없음이 분명해진다. 상실은 이제 완전히 현실이 된다. 철수와 고립은 이 단계에서 흔히 나타나는 행동이며, 피로감과 우울 증상이 나타난다. 두 번째 단계에서 높았던 에너지 수준이 낮아지고 아침에 일어나는 것도 힘들어진다. 예전의 삶을 되찾을 수 있을지 의문스럽기 시작한다. 이 때문에 절망감에 휩싸일 수 있다. 고인이 없는 자신은 재평가되고 재정의되어야 한다. 상실과 함께 그것이 가져온 혼란과 큰 변화에 대해 완전히 수용할 필요가 있다.

네 번째 단계에서는 재정립이 어느 정도 시작된다. 사별한 사람이 삶을 계속해야 한다는 사실을 깨달으면 많은 변화가 일어난다. 이 과정은 급격한 변화가 아니라 점진적인 변화로 이루어진다. 고인에 대한 생각은 유족의 삶에서 다른 자리를 차지하기 시작한다. 새로운 삶의 가능성에 대한 인식이 적지만 차츰 늘어난다. 사회적 관계와 책임감 면에서도 고인이 없는 세상을 수용하는 쪽으로 변화하기 시작할 수 있다.

애도는 유동적이고, 대부분의 사람들은 1단계에서부터 시작하지 않으며 순서대로 진행되지 않는다. 애도는 전부 아니면 전무의 경험이 아니다. 단계 간 혹은 단계 내에서 수많은 이동이 있고, 다음 단계로 넘어가는 데 필요한 해결의 정도도 매우 다양하다. 애도 과정 중에 종종 한 단계로 여러 번 되돌아오기도 한다. 이러한 과정은 여러 단계에 불필요하게 머무는 것이 아니라 정상적인 애도 과정의 일부이다.

그러나 볼비가 애도 과정을 설명하고자 한 최초의 학자는 아니다. 1917년에 지그문트 프로이트(Sigmund Freud)는 고전적 논문인 「애도와 멜랑콜리(Mourning & melancholia)」를 발표하면서 애도의 정상적인 단계를 정의하려고 했다.

사랑했던 사람의 상실 혹은 국가, 자유, 이상 등 누군가를 대신한 어떤 추상적 관념의 상실에 대한 반응은 (…) 비록 애도가 일상적 태도에서의 큰 이탈이라고 해도 우리가 이를 병리적 상태로 여기거나 의학적 치료에 의뢰하는 일이 절대 없다는 것은 아주 주목할 만한 가치가 있다. 우리는 이를 시간이 지나면 극복되는 것이라고 믿으며, 그와 관련된 어떠한 참견도 불필요하다고 생각하고 심지어 해로운 방해물로 여긴다(Freud, 1957, pp.243-244).

프로이트는 애도가 상실 때문에 일어나지만 그 상실이 곧 죽음을 의미하지는 않는다고 지적했다. 상실에는 두 가지 종류, 즉 물리적 상실과 상징적 상실이 있다. 물리적 상실에는 아끼던 소지품의 상실이나 친구의 죽음이 있을 수 있다. 상징적 상실에는 해고나 승진 탈락에 의한 지위의 상실 같은 것이 있을 수 있다. 상징적 상실은 보통 상실로 분류되지 않고, 사람들도 그것을 상실로 자각하지 못하며, 애도가 필요하다는 것을 깨닫지도 못한다. 정상적인 상태에서의 정상적이고도 예상되는 반응은 시간이 지나면서 저절로 해결될 것이다. 프로이트는 다음과 같은 네 가지로 애도 때문에 발생하는 일상에서의 이탈에 대해 설명했다.

① 매우 고통스러운 낙담
② 바깥세상에 대한 흥미의 상실(상실한 사랑했던 대상을 회상하는 것이 아닌 한)
③ 사랑할 수 있는 능력의 상실
④ 상실한 대상에 관한 생각과 연결되지 않는 어떤 활동도 하지 않고 억제함

애도 연구의 개척자인 에릭 린드만(Erich Lindemann)은 1942년 보스

턴 코코넛그로브 나이트클럽 화재의 비극을 다룬 획기적인 연구에서 고통스러운 상황에 대한 정상적인 반응으로서의 극심한 애도(acute grief)에 관해 기술했다. 그는 애도의 3단계를 다음과 같이 제안했다.

1단계　상실을 수용하지 못하는 것이 특징인 충격과 불신의 단계. 린드만은 때때로 상실이 일어났다는 사실을 완전히 부인할 수 있다고 언급했다.

2단계　상실이 일어났다는 사실을 인정하고 수용하기 시작하는 극심한 비탄의 단계. 그는 이러한 수용에 뒤이어 일상에 대한 무관심, 눈물 글썽이기와 울기, 만연한 외로움, 불면, 식욕 상실 등이 나타날 수 있다고 언급했다. 또한 고인과 닮은 사람에 대한 강한 집착이 나타날 수도 있다.

3단계　애도 과정의 해결 단계에서는 전형적으로 일상 활동으로의 점진적 복귀와 고인과 닮은 사람에 대한 집착의 감소가 나타난다.

린드만은 연구에서 애도가 보통 상실에 대한 심리적 반응으로 시작되지만 신체적 반응이 뒤따른다는 통찰을 제공했다. 파크스(Parkes, 1964, 1970, 1972)와 마찬가지로 그는 상실로 인하여 수많은 신체 증상이 공통적으로 나타나는 것을 관찰했다. 대표적으로는 식욕 감소, 소화불량, 체중 감소, 불면증, 무기력함, 피곤함, 심장박동 이상, 기타 불안 징후, 성욕 상실이나 성욕 과다, 숨 가쁨, 초조, 긴장이 있다.

애도는 상실에 대한 총체적 대응으로, 심리적 반응뿐만 아니라 신체적·영적 반응도 수반할 수 있음을 기억해야 한다. 이러한 증상은 애도 과정이 아직 끝나지 않았음을 보여 준다. 사람들은 심리치료를 통해 도움을 구할 수 있지만, 이러한 증상은 분명 정상적인 것이다.

웨스트버그(Westberg, 1962)는 애도하고 있는 사람들의 꽤 일반적인 경험 열 가지를 보고했다. 앞서 언급했지만, 애도는 유동적이고 대부분의 사람들은 1단계에서부터 시작하지 않으며 10단계까지 순서대로 진행되지 않는다는 것을 이해해야 한다. 애도자는 종종 1~2주 동안 '나아진다'고 하다가 다시 처음이나 원점으로 되돌아간다고 말할 것이다. 애도 과정에는 퇴행하는 것 같은 정서적 착각도 포함된다. 그러나 퇴보하는 것처럼 보일 뿐 사실은 대체로 앞으로 나아간다. 최악의 경우 유족은 애도의 단계에서 발전하지 못하고 그 자리에 머물게 된다. 하지만 애도 과정은 약화되거나 방해받지 않는 한 느리더라도 진행된다.

1. 충격 고인이 불치병을 오래 앓았고 수개월 간의 예기 애도를 거친 후라고 해도 죽음에 충격을 받는 것은 당연하다. 사람들은 종종 애도하던 처음 몇 주가 "자기도 모르게" 지나갔다고 설명한다. 해야 할 일을 했다는 정도를 알고 있을 뿐 구체적인 정황에 대한 실제 기억은 거의 없다. 보통 5~6주 후에는 충격이 사라지지만 더 오래가기도 하는데, 상실한 관계의 중요성과 고통스러운 감정으로부터 자신을 보호하는 능력에 따라 다르다.

2. 감정의 표출 상실 직후에 강한 감정을 표출하다가도 그 이후의 몇 주 동안에 감정이 메말라 보이는 것은 드문 일이 아니다. 마침내 충격이 가라앉으면, 애도자는 엄청난 분노, 두려움, 후회, 외로움 등 강렬하고 동요되는 감정을 종종 경험할 것이다. 애도자는 자신의 삶을 되돌아보게 되며, 죽은 이를 얼마나 (심리적으로, 사회적으로, 물리적으로) 의지하며 살았는지 깨닫고 깜짝 놀란다. 이는 자아존중감의 상실과 부적절감을 야기할 수 있다.

3. **우울** 우울증은 위에 언급된 감정을 더욱 극심하게 만들 뿐만 아니라 사람을 무기력하게 하고 절망하게 한다. 애도자는 죽은 이를 곁에서 느낄 수 없어서 힘들어 하며 함께 있고 싶은 감정을 느낀다. 애도자의 주변 사람들은 유족이 자살할까 봐 겁을 먹지만, 애도자는 흔히 다음과 같이 대답한다. "자살하지는 않아. 하지만 죽음이 오늘 밤 찾아온다면 거부하지는 않겠어."

4. **고통의 신체적 증상** 특히 아이들에게 흔히 나타난다. 고인이 심장발작으로 죽었다면 유족은 심장 통증, 턱과 왼쪽 팔에 느껴지는 통증, 심장발작과 연관된 다른 증상을 보일 수 있다. 머리에 총알을 맞고 사망한 사람의 아내는 만성적으로 얼굴 통증을 경험했다. 그녀는 그 통증이 남편의 상처와 정확히 대비되는 위치에 자리한 것을 깨닫고 통증이 사라지는 것을 경험했으며 그 후 재발하지 않았다.

5. **불안** 유족은 자나 깨나 사랑했던 사람을 보거나 듣는 생생한 꿈을 경험할 수 있다. 물론 "내가 사랑했던 사람은 지금 어디에 있나? 그 (혹은 그녀)는 행복한가? 내가 이렇게 고통스러워 한다는 것을 알고도 그(혹은 그녀)는 어떻게 평화로울 수 있지?" 등으로 표현되는 영적 불안도 있다. 또한 신을 원망하는 자신의 태도 때문에 신이 벌을 주셔서 또 누구를 잃게 되지 않을까 하는 불안함도 있을 수 있다. 많은 유족은 자신이 죽은 이를 잊게 될까 봐 매우 불안해 하는데, 이런 불안은 그 사람이 어떻게 웃었고 그 사람의 목소리가 어땠는지를 더 이상 떠올릴 수 없을지도 모른다는 것에 대한 걱정으로 표현될 것이다.

6. **적대감** 죽음 후 6~8주 사이에는 보통 분노가 때때로 나타난다. 분노의 표출은 무작위로 일어나기도 하고 특정인을 향하기도 한다. 신, 의사, 목사 그리고 고인을 원망하기도 한다. 대부분의 경우 유족

은 분노의 강도에 혼란을 느끼며, 분노를 부적절하거나 비합리적이라고 여기지만 진정시킬 수 없다고 느낀다.

7. **죄책감** 죄책감은 실제적인 경우도 있지만 상상되거나 과장되기도 한다. 그러나 모든 죄책감은 심각하게 받아들여야 한다. 죽음으로 인해 이전의 관계 문제가 증폭될 수 있으며, 삶에서 사실상 무시되어 왔던 작은 일도 유족에게는 이제 대처할 수 없는 장애가 될 수 있다. 당위적인 생각, 예를 들어 '나는 이것을 했어야 한다.', '나는 저것을 하지 말았어야 한다.' 등이 유족의 머릿속을 지배한다. 합리적인 설명이 잠시 유족을 달래 주지만, 해결이 되기 전까지는 죄책감이 다시 찾아온다(스스로를 벌하는 것만큼 강력한 처벌은 없으며, 그 처벌의 도구는 바로 죄책감이다).

8. **두려움** 두려움은 유족에게 여러 모습으로 다가온다. 이전과 같이 침대나 방에서 자는 것을 두려워할 수 있다. 집을 떠나거나 집에 머무는 것이 두려울 수도 있다. 죽음 이후에 생긴 (물리적, 실존주의적) 외로움을 두려워하는 사람들도 많다. 하지만 고인과 플라토닉한 관계를 맺었다고 해도 새로운 관계를 시작하는 것을 두려워하기도 한다. 더 이상 기쁨을 느낄 수 없다는 두려움과 웃을 때마다 죄책감이 들 것 같은 두려움도 있다. 사랑하는 이가 없어서 방황하는 사람에게는 살아가는 것 자체가 두렵고 매일이 견뎌야 할 짐이다. 한 여성의 말대로 "내가 살아가는 매일은 나를 그에게 더 가까이 데려다주기 때문에 나는 살아 나갈 수 있다."

9. **기억을 통한 치유** 유족은 좋은 기억과 나쁜 기억 사이를 오간다. 가끔은 자기 처벌을 통해 관계의 부정적인 측면만 되살아나고 그것을 되새긴다. 더 행복한 순간은 대체로 너무 고통스러운 것 같고 떠올리는 데 수개월이 걸릴 수도 있지만, 이를 기억할 때 치유가 된다.

기억을 떠올리는 것이 덜 고통스러워지면 다시금 세상을 직면할 수 있다.

10. 수용 죽음의 현실을 수용하는 것과 죽은 이를 잊는 것은 다르다. 모든 부상이 그렇듯, 상처가 아물면 부상을 기억하게 하는 흉터가 남는다. 시간이 지나면 통증이 가라앉고 상처를 만질 수 있으며 기억할 수 있고 삶의 새로운 일부로 받아들일 수 있게 된다. 이러한 수용은 몇 년 혹은 그 이상이 걸릴 수 있는데, 이는 고인과 나누었던 정서적 이입(애착)의 깊이에 따라 다르다.

이러한 단계들에, 애도하는 사람에게는 정상적이거나 건강한 행동부터 역기능적인 행동에 이르기까지 행동의 연속선이 있다. 웨스트버그는 죽음으로 인한 상실의 유형은 기간이나 강도가 동일하지는 않지만 연령, 성별 혹은 고인과의 관계와 상관없이 유사하다고 말했다.

조지 엔젤(George Engel, 1964)은 애도의 다섯 가지 특성을 파악했다. ① 고인이 유족을 지지해 주고 기쁨을 주었던 수많은 방식에 대한 자각 같은 일상에서 습관적이거나 당연시했던 측면의 중단, ② 상실의 현실을 부인하거나 반박하려는 시도, ③ 무기력, 상실, 무력감을 표현하고 타인의 대답을 간청하는 다양한 (행동적) 구원 요청, ④ 물리적 존재를 대체하기 위해 고인의 정신적 표상을 구성하려는 시도, ⑤ 유족을 고인에게서 분리할 수 있게 하고 사회적 공동체에서 자신의 위치를 되찾게 해 주는 개인적, 사회적, 제도적 애도 경험 등이다. 엔젤은 다음과 같은 정상적 애도의 단계를 제시했다.

1단계. 충격과 불신이 첫 단계의 특징이다. 유족은 상실에 대한 인식과 상실에 관련된 극도의 고통스러운 감정으로부터 자신을 보호하려고 한다.

2단계. 충격이 가라앉으면서 상실에 대한 자각이 생기기 시작한다. 상실의 현실과 그것이 유족에게 지니는 의미는 비통함이라는 큰 파도로 밀려온다. 죽음에 대한 인정과 그에 관련된 무력감이 눈물로 표현된다. 무력감에 대한 반응으로 분노, 죄책감, 충동적 행동, 자기 파괴적 행동이 나타날 수 있다.

3단계. 원상회복(restitution)은 회복 단계의 시작을 돕는 빈소나 장례식에서 다양하게 벌어지는 추모의식 덕분이라고 여겨진다. 사회적 지지, 죽음의 현실에 대한 강조, 감정 표현의 독려, 고인과 마주할 기회의 제공, 그 밖에 상실에 대처하도록 유족을 돕는 여러 행위가 이 단계에 포함된다. 종교적 의식이나 영적 믿음이 상실에 대처할 수 있도록 도움을 제공한다.

4단계. 상실의 해결은 고인의 부재에 따른 고통스러운 빈자리를 다루려는 시도를 수반한다. 이는 완전성(wholeness)이나 온전성(intactness)이 사라진 듯한 느낌으로 보고될 수 있다. 또한 고인이 경험한 증상과 동일한 신체 증상을 느낄 때가 잦아질 수 있다. 유족의 생각은 온통 고인에게 쏠려 있고, 처음에는 유족의 개인적 경험이 생각의 중점이었다가 나중에는 고인이 중점이 된다. 관계에 대해 오래 회고하고 관련 감정을 반복적으로 표출한다. 유족은 부정적이거나 바람직하지 않은 모습이라고는 전혀 없는 고인의 이미지를 만들기 시작한다.

5단계. 이상화는 고인에 대한 부정적이고 적대적인 모든 감정의 억압을 수반한다. 이는 과거의 행동이나 고인에 대한 생각에 관한 죄책감이나 회한을 유발할 수 있다. 심지어 죽음에 대한 비현실적 책임의식을 느끼게 하기도 한다. 고인에 대해 반복적으로 생각하고 회상함으로써 의식적으로나 무의식적으로 고인의 자질과 특성을 띠게 되어 동일시하게 된다. 시간이 지나면서 고인에 대한 이러한 집착은 서서히 줄어든다. 슬픔을 유발하는 요인도 줄어든다. 양가적인 기억도 죄책감을 덜 불러일으킨다. 고인과 함께하고 싶다는 소망은 일상으로의 복귀로 서서히 대체되는 반면, 고인의 이상과 목표에 대한 동일시는 삶을 유지해 주는 동기부여가 된다. 고인에 대한 정신적 의존성이 줄어들수록 새로운 관계에 대한 흥미가 생기기 시작할 수도 있다.

6단계. 성공적인 애도에는 1년 혹은 그 이상의 시간이 걸린다. 큰 슬픔과 고통이 없이도 고인과의 관계에서 있었던 긍정적이고 부정적인 측면 모두를 인정하면서 현실적인 시선으로 고인을 기억하는 능력을 갖추게 되면 성공적으로 치유되었다고 볼 수 있다.

2장에서 소개했던 퀴블러로스의 죽음의 5단계는 종종 애도 단계에도 적용되었다. 사람들은 자신의 임박한 죽음을 알게 되면 인지적으로나 감정적으로 그 현실을 받아들여야 하는 숙제를 안게 되는 동시에 자신의 죽음을 애도하기 시작한다. 퀴블러로스(1969)와 도일(Doyle, 1980)이 확인한 단계들은 죽음이 임박한 사람과 그 유족이 공통적으로 겪는 정상적인 애도 방식을 이해하는 데 도움을 준다.

1단계. 충격, 부인, 고립, 즉 자각을 제한하려는 시도 충격과 그로 인한 무감각은 새로운 현실이 가져오는 극심한 절망으로부터 유족을 보호하기 위한 것이다. 부인은 보통 일시적인 반응으로 상실에 대해 받아들이지 못하는 것을 말하는데, 이는 서서히 사라지며 시간이 지나면서 상실에 대해 점점 더 많이 수용하게 된다. 고립도 자주 발생하는데, 이는 고인 혹은 애도를 하는 다른 사람들과의 관계의 특성으로 인해 자각을 제한하려는 애도자의 시도를 무산시킬 만큼 압도적인 정서적 반응을 유발할 수 있는 사람들에게서 멀어지려는 자기 방어적 행위로 간주될 수 있다.

2단계. 자각과 감정의 표출 충격과 부인이 사그라들고 애도자가 의식적으로 자각하면서 감정을 표출한다. 다양한 감정을 경험하지만 분노와 죄책감이 가장 일반적이다. 분노가 나타난다면, 이는 주로 상황을 통제하거나 바꿀 수 없다는 좌절감과 무기력함에 기인한다. 분노는 고인, 자신, 가족 구성원, 의료인 같은 타인을 향해 표현될 수 있다. 죄책감은 흔한 감정이며 다양한 요인(이를테면, 분노 폭발, 실제로 혹은 지각된 비난받을 만한 일, 관계적 요인이나 해결되지 않은 일 등)에 기인할 수 있다.

퀴블러로스는 분노의 단계 다음에 협상의 단계를 삽입했다. 협상은 유족이 신에게 상실을 피할 수 있다면 신념이나 행동을 바꾸겠다고 약속하면서 거래를 시도하여 상실로 인한 강렬한 감정을 피하려는 방법으로 보인다.

3단계. 우울 우울은 무력감에 대한 반응으로, 부인이 더 이상 지속될 수 없고 항의(분노)와 협상이 실패했을 때 뒤따른다. 상실 이후의 우울은 정상적인 반응이지만, 반응이 길어지거나 관련 증상이 심각하다면 주요 우울 삽화에 의한 합병증일 수 있다.

울펠트(Wolfelt, 1988)는 애도와 관련된 정상적인 우울과 다른 우울증 사이의 몇 가지 차이에 대해 논의했다. 유족의 정상적인 애도 반응은 주변의 지지와 위로에 반응적인 반면, 우울증을 겪고 있는 사람들은 지지를 받아들이려고 하지 않거나 받아들일 수 없을 수 있다. 정서의 표현에서도 차이가 있는데, 유족은 극심한 슬픔과 공허함을 표현하는 반면, 우울증을 겪고 있는 사람들의 감정은 만성적이고 전반적인 절망감 및 무력감과 관련되어 있다. 이에 더해, 유족은 행복한 순간을 경험하기도 하지만 우울한 사람들은 그것이 불가능하다.

4단계. 수용과 해소 애도의 마지막 단계에서 유족은 현실을 받아들인다. 수용은 유족이 감정의 심한 변화 없이 고인에 대해 이야기하고 추억하는 능력으로 보인다. 해소는 삶과 사회적 활동으로의 복귀를 포함한다. 미래에 대한 희망이 있고 삶은 계속된다는 것을 인정하는 것이다.

슈나이더(Schneider, 1984)는 8단계 모델을 제안했는데, 이를 애도의 과정(The Grieving Process)이라고 칭했다. 그는 인간의 신체적, 인지적, 감정적, 행동적, 영적 영역을 아우르는 이론을 개발하고자 했다.

1단계. 상실에 대한 최초의 인식 슈나이더는 상실이 미치는 최초의 영향은 신체의 리듬을 위협하는 것으로 보았다. 상실에 대한 반응에는 신체적, 인지적, 감정적, 행동적, 영적 반응이 있을 수 있다. 충격, 무감각, 혼란은 중요한 상실을 접했을 때 나타날 수 있는 수많은 정상적이고 적응적인 행동과 감정 중의 일부이다.

2단계. 버티면서 자각을 제한하려고 함 자각이 제한되면 항상성에 대한 위협으로 인해 발생한 불균형이 감소한다. 이 전략은 완전히 압도되지 않고도 상실을 제대로 이해할 수 있는 시간을 갖게 해준다. 과거에 효과적이었던 대처 전략이 여기서 활용된다. 슈나이더는 버티기 위한 시도로 근육 긴장, 수면 장애, 내적 통제, 협상하기 등을 언급했다.

3단계. 놓음으로써 자각을 제한하려고 함 놓는다는 것(letting go)은 상실에 관한 자신의 개인적 한계를 알아차리고 비현실적 목표, 가정, 환상을 내려놓는 것과 관련된다. 슈나이더는 이 단계에서 사람들이 애착 대상에 대한 의존적 애착으로부터 자신을 분리한다고 여겼다. 이 단계의 특징은 우울증, 거부감, 증오, 불안, 수치심, 자기 파괴적 행동, 쾌락주의이다. 이 단계에서 유족은 전에 가졌던 신념과 가치관을 포기하기도 한다.

4단계. 상실의 정도에 대한 자각 이 단계가 애통의 단계이다. 개인은 박탈감, 죄책감 그리고 상실이라는 압도적인 현실에 무방비 상태가 된 듯한 느낌이 밀려드는 경험을 할 수 있다. 이 단계의 전형적인 감정과 행동은 외로움, 피로, 집착, 무력감, 절망감, 실존주의적 상실이다.

5단계. 상실에 대한 관점이 생김 이 단계에서는 개인의 과거와 화해하여 특정 관점을 얻게 된다. 슈나이더는 이를 두 가지 형태로 보았다. 첫 번째는 상실의 긍정적인 측면과 부정적인 측면 사이의 균형을 찾는 것이다. 두 번째는 책임감의 개인적 한계에 관한 관점을 얻는 것이다. 이 단계에서 보이는 전형적인 행동과 정서는 수용, 용서, 솔직함, 회상, 평온함 등이다.

6단계. 상실 해결 슈나이더는 유족이 애착 대상을 붙잡거나 내려놓은 상태가 아니라도 삶을 살아나갈 수 있을 때 애도가 해결된다고 여겼다. 이때에는 끝나지 않던 일이 끝나고, 이별을 고하며, 자신을 용서한다. 특징적인 정서와 행동은 자기 관리, 자신과 주변인을 용서하기, 평안함 등이다.

7단계. 성장의 맥락에서 상실을 재구성하기 슈나이더는 이 단계를 상실 해결의 소산물로 본다. 애도에 직면하고 해결하면 자신의 강점,

한계, 죽음을 피할 수 없는 운명, 존재의 유한함을 깨달음으로써 성장 잠재력이 생긴다. 특징적인 행동과 정서는 감각적 자각의 향상, 진실성, 균형, 중심을 잃지 않음, 자발성 등이다.

8단계. 상실을 애착의 새로운 수준으로 전환함 역설적이게도 삶의 가장 큰 상실에서 더 큰 성장과 애착 능력을 만들어내는 재구성과 변환이 일어난다. 이 단계에 수반되는 행동과 정서는 무조건적 사랑, 창의성, 온전성, 공감, 헌신 등이다.

마론(Marrone, 1997)은 최근 모델에서 실존적 변화와 심리영적 탈바꿈을 과정의 중요한 부분으로 포함시키면서 강조했다. 그가 제시한 4단계 모델은 다음과 같다.

1단계. 인지적 재구성 이는 유족의 생각과 개념을 재조직하고 재구성하여 사랑하는 사람의 죽음을 받아들일 수 있게 해 준다.

2단계. 정서 표현 이는 유족이 상실과 관련한 정서적·인지적 혼란을 확인하고 수용하며 어떤 식으로든 표현하기 시작하도록 한다.

3단계. 심리적 재통합 이는 고인이 없는 세상에 적응할 수 있게 해 주는 새로운 대처 행동과 인지적 전략을 개발하는 것과 관련된다.

4단계. 심리영적 탈바꿈 이는 개인의 삶, 죽음, 사랑 그리고 신에 대한 핵심 가정, 신념, 태도를 본질적으로 변화시킬 수 있는 성장 지향적인 영적·실존적 탈바꿈에 대해 통찰하는 것이다.

많은 사람들이 이 단계들의 특정 형태나 방식을 거치는 것 같다. 이 단계들은 극도로 폭력적인 죽음에 노출된 아동의 애도 반응에서도 발견되었다(Pynoos and Nader, 1990). 사례 연구에서는 괴로운 감정을 표현하도록 격려하는 것(1단계와 2단계)과 고인과 적절한 관계를 맺도록 돕는 것(3단계와 4단계)이 유익하다는 점을 알 수 있다(Shuchter & Zisook, 1990; Worden, 1991).

하나의 안내지침으로서 한 개인이 수용하거나 채택하는 단계 이론이 무엇이든지 간에 광범위한 연속선상에서 개인행동을 통해 드러나는 유연성, 탄력성, 인식은 다른 결과를 낳는다. 채택된 모델이나 이론에서는 보편성 못지않게 개성을 존중해야 한다. '죽음 혹은 상실을 애도하는 올바른 방법'은 없으며, 단지 개인적 방법이 있을 뿐이다.

예기 애도

어떤 죽음은 그 이전에도 애도의 시간을 갖게 한다. 이는 애도의 본질, 단계, 지속 시간에 영향을 미친다. 만성 질병에 걸려 죽음을 앞두고 있는 경우에는 유족이 실제의 상실에 앞서 애도 과정을 시작할 수 있는 예기 기간이 포함될 수 있다. 린드만(1944)은 최근에 사랑하는 사람의 죽음을 경험한 유족이 애도 증상이나 애도 반응을 보이지 않는 현상을 최초로 관찰했다. 유족은 사랑하는 사람이 실제로 죽기 전에 많은 애도 단계를 경험했다고 보고했다. 풀턴과 풀턴(Fulton & Fulton, 1971)은 예기 애도(anticipatory grief)의 네 가지 측면인 ① 우울감, ② 말기 환자에 대한 극심한 염려, ③ 죽음에 대한 예행연습, ④ 죽음의 결과에 적응하려는 시도 등을 기술했다.

예기 애도는 갑작스럽게 상실을 경험한 경우처럼 한꺼번에 현실을 받아들이는 것이 아니라 죽음의 현실에 서서히 마주하도록 할 수 있다. 과거의 갈등을 해결하거나 이전에 나누지 못한 감정을 표현하는 것 같은 관계와 관련된 주제가 상실을 경험하기 이전에 다루어질 수도 있어서 해결되지 못한 과제를 해결하도록 돕는다. 죽음이 임박한 사람과 미래에 대한 계획을 세우면서 논의하지 못한 의사결정에 관한 죄책감을 잠재적으로 없앨 수도 있다. 예기 애도는 죽음 이전에 애도하도록 해 주지만, 애도가 미리 완료되는 경우는 거의 없다. 또한 예견된 상실에 뒤따르는 애도 경험이 예견하지 못했던 상실에 비해 덜 고통스러운 것이 아니라는 점에도 주목해야 한다.

예기 애도는 죽음 이외의 다른 상실에 대해 미리 애도하고 적응하는 데 도움이 된다. 어빙 재니스(Irving Janis)는 1958년에 수술하기 이전에 행해지는 '걱정 작업(일종의 예기 애도)'이 어떻게 심리적으로나 신체적으로 더 나은 결과와 관련되는지에 주목했다. 특정한 상실을 예견하는 것은 상실한 후의 적응을 돕는 심리적·신체적 대처기제를 준비할 시간을 갖게 해 줄 수 있다.

예기 애도는 양날의 검처럼 보일 수 있다. 어떤 사람들이나 가족은 예기 애도 기간에 성공적으로 내려놓는 작업을 하고 정서적으로 분리하여 성급하게 자신의 삶을 살아가기 시작할 것이다. 그럴 경우 그들은 이제 이미 죽은 것으로 간주한 사람에 대해 관심을 유지하거나 투자를 지속하기 어렵게 된다. 반면 또 다른 경우에는 예견된 상실이 발생하지 않을 수 있다. 유족은 예견된 상실에 대한 애도를 이미 끝내서 그 대상과 감정적으로 더 많은 거리를 두어야 하는지도 모른다.

이러한 거리 두기 때문에 예후에 변화가 생기면 뒤섞인 감정이 생겨난다. 사망하리라고 예상되었던 말기 환자도 간혹 회복하는 경우가 있다. 라자루스 신드롬(Lazarus syndrome)이라고 불리는 이러한 상황에서, 가족은 상실을 해결하는 과정을 상당히 진행했을 수 있고 관계에 재투자하는 것을 어렵게 느낄 수도 있다. 분노, 좌절감, 이런 과정을 겪어야만 하는 것에 대한 억울함을 포함한 양가감정은 드물지 않다.

예기 애도는 많은 요인(예를 들어, 기간, 관계의 강도 등)에 따라 애도 과정의 해결 과제에 도움이 될 수도 있고 유족에게 넘어야 할 또 다른 장애물로 보일 수도 있다. 애도의 모든 것이 그렇듯이 위험과 기회가 공존한다.

어떤 상황에서는 만성 질병이 관계의 애착을 더욱 심하게 하여 예기 애도를 허용하지 않고 삶의 경험을 더 깊이 있게 한다. 슈스터(Shuchter, 1986)는 『애도의 차원: 배우자의 죽음에 적응하기(*Dimensions of grief: Adjusting to the death of a spouse*)』에서 몇 가지 훌륭한 예를 들었다.

맬린더(Malinda)와 짐(Jim)은 남편이 암에 걸린 뒤에 부부 관계가 여러 가지로 더욱 돈독해졌다. 맬린더는 짐과 잠시도 떨어져 있지 않았으며, 24시간 남편을 더 친밀하게, 그리고 더 은밀한 부분까지 보살피게 되었다. 동시에 그녀는 그의 병을 부정하면서 희망을 놓지 않고 긍정적인 태도를 유지하려고 엄청난 노력을 기울였다. 이러한 점 때문에 부부 관계는 이전보다 진정성을 띠고 깊어졌다.

데이비드(David)가 암에 걸린 직후의 몇 년간 그리고 사망하기까지 그와 아내 캐롤(Carol)은 더욱 가까워졌다. 그들은 삶과 죽음에 대해 이야기하면서 전에는 전혀 해 본 적 없는 방식으로 가장 깊은 생각과 감정을 서로 공유했다. "결혼생활 내내 한 것보다 더 많은 이야기를 나누었어요."(1986, p.70)

사고와 성찰을 위한 질문

1 어릴 적에 어린이집이나 학교에 처음 갔던 날을 기억하는가? 처음으로 부모와 분리되는 기분은 어땠는가? 부모가 당신을 남겨 두고 떠났을 때 어떻게 반응했는가? 부모가 다시 데리러 돌아왔을 때 어떻게 행동했는가?

2 당신에게 가장 큰 안정감을 주는 사람은 누구인가?

3 당신이 가장 큰 안정감을 느끼는 사람이 제자리에 없다면 어떨 것 같은가?

4 위에 언급한 사람과의 관계를 설명하시오. 당신이 파악할 수 있는 애착 행동에는 무엇이 있는가?

5 당신이 겪어 본 죽음의 상실 경험에 대해 설명하시오. 당신이 거쳤던 회복의 단계에는 어떤 것이 있는가?

6 당신이 겪어 본 죽음 이외의 상실 경험에 대해 설명하시오. 당신이 거쳤던 회복의 단계에는 어떤 것이 있는가?

7 가장 친한 친구가 이사를 가버린 경험을 한 적이 있는가? 이사하기 전처럼 관계를 유지할 수 있었는가? 결과에 영향을 미친 요인에는 어떤 것이 있는가?

8 곧 일어날 일에 철저히 대비했는데 그 일이 발생하지 않은 적이 있었는가? 당신은 어떻게 반응했는가? 양가적이거나 뒤섞인 감정을 경험했는가?

5장

애도:
상실에 대한 반응

정신과 의사인 조지 엔젤(George Engel)은 1961년에 「심리신체 의학 (*Psychosomatic medicine*)」이라는 학술지에 사랑하는 사람을 잃으면 부상이나 화상을 당해 생리적으로 외상을 입는 것만큼 심리적 외상을 입는다고 기고했다. 엔젤에게 애도는 건강에서 멀어지는 것을 의미한다. 생리적인 건강에서 멀어지면 항상성 균형의 상태로 신체를 회복시키기 위해 치유가 필수적이듯이, 심리적인 항상성 상태로 되돌아가기 위해서는 애도자에게 어느 정도의 시간이 필요하다. 여기에서 애도 과정은 치유를 낳는 메커니즘으로 간주된다. 다른 치유 과정과 마찬가지로 생리적 혹은 심리사회적 치유는 온전히 이루어질 수도 있고 부분적으로만 이루어질 수도 있다. 애도, 좀 더 구체적으로 에릭 린드만(Erich Lindemann, 1944)이 말한 애도 작업(grief work)은 치유 과정의 필수적인 부분인 듯하다. 하지만 치유에 필수적인 애도 작업을 하기 전에 우리가 작업하고 있는 것이 무엇이고 정상적인 애도 반응을 구성하고 있는 것이 무엇인지 아는 것은 중요하다.

정상적인 애도의 모습

린드만(1944)은 고전적 논문인 「극심한 애도의 증상과 관리(The symptomatology and management of acute grief)」에서 자신이 이름을 붙인 정상적인 애도와 극심한 애도의 병리학적 특징(pathogenomic characteristics)에 대해 기술했다. 이후 이러한 특징은 광범위하게 확장되었고 매우 다양해졌다. 워든(Worden, 1991)은 정상적인 애도 행동을 네 가지의 일반적 범주로 나누었는데, 그 범주는 ① 감정, ② 신체 감각, ③ 인지, ④ 행동이다.

감정

슬픔은 애도와 가장 흔하게 관련이 있다. 눈물을 글썽거리거나 우는 것은 종종 슬픔과 연관된다. 파크스와 와이스(Parkes & Weiss, 1983)는 울음이 타인의 연민과 보호 반응을 불러일으키며 경쟁적 행동을 유보시키는 사회적 상황을 만드는 제스처라고 추측했다.

무감각이나 충격에도 주목해야 하는데, 상실한 이후에 아무것도 느끼지 않는 것, 즉 멍해짐은 드물지 않기 때문이다. 이는 애도자가 지나치게 압도적인 감정을 느껴서 분수처럼 쏟아지는 감정과 그에 따른 여러 가지 해야 할 일 등이 의식 수준으로 올라오지 못하도록 무력화시킴으로써 애도자를 보호하려는 정상적인 방어 반응일 수 있다. 감각을 차단하지 않으면 너무나 압도적일 수 있어서 하나의 방어로 감각을 차단하는 것은 지극히 정상적일 수 있다(Parkes & Weiss, 1983).

분노는 종종 상실과 연관된다. 애도자에게는 매우 혼란스러운 감정일 수 있으며, 극복하기 쉽지 않은 감정으로 비춰질 수 있다. 분노는 신에 대한 믿음의 상실에서 기인할 수 있다. "신이 어떻게 이런 일이 생기도록 내버려둘 수 있지?" 또한 불의와 환멸감에서 기인할 수도 있다. "이건 공평하지 않아." 고인에 대한 분노도 흔하다. 애도자에게 나타나는 이러한 분노에 대한 흔한 반응은 "내가 어떻게 화가 날 수 있지? 그 사람이 죽고 싶어서 죽은 건 아닌데."이다. 분노는 '이성적인 감정'일 수도 아닐 수도 있다. 하지만 애도자는 종종 자신이 사랑하는 사람이 죽은 것에 대해 그리고 자신을 떠난 것에 대해 분노를 느낀다. 분노는 좌절, 즉 애착 행동을 통해 애착 대상을 되돌아오게 할 수 없다는 무능감 그리고 죽음은 최종적인 것이어서 우리가 할 수 있는 일은 아무것도 없다는 가슴 아픈 인정인 무기력감이 불안정하게 뒤섞인 결과로 간주될 수 있다.

우리가 살펴본 것처럼, 분노는 주변에 있는 타인에게 향할 수 있고 다른 것으로 대체될 수도 있다. 이러한 행동은 누군가로 인해 이런 일이 일어났으며 누군가 반드시 책임을 져야 한다는 죽음 부인(death-denying)의 논리에 따른 것이다. 결국 이런 일이 반드시 발생할 필요는 없었다는 것이다.

죄책감은 애도자에게 나타나는 매우 흔한 정서이며, 죄책감을 잘 느끼는 경향이 있는 사람에게만 국한되어 나타나는 것은 아니다. 관계는 그 본질상 어느 정도의 양가감정, 즉 긍정적인 감정과 부정적인 감정을 포함한다. 그 결과 죄책감은 상실과 관련되어 사라지지 않는 망령과 같게 된다. 생존자가 생존에 대한 대가를 치를 필요가 있다거나 삶을 지속하거나 앞으로 행복할 권리가 없다고 느끼는 것은 드문 일이 아니다. 애도자는 자신이 사랑한 사람이 죽은 이 시점에 자신은 살아 있다는 것에 대해 죄책감을 느낄 수 있다. 이는 생존자 죄책감(survivor's guilt)이라고 알려져 있다. 원인이 무엇이든지 간에, 죄책감은 치유로 향하는 여정에 장애물로 작용한다.

대부분의 죄책감은 비합리적인 근거를 갖고 있고, 그에 따라 현실 검증에 취약한 면이 있다. 예를 들어, 애도자가 "내가 최선을 다하지 못했어요."라고 말하면 뒤따르는 분명한 질문은 "어떤 일을 했나요?"이며, 대답을 들은 이후의 질문은 "그 밖에 또 무엇을 했나요?"이다. 이러한 과정을 거치다 보면 점점 더 많은 일을 떠올리게 되고 어떤 시점에는 대체로 타당성 있는 결론에 이르게 된다. "아마 그 상황에서 제가 할 수 있는 일은 다 한 것 같아요."

생존자에게 과실이 있고 죄책감이 실제적인 상황이 있다. 이러한 경우에는 고해성사를 하듯이 털어놓는 것이 영혼에 좋은 것처럼, 해야 할 일이 우리의 뒤에 있는 것이 아니라 앞에 놓여 있다는 인식도 유용하다. 무슨 말이냐면, 한 개인에게 책임이 있을 때 미래에 대한 책임도 있다는 것을 기억할 필요가 있다는 것이다. 과거를 돌이킬 수는 없지만 미래는 지금 무엇을 하느냐에 달려 있다. 제리(Jerry)의 이야기가 하나의 예이다.

제리는 은퇴한 의사인데, 그는 비밀을 갖고 있다. 그가 19세일 때 친구들과 함께 드라이브하러 갔는데, 한눈판 사이에 오토바이와 부딪혔다. 오토바이 운전자는 비록 다치긴 했지만 회복했다. 하지만 머리에 철판을 심어야 했고 경미한 후유증이 생겼다. 제리는 평생 동안 이 일에 대해 극심한 죄책감을 느꼈다. 그는 이 사고 이후에 주차위반 딱지 하나도 받지 않았다. 그는 이 사건을 통해 매우 조심스럽고 방어적인 운전자가 되었다고 인정했다. 나는 제리의 이야기를 들은 후에 그렇게 조심스럽게 운전함으로써 얼마나 많은 생명을 구했다고 생각하는지 물었다. 그는 아마도 많을 것이라고 인정했다. 나는 그가 그토록 죄책감을 느낄 만한 것이 무엇이었는지 물었다.

죄책감이라는 수렁에 빠져서 어떤 행동도 바꾸려고 하지 않는 매우 좋지 않은 선택을 했을 뻔한 경우에도 좋은 일이 많이 생겼다. 제리는 미래 중심의 결정을 내렸다. 그가 그런 결정을 내렸을 때에는 그것을 인식하지 못했다. 우리는 애도자와 작업할 때 죄책감을 의식적으로 다루는 방법에 대해 결정을 내리도록 조력할 수 있다.

불안과 어느 정도의 공황 상태는 상실에 대한 흔한 반응이며 여러 원인에서 기인한다. 상실에 직면하는 것은 우리가 혼자라는 사실에 직면하도록 하는 상호 효과를 지닌다. 우리 주변에 얼마나 많은 사람이 있는지, 그리고 우리가 받는 지지와는 상관없이 우리가 혼자라는 실존적 자각은 점점 커진다. 의식적으로나 무의식적으로 애도자를 직면하게 하는 즉각적인 질문은 "사랑하는 사람 없이 내가 어떻게 살 수 있지?"이다. 이러한 불안은 우리의 삶이 유한하다는 자각이나 인식이 커지면서 종종 심해진다. 우리는 사별로 인해 균열된 삶, 즉 필수적인 착각(vital delusion) 속에서 사는 동안 우리가 궁극적으로 죽으리라는 사실을 부인하면서 대부분의 시간을 보낸다.

상실에 대한 정상적인 반응의 목록에 포함될 수 있는 다른 감정은 무력감, 정신이 나간 듯한 감정, 고독감, 해방감, 안도감, 짜증, 우울 등이다.

이러한 목록을 살펴볼 때 정상적인 영역 밖에 있는 어떤 감정도 이 목록에 포함될 수 있기 때문에 이 목록이 전부가 아니라는 점을 기억하길 바란다. 하지만 감정의 지속 기간과 강도에 따라 복합 애도 반응을 고려해 볼 수도 있다. 이에 대해서는 이후의 장에서 다루게 될 것이다.

신체 감각

린드만은 심리적 애도 반응뿐만 아니라 애도 반응과 관련이 있는 신체 감각에 대해서도 기술했다. 신체 감각은 종종 무시되지만 애도 반응의 핵심적인 지표일 수 있다. 많은 경우 애도자가 의사의 도움을 구하도록 하는 것은 신체 감각일 것이다. 다음은 애도 반응과 관련이 있는 감각 중 흔하게 보고되는 것이다.

① 뱃속이 텅 비어 있는 것 같음
② 가슴이나 목이 조임
③ 근력의 약화
④ 에너지 부족
⑤ 입이 마름
⑥ 불면증
⑦ 식욕부진
⑧ 우울
⑨ 일반화된 불안
⑩ 무쾌감증(즐거운 느낌의 부재)
⑪ 이인증(나를 포함한 어떤 것도 현실적인 것 같지 않음)

시간이 지나면서 신체 증상(다른 원인이 없는)은 흔히 애도가 여전히 해결되지 않고 있다는 유일한 지표가 된다.

인지

사별에 대한 자연스러운 인지 반응은 고인에 대한 집착이다. 이는 상실을 되돌리고자 하는 바람 때문에 생기며 강박적인 사고 형태를 띨 수 있다. 고인을 놓아주고 작별 인사를 하며 헤어져야만 한다는 것을 인정하기 전에 그 사람을 정신적으로 껴안고 붙잡고 있는 것으로 보일 수 있다. 어떤 집착은 침투적인 사고 형태를 띨 수 있다. 이러한 사고는 죄책감 혹은 다른 해결되지 않은 문제와 관련되었을 수 있다.

비록 일반적으로 심각한 기능 장애와 관련이 있기는 하지만, 환각(환시와 환청)이 생길 수도 있다. 이는 애도자가 흔히 경험하는 일이다. 이러한 환각은 대체로 일시적이며 상실한 이후 2~3주나 한 달 이내에 발생한다. 다음은 상실 이후에 발생한, 후각과 관련된 환각 경험의 예이다.

애도상담을 받고 있는 한 여성이 자신의 약혼자가 몰던 차에 탈 때마다 피 냄새가 나서 당황스럽다고 보고했다. 내담자의 약혼자는 차 안에서 자살했고(머리에 총을 쏨) 그녀가 최초로 발견했다. 약혼자의 가족은 세차를 한 후에 그 차를 내담자에게 주었다. 이후 얼마 안 되어 그녀는 회기 중에 이 기이한 경험을 보고했고 자신이 미친 것은 아닌지 물었다. 상담자는 애도자가 흔히 경험하는 정상적인 반응이라고 안심시켰고 그 후에 환각은 없어졌다.

다른 인지 반응으로는 불신, 혼란, 수동적 자살 사고 등이 있다. 한 개인이나 상황에서 역기능적인 것이 다른 사람이나 상황에서도 역기능적이지는 않다는 점을 기억하는 것이 중요하다.

행동

수많은 특정 행동이 정상적인 애도 반응, 앞서 언급한 몇몇 애도 반응과 종종 관련이 있다. 여기서는 앞서 언급하지 않은 반응에 초점을 두고자 한다.

고인의 꿈을 꾸는 일은 꽤 흔한데, 위로나 근심의 원인이 되기도 한다. 다음의 예는 두 가지 모두를 포함하고 있다. 콘웨이(Conway, 1988)는 자신의 어머니가 미쳐 가는 것 같다고 생각한 한 아들에 관한 이야기를 기술했다. 그 여성은 2년 전에 사망한 남편이 가끔 꿈속에 나타나 자신을 찾아온다고 말했다. 남편이 찾아올 때면 성적 만족감을 느낀다고도 했다. 그녀는 직장에 잘 적응하고 있었고, 가정생활과 사회생활도 잘하고 있었다. 꿈속에서 사랑하는 사람을 보는 것과 성적 만족감을 경험하는 것은 모두 정상적이라는 점을 아들이 이해했을 때, 어머니의 경험을 색다르고 좀 더 긍정적인 관점에서 바라볼 수 있었다. 실존적으로 말하자면, 꿈은 살아 있는 사람이 죽음에 가장 근접할 수 있는 수단이다. 다른 관점에서 보면, 꿈은 그것이 아니고서는 다가갈 수 없는 사람에게로 이어지는 다리 역할을 한다.

어떤 애도자는 고통스러운 감정을 불러일으키는 장소나 사물을 반드시 피하려고 한다. 고인이 죽은 장소, 공동묘지, 고인을 떠올리게 하는 물건을 피하는 것이다. 이러한 행동은 고인의 얼굴을 잊을까 봐 두려워서 매일 묘지를 방문하거나 항상 고인의 사진을 갖고 다니는 사람들의 행동과는 정반대이다. 여전히 어떤 사람들은 고인의 물건을 애지중지하면서 버리려고 하지 않는다. 다른 행동으로는 사회적 철수, 건망증, 한숨, 안절부절못함, 울기 등이 있다.

애도자와 작업하는 상담자는 누구나 이러한 정상적인 애도 반응의 특징을 잘 익혀 둘 필요가 있다. 이러한 지식을 통해서 종종 괴롭지만 정상적인 반응을 경험하는 사람을 안심시키고 정상으로 간주되어야 할 행동을 병리적으로 여기지 않게 된다.

....

애도 작업: 애도 과제

연구자들은 사별에 대한 대처 이론 가운데 많은 새로운 이론을 제안했다(Cook & Oltjenbruns, 1998; Neimeyer, 1998, 1997; Rubin & Schechter, 1997; Sanders, 1989). 하지만 애도자와 보호자 모두에게 유용한 개념은 애

도 과제이다. 애도 작업의 필요성이나 과제에 대해 애도자가 자각하면 수동적으로 경험되는 현상으로 애도를 지각하는 것과 반대로 애도 경험의 참여적이며 행위 지향적인 측면을 볼 수 있다. 또한 이러한 과제는 보호자의 역할의 상당 부분을 정리해서 알려 주는 틀을 제공하기도 한다. 여러 연구자가 이러한 과제에 대해 기술했다.

린드만은 1944년에 중요한 연구를 통해 애도 작업을 구성한다고 간주되는 세 가지 과제에 대해 설명했다. 첫 번째는 고인과의 결합에서의 해방, 두 번째는 고인이 사라진 환경에의 재적응, 세 번째는 새로운 관계의 형성이다.

과제 1. 고인과의 결합에서의 해방 두 사람이 관계를 형성할 때에는 상대방에게 자신을 투자한다. 두 사람은 정서적으로 얽히고, 사랑하는 사람에게 심리적·정서적으로 에너지를 쏟는다. 한 사람이 사망했을 때 남겨진 사람은 더 이상 살아 있지 않은 사람에게 투자한 심리적·정서적 에너지를 회수해야만 한다. 고인에 대한 애착을 반드시 포기해야 하고 새롭게 변화된 상태로 진전해야 한다. 애착, 즉 묶였던 매듭을 푸는 것은 고인을 홀대하거나 잊어버린다는 의미가 아니다. 그보다는 고인에게 쏟았던 정서적 에너지를 거두고 다른 사람에게 정서적 만족을 느낄 수 있도록 조정해야 한다는 의미이다.

이러한 과정은 종종 고인에 대한 의리를 버리고 배신하는 것으로 혼동된다. 그러나 고인과의 관계는 바뀌었지만 애도자의 생각과 마음속에 다른 형태로 계속 남아 있을 것이다. 바뀌는 것은 애도자의 지속되는 관계, 즉 받은 것을 되돌려 줄 수 있는 살아 있는 사람으로서 고인에게 주는 투자와 애착이다. 고인과의 관계를 끊지 않고 지속하는 데 쏟았던 에너지는 이제 되돌려 받을 수 있는 곳에 투자해야만 한다. 이러한 과정이 고통스러운 이유는 삶이 진실로 살아 있는 자를 위한 것이기 때문이다.

과제 2. 고인이 사라진 환경에의 재적응 고인이 없는 세상에 적응하기 위해서는 애착 대상이 당면 과제가 된다. 정체성뿐만 아니라 역할도 재정의해야 할 필요가 있다. 예를 들어, 남겨진 배우자는 '우리'라는 생각을 '나'에 대한 생각으로 전환해야만 하며 새로운 자율성과 관련된 두려움에 직면해야만 한다. 정서적으로, 신체적으로, 대인관계 면에서, 재정적으로, 모든 영역에서 적응이 요구된다.

과제 3. 새로운 관계의 형성 이는 고인을 누군가로 대체하는 것을 의미하지 않는다. 대신 투자한 에너지를 돌려줄 수 있는 다른 사람에게 새로운 애착을 수립하는 것이다. 다른 누군가나 무엇인가에 재투자하는 데 요구되는 시간은 여러 요인에 달려 있다. 이상적으로 애도자는 때가 되면 삶에 재투자할 수 있게 될 것이다.

파크스와 와이스(1983)는 애도에서 회복되기 위해서는 다음의 세 가지 과제가 필수적이라고 보았다. 다시 말하면, 상실에 대한 이성적인 인정과 설명, 상실에 대한 정서적 수용, 새로운 정체성의 수립이다.

과제 1. 상실에 대한 이성적인 인정과 설명 파크스와 와이스는 새로운 상실의 위협에 대한 불안과 경계심이 애도자의 회복에 문제가 된다고 보았다. 애도자의 모든 질문에 대한 답을 제공해 줄 수 있고 죽음의 필연적인 원인을 찾을 수 있는 설명, 즉 어떻게 상실이 발생했는지에 대해 적절한 설명을 할 수 있을 때 불안과 그와 관련된 경계심을 극복할 수 있다.

과제 2. 상실에 대한 정서적 수용 고인에 대한 강박적인 집착을 통해 정서적 수용이 일어난다. 오직 상실의 모든 세부적인 사항에 반복적으로 직면하고 기억과 사고, 감정을 강박적으로 훑어볼 때에만 고통이 사그라들고 점차 정서적으로 수용할 수 있다.

과제 3. 새로운 정체성의 수립 파크스와 와이스에 따르면, 애도자는 시간이 지나면서 자신이 처한 새로운 상황이 반영되는 새로운 정체성을 계발한다. 이제까지와는 다른 세상에 대한 불편함과 현재 살고 있는 세상을 자각함으로써 이러한 과정이 시작된다. 장애를 지닌 사람이 팔다리나 시력을 잃은 채로 세상에 적응하는 법을 배우는 것처럼, 애도자는 마치 고인이 살아 있는 것처럼 일상 속에서 생각하고 이런저런 계획을 세우는 것을 중단하는 법을 배운다. 애도자가 매번 고인을 이런 생각과 계획 속에 포함시키면 어쩔 수 없이 현실에 직면하게 되고 애도의 고통, 좌절, 안전감의 부재 등을 느끼게 된다. 애도자가 새로운 정체성을 수립하고 더 이상 잊어버리지 않을 때에만 고통스러운 회상이 끝난다. 새로운 정체성을 얼마만큼 빨리 획득하느냐가 과정 자체만큼 중요하지는 않다.

윌리엄 워든(William Worden, 1991)은 『애도상담과 애도심리치료(Grief counseling and grief therapy)』에서 애도의 네 가지 과제를 규정했다. 이 네 가지 과제는 상실의 현실을 수용하기, 애도의 고통을 헤쳐 나가기, 고인이 사라진 환경에 적응하기, 고인의 자리를 정서적으로 재정립하고 삶을 이어 나가기이다.

과제 1. 상실의 현실을 수용하기 사랑하는 사람이 사망하면, 예견되었든 아니든 상관없이 그 사건이 발생했다는 것을 믿지 않으려는 경향이 있다. 애도가 시작되기 전에, 상실과 관련된 어떤 것이 발생하기 전에, 한 가지는 반드시 인정해야 한다. 그것은 그 사람이 사망했다는 사실에 직면하는 것이다. 워든은 이 과제에 고인과의 재결합이 적어도 이번 생에는 불가능하다는 점을 인정하는 것이 포함된다고 밝혔다. 그는 애도의 첫 번째 과제를 수행하는 동안 볼비와 파크스가 기술한 찾기 행동이 나타난다고 믿었다.

상실의 현실에 대한 수용의 반대는 상실을 믿지 않는 것 혹은 부인하는 것이다. 워든은 이 과제가 다양한 방식으로 수행될 수 있다고 지적했다. 상실의 의미를 부인하면 상실이 실제보다 덜 중요해 보인다. 이는 다음과 같은 말을 통해 확인할 수 있다. "우리는 그렇게 친하지 않았어. 그가 그립지 않아." 혹은 "친엄마가 아니었어. 새엄마였을 뿐이야."

고어(Gorer, 1965)는 부인의 과정을 미라화(mummification)라고 불렀다. 애도자는 고인이 돌아왔을 때 바로 사용할 수 있도록 소유물을 미라 형태로 보관한다. 이렇게 함으로써 애도자는 사망을 부인하고 언제라도 고인이 돌아오기를 기다리는 것처럼 행동한다. 마치 고인이 이 세상에 존재하지 않았던 것처럼 고인을 떠올리게 하는 모든 것을 제거하는 행동은 미라화의 반대이다. 하지만 이는 상실을 최소화하고 부인하는 역할을 하기도 한다. 애도자는 고인을 떠올리게 하고 상실의 현실에 직면하게 하는 것으로부터 자신을 보호하려고 시도한다.

선택적 망각은 워든이 상실의 현실을 회피하기 위한 방식이라고 설명한 또 다른 기법이다. 여기서 애도자는 고인에 대한 모든 기억을 선택적으로 제거한다. 그럼으로써 고인과 그와 관련된 상실을 현실에서 지운다.

상실의 수용은 인지적이며 정서적인 과정이다. 애도자는 사망과 관련된 정서적 충격을 느끼고 완전히 통합시키기 오래전에 사망이 발생했다는 것을 인지적으로 수용했을 수 있다.

상실의 현실을 수용하면 중요한 결과, 즉 고통이 찾아온다. 애도의 다음 과제의 초점은 바로 이 고통이다.

과제 2. 애도의 고통을 헤쳐 나가기 파크스(1972)는 이렇게 기술했다. "애도자가 애도 작업을 끝마치기 위해 고통을 겪는 것은 필수적이다. 애도자가 지속적으로 고통을 회피하거나 억제하려고 하면 애도 과정이 지연될 수 있다."(p.173)

문화와 사회는 애도의 두 번째 과제를 끝마치기까지의 과정에서 겪는 어려움과 시간에 큰 영향을 미칠 수 있다. 일반적으로 서구 사회는 애도와 관련된 강한 정서를 불편해한다. 우리는 어렸을 때부터 미묘하거나 그렇게 미묘하지는 않은 메시지를 들었다. 이를테면 다 큰 남자아이나 여자아이는 울지 않는다는 메시지 말이다. 요즘에는 애도가 자신의 처지를 슬퍼하는 것이라는 메시지 혹은 강한 정서를 밖으로 표현하는 것은 건강하지 않다는 메시지를 받을 수 있다. 사회적으로 올바른 일을 하는 것은 종종 애도자의 슬픔을 다른 데로 돌리는 것으로 간주되며 감정을 느껴서는 안 된다는 강한 메시지도 전달된다.

첫 번째 과제는 두 번째 과제와 중요한 관련이 있다. 만약 애도자가 상실의 현실을 수용한다면, 그 결과로 고통이 찾아온다. 반대의 경우도 사실이다. 남겨진 사람이 상실이 발생했다는 현실을 부인하거나 무시하거나 주의를 기울이지 않으면 고통을 피할 수 있다.

어떤 사람들은 상실과 관련된 정서적 고통을 경험해야 할 필요성을 이해하지 못하고 치유의 여행만 시도한다. 이곳저곳 여행하는 것은 두 가지 효과를 지닌다. 첫 번째 효과는 상실의 현실에서 주의를 분산시킨다는 것이고, 두 번째 효과는 되돌아왔을 때 모든 것이 마법처럼 괜찮아질 것이라는 희망을 준다는 것이다. 이러한 주제의 또 다른 변형은 고인이 죽기 전보다 더 좋은 곳에 있으리라고 믿는 것이다. 고인에게는 사실일지 모르지만, 애도자는 그렇게 믿음으로써 고인이 홀로 남겨진 채로 있을지도 모른다는 느낌에서 초점을 다른 데로 돌릴 수 있다.

상실에 대한 슬픔과 관련된 고통의 시간은 멈출 줄 모른다. 볼비(1980)는 "모든 의식적인 애도를 회피한 사람들 중의 일부는 조만간 몇몇 형태의 우울함을 느끼면서 무너져 내릴 것이다."(p.158)라고 썼다. 볼비의 말은 많은 경우에 사실이다. 그는 수많은 자살 사건의 생존자(가족과 친구) 집단을 이끌면서 많은 참여자가 20년 전 혹은 그 훨씬 이전에 일어났던 상실 경험을 인정하고 너무나 우울한 감정에 지긋지긋해져서 집단상담을 받으러 왔다고 말한 사례를 알게 되었다.

과제 3. 고인이 사라진 환경에 적응하기 이 말은 개인마다 다른 의미로 해석된다. 애도자는 종종 자신의 삶에서 고인이 맡았던 모든 역할을 의식적으로 자각하지 못한다. 이러한 자각은 한순간에 갑자기 일어나는 것이 아니라 시간이 지나면서 점차로 조금씩 생겨난다. 남편을 교통사고로 잃은 여성(X씨의 부인)의 사례가 이와 관련된다. 사고 이후 바로 다음 날에 그녀가 경험했던 일은 사소하지만 매우 의미가 있었는데, 이는 애도의 세 번째 과제와 관련이 있다. 그녀는 아침에 일어나자마자 커피를 내리려고 주방으로 향했다. 그녀가 가슴 아프게 깨달은 사실은 자신이 커피를 내리는 법을 모른다는 것이었다. 남편이 48년 동안 커피를 내렸고 은퇴한 후에는 대부분의 요리를 했던 것이다. 비록 그녀가 커피 내리는 법과 남편이 했던 다른 일을 배우기는 했지만 기꺼운 마음으로 하지는 않았고 어떤 면에서는 억울한 마음이 들기도 했다.

남편의 죽음은 그녀 자신에 대해 뭔가 의미를 주었다. 48년 동안 '우리'로 살아왔지만, 이제는 '나'만 존재한다. 대인관계 면에서 다른 세상이 되었고, 그녀는 새로운 행동을 배워야 했다. 이러한 모든 고통스러운 자각은 그녀가 달라진 상황을 인정하고 이전에 해 왔던 방식과는 정반대되는 새로운 방식에 적응하도록 이끌었다.

세 번째 과제를 제대로 수행하지 않으면 상실에 적응하지 못할 것이다. 보호자나 가족 구성원이 좋은 의도를 가지고 있긴 하나 지나치게 과보호해서 무력감을 조성하면 세 번째 과제를 성공적으로 마치기가 힘들다. 대처와 적응은 어렵다. 하지만 빅터 프랭클(Viktor Frankl)이 강조한 것처럼 인간의 정신이 가지고 있는 힘은 발휘할 수 있도록 허락만 된다면 어떤 장애물도 극복할 수 있다.

과제 4. 고인의 자리를 정서적으로 재정립하고 삶을 이어 나가기 고인과의 관계는 현재의 관계에서 기억 속의 관계로 옮겨져야만 한다. 이렇게 함으로써 애도 이외의 다른 것이 삶에 자리를 차지할 수 있게 된다. 애도 과제와 관련해서 애도자가 갑작스럽게 극심한 감정을 느끼는 것은 바로 사는 동안 고인에게 쏟은 정서적 투자의 결과이다. 정서적 투자가 없었다면 삶은 빈껍데기에 불과했을 것이다. 또한 다시 투자할 수 없을 것처럼 사는 것도 빈껍데기에 불과할 것이다. 사랑 없이 사는 것은 사는 것이 아니다. 하지만 다시 사랑하는 것이 고인을 진정으로 사랑하지 않았다는 것을 의미하지는 않는다. 비록 종종 그렇게 보이기는 해도 말이다. 고인에 대해 지녔던 기억과 정서를 적절하게 다시 정리하는 것과 삶을 이어 나갈 수 있는 힘을 발휘하는 것이야말로 진정으로 엄청난 과제일 수 있다. 독일의 철학자인 프리드리히 니체(Friedrich Nietzsche)는 살아갈 이유(why)를 갖고 있는 사람은 살아갈 방법(how)을 찾는다고 말했다. 빅터 프랭클은 삶이 우리에게 행복을 주지 않고 의미를 준다고 제자들에게 상기시켰다.

물론 재투자에는 이득도 있고 폐해도 있다. 애도자는 이 모든 것을 너무나 익숙하게 잘 알고 있다. 또 다른 상실을 두려워하면 재투자가 불안 유발 요소로 바뀔 수 있다. 많은 애도자에게 이 마지막 과제가 가장 어렵다. 어떤 사람은 종종 상실이 일어난 그 순간에 삶이 멈추었다는 생각 때문에 꼼짝 못하게 되기도 한다. 하지만 항상 그래야 할 필요는 없다.

애도 과제의 요약과 상담자를 위한 제언

애도의 첫 번째 과제는 죽음의 현실을 경험하고 그것을 밖으로 표현하는 것이다(Lindemann, 1944; Parkes & Weiss, 1983; Worden, 1991). 이를 위해서는 그 사람이 사망했고 다시 돌아오지 않을 것이라는 현실에 직면해야 한다. 또한 죽음에 대해 이야기할 필요가 있다. 회피하지 않고 죽음이라는 단어를 사용하는 것도 이러한 현실을 새롭게 정립하는 데 도움이 된다. 어떻게 어디서 죽음이 발생했는지 그리고 장례식 경험에 대해 이야기하면 이 과정이 더욱 쉬워진다.

애도자를 조력하는 상담자로서 자신에게 다음과 같은 질문을 던져 보자.

- 사랑하는 사람이 사망한 현실에 직면하는 것과 관련하여 내담자는 현재 어디쯤에 있는가?
- 내담자가 상실에 대해 말할 수 있도록 어떻게 도울 수 있는가?
- 내담자가 조심스럽게 새로운 현실에 직면하도록 조력하면서도 상실의 온전한 현실을 피하고자 하는 내담자의 욕구를 어느 정도의 기간 동안 존중할 필요가 있을까?

애도의 두 번째 과제는 신체적으로나 정서적으로 자신을 돌보면서 애도의 본질적 측면인 정서적 고통을 견디는 것이다(Parkes & Weiss, 1983; Shuchter & Zisook, 1990; Worden, 1991). 죽음에 접함으로써 생겨난 사고와 감정(애도의 고통)을 반드시 받아들여야 한다. 어떤 감정, 예를 들어 분노, 죄책감, 무력감은 인식하기 어렵고 적절한 분출구를 찾기 힘들다는 점을 기억하는 것이 중요하다. 감정과 관련 행동을 정상적인 것으로 해석하면 자신이 미쳐 가는 것은 아닌가 하고 느끼는 애도자는 크게 안도한다.

애도자를 조력하는 상담자로서 자신에게 다음과 같은 질문을 던져 보자.

- 내담자는 애도의 고통을 경험할 수 있는 기회를 스스로에게 주고 있는가? 만약 그렇다면 내담자는 누구와 함께 슬픔을 나누고 있는가?
- 애도자가 애도를 표현할 때 자신이 이해받고 있다는 느낌을 나에게서 받았는가?
- 내담자가 고인에게 느끼는 부정적인 감정과 긍정적인 감정 사이에서 균형을 찾는 데 나는 어떤 도움을 줄 수 있는가? 촉진적인 질문의 예는 "세상을 떠난 분에 대해 당신은 어떤 점을 그리워하나요? 그분에 대해 그리워하지 않는 점은 무엇인가요?"이다.

애도의 세 번째 과제는 고인과의 관계를 현재의 관계에서 기억 속의 관계로 전환하는 것이다(Lindemann, 1944; Parkes & Weiss, 1983; Rando, 1987, 1993; Ruskay, 1996; Sable, 1991; Worden, 1991). 이를 위해서 애도자는 고인과 새로운 관계를 형성할 필요가 있다. 애도자는 고인과의 관계를 다르게 형성하기 위한 준비로 그와의 정서적 연결을 조정하고 분리하기 위해 노력해야 한다. 애도자가 고인과의 모든 연결고리를 제거하기를 기대해서는 안 된다. 하지만 반드시 관계를 변경할 필요는 있다. 여기서 중요한 것은 시간 개념이다. 관계를 전환하는 데 필요한 변화를 만들어 갈 수 있도록 애도자에게 애도하고 작별 인사를 할 시간을 허락하라.

애도자를 조력하는 상담자로서 자신에게 다음과 같은 질문을 던져 보자.

- 현재의 관계에서 기억 속의 관계로 고인과의 관계를 전환하는 과정에서 내담자는 어디쯤에 있는가?
- 내담자는 고인과의 관계를 어떤 식으로든 다른 관계로 바꾸기를 거부하고 있는가? 그렇다면 그것에 영향을 미치는 요인은 무엇인가?(이를테면, 고인과의 관계가 지닌 특수성, 고인이나 애도자의 성격)
- 내담자는 고인과의 모든 형태의 유대를 포기해야 한다고 생각하는가?
- 내담자가 고인에게 마지막 작별 인사를 할 때 나는 어떤 도움을 줄 수 있는가?

애도의 네 번째 과제는 고인이 없는 삶에 기반한 새로운 정체성을 형성하는 것이다(Lindemann, 1944; Parkes & Weiss, 1983; Ruskay, 1996; Worden, 1991). 역할 혼란에는 '우리'와 '나' 사이에서의 분투, 새로운 자율성과 관련된 두려움이 포함된다. 다시 말하지만, 시간이 결정적 요인이며 개인차가 이 과제를 얼마나 빨리 끝내는가를 결정할 수 있다. 또한 밝힌 바대로 지속적인 지지(예를 들어, 상담을 받거나 지지집단에 참여하는 것)를 제공하는 것을 잊지 마라.

애도자를 조력하는 상담자로서 자신에게 다음과 같은 질문을 던져 보자.

- 새로운 자아 정체성을 형성하는 과정에서 내담자는 어디쯤에 와 있

는가? 내담자가 현재 와 있는 지점에 시간 요인이 영향을 미친 것 같은가?

- 내담자가 겪고 있는 역할 변화는 무엇인가? 그는 특별한 변화가 필요하다는 것을 자각하고 있는가?
- 비슷한 경험을 한 역할 모델이 내담자의 주변에 있는가?

마지막으로, 애도 작업을 끝내기 위해서는 의미를 고려하여 상실의 경험을 연결시켜야 한다. 일반적으로 애도자는 왜라는 질문에 대한 답을 구할 때 자신의 삶의 철학과 가치에 대해 의문을 제기할 것이다. 니체가 말한 대로 "그의 문제는 고통 자체가 아니라 '왜 고통을 겪는가?'라는, 절규하면서 던지는 질문이다."

애도자를 조력하는 상담자로서 자신에게 다음과 같은 질문을 던져 보자.

- 상실의 경험을 의미라는 맥락과 연결시키는 과정에서 내담자는 어디쯤에 있는가?
- 상실 이전에 내담자가 지녔던 삶에 대한 종교적·철학적 신념은 무엇인가? 상실이 이러한 신념을 어떻게 바꾸어 놓았는가?
- 내담자가 운명을 수용하는 것을 가로막는 장애물은 무엇인가?

애도와 관련된 다양한 과제를 점검해 보면 다음과 같은 명백한 질문이 떠오른다. "애도는 언제 끝나는가?" 어떤 사람은 마지막 과제를 완수하면 끝난다고 말한다. 간단한 답은 없다. 이런 질문을 받으면, 나는 대체로 현재 당신이 느끼는 애끓는 슬픔 없이 고인을 기억할 수 있을 때 애도 과정이 끝났음을 알 것이라고 대답한다. 흔히 1년 혹은 그 이상의 시간이 걸린다.

시간과 상담자를 위한 함의

애도 단계와 마찬가지로 시간은 유동적이다. 사람들은 애도 단계를 빠르게 옮겨 가지만, 때때로 상실한 바로 직후의 시간으로 되돌아가기도 하고 실제로 상실을 다 해결한 것처럼 느껴지는 지점으로 미리 훌쩍 넘어가기도 한다. 다음은 사랑하는 사람을 잃은 생존자와 상담 작업을 하면서 저자가 경험한 것을 바탕으로 만든 일반적인 지침이다.

첫 48시간 동안에는 사망으로 인한 충격이 매우 극심할 수 있고, 처음 어느 정도의 시간까지는 흔히 죽음을 강하게 부인한다. 처음의 정서적 반응은 애도자, 친구들, 가족 구성원에게 끔찍한 것일 수 있다.

첫 주 동안에는 장례식을 계획하고 다른 일을 정리하는 것이 우선시되고, 애도자는 자동적으로 움직인다. 이후에는 허탈감이 찾아오고, 정서적·신체적으로 소진된다.

2주에서 5주까지는 장례식 이후에 가족과 친구들이 자신들의 삶으로 되돌아가기 때문에 버려진 느낌이 들 수 있다. 고용주는 종종 상을 당한 피고용인이 슬픔에서 바로 회복하고 이전과 똑같이 업무를 수행하기를 기대한다. 아직은 충격이 잘 차단되고 있어서 "글쎄, 처음에 생각했던 것보다는 그리 나쁜 것 같진 않아."라고 느낄 수 있다.

마침내 충격이 가시고 상실의 현실이 다가오는 때는 6주에서 12주 동안이다. 정서의 폭이 매우 넓어서, 애도자는 통제감을 상실한 듯한 느낌이 들 수 있다. 가족과 친구들은 종종 이전처럼 지지해 주지 않고, "벌써 석 달 전이잖아. 왜 아직까지도 안 좋은 기분을 느끼는 거지?"라고 생각할 수 있다. 이 기간 동안의 경험은 수면 패턴의 급격한 변화, 두려움의 발생(때때로 편집증), 심각한 체중 증가나 감소를 동반한 식욕의 변화, 변덕스러운 기분,

성욕의 변화, 주체할 수 없는 눈물, 사회적 철수나 고립 욕구, 주의 집중이나 기억력의 감소, 고인에 대해 말하고자 하는 욕구의 증가 등이다.

기분이 좋은 날과 그렇지 않은 날의 주기가 석 달에서 넉 달 사이에 시작된다. 안절부절못하는 상태가 많아지고, 좌절감에 대한 인내심이 줄어든다. 언어로나 신체적으로 분노를 표출할 수 있으며, 정서적 퇴행, 신체적 고통, 특히 면역체계의 약화로 인한 독감이나 감기 등을 호소한다.

여섯 달째가 되면서 우울이 찾아든다. 상실 사건을 다시 체험하고, 정서적인 격변이 다시 시작되는 것 같다. 다시 시작된 우울 때문에 특히 기념일, 생일, 명절에 힘들어진다.

사망 일주기는 정신적 외상이 되거나 해결의 시작이 될 수 있다. 이는 첫해 동안 이루어진 애도 작업의 양과 질에 따라 달라질 것이다.

18개월에서 24개월까지는 해결의 시간이다. 분리의 고통은 점차로 견딜 만한 것이 되고, 애도자는 삶을 이어 나간다. 고인을 정서적으로 놓아주고, 고인을 절대 잊지 않을 테지만 사망의 고통이 더 이상 남겨진 사람의 삶의 초점이 되지 않으리라는 인식이 생긴다. 사별한, 애도하고 있는 같은 단어를 사용할 때 편해지고, 삶의 과정이 본격적으로 시작된다.

애도는 독특한 개인적 과정이며, 언제까지 끝내야 한다는 정확한 시간표가 없다. 치유 과정은 1년이나 평생이 걸릴 수도 있다. 시간과 상관없이 애도자는 혼자 여행을 떠나서는 안 된다.

볼비(1980)는 한 개인의 애도 과정에 대해 상담자가 종종 비현실적인 기대를 갖고 있다고 말했다. 그는 남편을 잃은 한 여성을 인용하면서 다음과 같이 말했다. "애도는 결코 끝나지 않는다. 다만 시간이 지나면서 덜 자주 분출될 뿐이다."(p.101) 세이블(Sable, 1991)은 남편을 잃은 여성들이 서로 비슷한 감정을 느끼는데 이는 병리적인 애도의 징후가 아니라고 보고했다. 시간이 가장 좋은 약이라는 사회통념은 많은 연구에서 지지를 받지 못하고 있다(Conway, 1988; Gray, 1987; Kaffman, Elizur, & Gluckson, 1987; Wortman & Silver, 1989; Zisook, Shuchter, & Lyons, 1987). 남편이나 부인을 잃고 2년이 넘으면 점차 좋아지는 사람들도 여전히 고독감을 느끼며 새로운 역할에 적응하는 데 어려움을 겪는다(Lund, Caserta, & Dimond, 1986). 랜도(Rando, 1983)는 사별의 강렬함이 2년째에 감소하다가 3년째에 증가하는 V자 모양을 띤다고 설명했다. 이는 애도의 패턴이 시간이 지날수록 비선형적 방식으로 변화를 거듭한다는 것을 시사한다(Gray, 1987). 그럼에도 어떤 문헌에서는 사별 이후의 시간이 적응을 예측하는 가장 좋은 변수라는 점을 제안했다(Campbell, Swank, & Vincent, 1991; Farnsworth, Pett, & Lund, 1989; Worden, 1991).

애도 반응에 영향을 미치는 요인

애도의 어떤 측면이 보편적이라는 것은 사실이다. 하지만 마찬가지로 각 개인의 애도 반응이 독특하다는 것도 사실이다. 독특성은 대부분 심리적 요인과 사회적 요인이 결합되어 결정된다.

심리적 요인

특정인에게 상실이 갖는 독특한 의미가 무엇인지 이해하기 위해서는 반드시 누구 혹은 무엇을 상실했는지에 대해 알아야 한다. 한 어린아이에게 조부모의 사망은 부모의 사망과는 다른 영향을 미칠 것이다. 이와 마찬가지로 배우자의 사망에 대한 애도는 부모의 사망에 대한 애도와는 다를 것이다. 부모의 사망에 더 많이 애도하고 조부모의 사망에는 덜 슬퍼할 것이라고 자동적으로 가정해서는 안 된다. 무엇을 상실했는가를 결정할 때 역할 상실과 대상 상실 사이의 차이를 인식하는 것이 중요하다. 역할 상실 (role-loss)은 상징적 상실이며 지위나 기능의 상실과 관련된다. 대상 상실 (object-loss)은 물리적 상실이며 특정한 사람이나 사물을 상실한 것을 의미한다. 남편을 잃은 여성은 두 가지 상실을 모두 경험했다고 볼 수 있다. 이 여성은 남편을 잃었고 부부로서의 역할도 잃었으며 그녀에게는 '우리' 가 아닌 '나'만 남았다고 볼 수 있다. 어떤 경우에는 역할 상실이 대상 상실 보다 더 힘들 수 있다. 빈둥지증후군을 앓는 사람은 역할 상실(이를테면, 부모로서 자녀를 양육할 수 없다는 상실)로 인해 더 많이 애도할 수 있다. 자녀가 살아 있고 건강하기 때문에 대상 상실은 역할 상실에 비해 덜하다고 볼 수 있다.

관계의 본질, 애착의 강도, 고인이 맡았던 역할이 고인에 대한 애도 반응과 애도 작업을 할 수 있는 능력에 의미 있는 영향을 미칠 것이다. 애도 반응의 강도는 부분적으로 애도자가 고인에게 가졌던 애정의 강도에 의해 결정된다는 것은 논리적으로 자명하다.

애착의 강도는 부분적으로 고인이 애도자의 안녕감에 얼마나 중요했는가에 의해 결정된다. 애도자가 자신이 누구인가에 관한 자기감을 유지하기 위해 고인을 필요로 했던 관계였다면, 좀 더 힘든 애도 반응과 복합 애도로 이어질 가능성이 있다. 또한 애착의 강도는 관계의 모호함의 정도에 의해 결정된다. 어떤 관계든지 부정적인 감정과 긍정적인 감정이 공존한다. 대체로 긍정적인 감정이 부정적인 감정보다 훨씬 더 많다. 하지만 상당히 양가적인 관계에는 부정적인 감정과 긍정적인 감정이 비슷한 정도로 존재한다. 양가적인 관계에는 일반적으로 상실로 인해 증폭되는 상당한 죄책감과 분노가 존재한다. 해결되지 않은 갈등의 형태로 나타나는 미해결된 과제는 중요한 문제이기도 하다. 이 요인들 중 하나 혹은 모든 요인 때문에 좀 더 힘든 애도 반응이나 복합 애도로 이어질 수 있다.

파크스(1972)는 사별에 있어서 다양한 역할 현상이 갖는 복잡성에 주목하고 다음과 같이 기술했다.

언뜻 보기에는 사별이 단순해 보이지만 실제로 그렇게 단순한 스트레스 사건은 아니다. 어떤 사별이든지 정확히 무엇을 상실했는가는 거의 명확하지 않다. 예를 들어, 남편이 보통 때 맡았던 특별한 역할이 무엇이었느냐에 따라 남편을 상실한 것이 성적 파트너, 동반자, 회계사, 정원사, 양육자, 청중, 침대를 데워 주는 사람 등을 상실한 것을 의미할 수도 그렇지 않을 수도 있다(p.7).

파크스는 고인이 세상을 떠남으로써 사라진 역할을 애도자가 수행해야 할 필요와 책임이 새롭게 생기는데, 이러한 변화에 적응할 수 있는 능력이나 동기에 따라 떠맡은 역할이 애도 반응에 깊은 영향을 미칠 수 있다고 간결하게 지적했다.

성격 변인

볼비(1980)는 한 개인의 애도 반응을 이해하고자 할 때 그의 성격 구조를 고려해야 한다고 권고했다. 고려해야 하는 변인은 개인의 대처 방식과 행동, 성격, 전반적인 정신건강 상태 등이다.

사람은 시간이 지나면서 변한다. 하지만 대처 행동은 대체로 익숙한 반응이고, 위기나 극단적인 스트레스 상황에서는 일반적으로 예측할 수 있다. 어떤 사람이 스트레스 상황에서 도피하거나 도망가는 식으로 일관적으로 대처하면, 그 사람은 애도에 반응할 때에도 같은 행동을 보일 것이라고 예측할 수 있다. 과거의 대처 행동을 이해하면 한 개인의 애도 경험을 타당하게 예상하는 데 도움이 될 수 있다. 보호자가 건강하고 적응적인 대처 행동을 지지해 주고 애도자가 덜 적응적인 대처 행동의 대안을 개발할 수 있도록 도움을 주는 것이 중요하다. 흔한 대처 행동은 다음과 같다.

- 고인에 대한 이야기를 하지 않기, 사진이나 다른 기념품을 없애기 등 고통스러운 자극을 피하기
- 일, 공부, 사회활동에 몰두하거나 끊임없이 책을 읽고 텔레비전을 보면서 다른 생각이 안 들게 하기
- 합리화를 통해 상실을 최소화하기

건강하지 못한 대처 행동은 다음과 같다.

- 현실을 차단하기 위해 술이나 약물을 사용하기
- 안 하던 행동을 하기, 성욕 과다, 자기 파괴적 행동

또한 성격의 다양한 측면도 사별에 대한 개인의 반응에 영향을 미친다. 매우 의존적인 사람들 그리고 새로운 관계를 형성하는 데 어려움을 겪는 사람들은 복합 애도를 경험할 위험성을 가지고 있다. 자아존중감, 의식적·무의식적 갈등, 욕구, 태도, 신념 등과 같은 다른 성격 요소도 한 개인의 애도 반응에 영향을 미친다. 이러한 요인을 평가하는 것은 정확한 예상을 하는 데, 그리고 잠재적인 결핍 영역을 확인하고 지지 전략을 개발하는 데 도움이 되기 때문에 중요하다.

과거와 현재의 정신건강 이력은 애도 경험을 견디고 다룰 수 있는 능력에 의미 있는 영향을 미칠 수 있다는 점에서 중요하다. 예를 들어, 우울 질환을 앓았던 이력은 중요할 수 있다. 우울 질환이 애도로 인해 심각하게

악화되는 것을 예방할 수 있도록 필요한 경우 의료적 도움을 받기 위해 증상을 모니터할 필요가 있을 것이다. 이와 유사하게, 특정 성격장애로 진단받은 사람은 상실을 다루는 데 힘든 시간을 보낼 수도 있다.

과거의 상실 경험

과거의 상실 경험은 현재의 경험을 예상하는 데 영향을 미칠 수 있으며, 대처 전략을 선택하는 데에도 영향을 미칠 수 있다. 부정적인 경험 혹은 극단적으로 고통스러웠던 과거의 경험은 애도 과정을 수용하는 것을 방해할 수 있으며, 상실과 그와 관련된 정서를 강하게 부인하도록 할 수 있다. 과거를 회피하거나 과거의 상실에 대한 애도를 다 끝내지 못하면 오래된 미해결 문제 혹은 현재의 상실을 효과적으로 애도하는 데 방해가 되는 갈등이 되살아날 수 있다.

과거의 상실이 얼마나 컸느냐에 따라 현재의 애도 과정이 달라질 수 있다. 이전에 너무나 많은 사별을 경험한 사람은 이미 과부하되어 있어서 현재의 상실을 적절하게 애도할 만한 정서적 여유가 없을 수 있다. 죽음은 노인이 주변 사람의 죽음을 하나씩 경험하듯이 연속적으로 경험될 수도 있고, 자연재해나 사고 같은 재난 상황처럼 한 사건에서 여러 사망자가 발생하면서 경험될 수도 있다. 상황이 어떻든 간에 과거의 상실 경험으로 인해 현재의 상실을 적절히 애도하는 데 필요한 자원이 그리 많지 않을 수 있다.

죽음의 방식과 시의적절함

죽음은 자연적 결과, 사고, 자살, 살인으로 인해 발생할 수 있다. 각 경우는 남겨진 사람에게 어떤 의미를 주고 그가 어떤 방식으로 애도하는가에 영향을 미친다. 애도 과정에 영향을 미치는 두드러진 요인은 애도자가 사망 당시의 정황을 어떻게 지각하느냐이다. 이는 누가 사망했고, 어떻게 사망했으며, 왜 사망했고(과실이 있는지의 여부), 사망이 예상되었는지 아니면 갑작스럽게 사망했는지와 관련된다.

'누가' 사망했는가는 애도자가 죽음을 심리적으로 수용할 수 있는가와 관련된다. 우리 사회에서 아동의 죽음은 항상 심리적으로 수용하기 힘들다. 나이가 많은 사람이 먼저 세상을 떠난다는 자연 질서에 어긋나기 때문이다. 어린아이를 둔 젊은 엄마나 아빠의 사망도 항상 때 이른 죽음으로 간주된다. 자연 질서는 노인의 사망과 그것의 심리적 수용에도 영향을 미친다. 예를 들어, 퇴임 직후 혹은 얼마 지나지 않아 사망하는 것은 불공평하다고 여겨지고 심리적으로 수용하기 힘들다. 그 사람이 심리적으로 수용할 수 있는 연령층에 속한다고 하더라도 자신이 수고한 결실을 이제 막 누리려고 하는 시작 무렵의 사망은 수용하기 힘들다. 자연 질서에 따르면 죽음은 예정된 때에 발생해야 하는데, 이 경우에는 그렇지 않았다고 볼 수 있다.

자연적으로 발생했든 사고, 자살, 살인으로 발생했든, 어떠한 방식으로 죽음이 발생했는가는 어떻게 상실을 애도하는가에 영향을 미친다. 자살과 살인에 대해서는 7장에서 다룰 것이다. 자연적 원인이나 사고로 인한 죽음의 애도 과정에 영향을 미치는 주요 요인은 과실 여부이다. 사망을 예방할 수 있었다고 지각하는 것은 애도의 기간과 강도에 의미 있는 영향을 미친다. 이때의 지각은 자신과 타인에 대한 합리적 기대와 비합리적 기대에 의해 형성된다. 예방할 수 있었다고 지각된 자녀의 죽음을 맞이한 경우, 부모는 원망과 죄책감을 떨쳐 버릴 수 없다. 이러한 원망과 죄책감은 대체로 자신이나 배우자를 향하게 되어 관계를 파괴하며 애도 과정을 상당히 복잡하게 만든다. 미국정신의학협회(The American Psychiatric Association)는 외상 후 스트레스 장애의 경우 사람이 원인이 되어 외상적 사건이 발생했을 때 증상의 지속 기간이 더 길어지고 강도가 더 커진다고 밝혔다.

마지막 영향 요인은 죽음이 갑작스럽거나 예상할 수 있는 것이었는지의 여부이다. 우리가 살펴본 것처럼, 예기 애도는 항상 그렇지는 않지만 상실에 영향을 미치는 긍정적인 요인일 수 있다. 상실을 예상하면 이전의 해결되지 않은 갈등을 해소하고 나누지 못한 감정을 표현할 수 있는 시간을 보낼 수 있을 뿐만 아니라 임박한 상실에 점차 적응할 수 있는 시간을 확보할 수 있다. 방식, 시의적절함, 또 다른 요인에 달려 있는 갑작스러운 상실이 미치는 영향은 애도자가 충격에서 회복될 수 있는지, 아니면 대처 능력을 훼손시키고 애도 과정을 힘겹게 할 것인지를 결정한다.

사회적 지지와 정서적 지지의 역할

애도의 과제를 수행하려면 사회적 지지와 정서적 지지(격려, 공감, 긍정적 관계)가 필요하다. 위로의 말을 들은 애도자의 반응을 보면 애도가 어떻게 진행되고 있는지 알 수 있다. 상대방의 위로를 감사한 마음으로 수용하는 것은 애도가 잘 진행되고 있다는 긍정적인 신호이다. 반대로 고인과 관련된 모든 문제에 침묵으로 일관하는 것은 애도가 제대로 이루어지지 않고 있다는 증거일 수 있다(Gorer, 1965; Bowlby, 1980에서 재인용).

와이스(Weiss, 1975a; Bowlby, 1980에서 재인용)는 사회적 고독감과 정서적 고독감 사이에 차이가 있다고 믿었다. 사회적 고독감은 친구와 지지 집단을 통해서 극복될 수 있지만, 정서적 고독감과 고립을 완화시키기 위해서는 헌신적인 대인관계를 통한 안전감이 필요하다(Sable, 1991). 이는 상실이 지속되는 것과 상관없이 적용되는 것 같다.

그레이(Gray, 1987)는 상실 이후에 뒤따르는 사회적 지지와 정서적 지지 그리고 우울을 살펴보았다. 그는 부모 중 한 사람이 사망한 지 6개월이 지난 후에 자녀에게서 우울이 발생할 가능성을 조사했는데, 의존적 성격 유형을 지니고 있으며 사회적 지지 수준이 낮을 때 우울을 경험할 가능성이 높다는 것을 발견했다. 남아 있는 부모에게서 정서적 지지를 받은 자녀는 상당히 낮은 우울 점수를 보였고 육체적 질병이 발생할 가능성도 상당히 낮았다. 이와 유사하게, 래스커와 토드터(Lasker & Toedter, 1991)는 유산을 경험한 여성들 중 가족에게서 정서적 지지를 받은 여성은 장기간 절망감을 경험할 가능성이 더 낮다는 점을 발견했다. 세이블(Sable, 1991)은 남편을 잃은 여성들 중 새로운 반려자를 찾은 여성은 그렇지 않은 여성에 비해 심리적 스트레스가 더 낮다는 점을 발견했다. 반려견이나 반려묘를 둔 여성도 정서적 고독감이 줄어들었다.

정서를 표현하고 관계를 재검토할 기회를 제공해 주는 사회적 지지 네트워크는 사별한 지 13개월이 지난 후에도 긍정적인 애도와 신체 건강에 도움을 주는 요인으로 파악되었다(Maddison & Walker, 1967; Raphael & Middleton, 1987에서 재인용). 사회적 지지가 부족하면 애도의 결과도 좋지 않을 수 있다(Rando, 1993; Worden, 1991).

특히 초기의 애도 기간에 효과적인 중재와 지지 방식이 애도 과정에서 도움이 될 수 있다는 몇몇 증거가 있다. 볼비(1980)는 연구를 하기 위해서 자살로 인해 사별한 직후에 애도자에 대한 면담을 실시했는데, 그것만으로도 좀 더 긍정적인 장기적 성과가 생긴 듯하다고 보고했다. 다른 사람의 지지는 이제 막 끊어진 이전의 지지적인 애착을 일시적으로나마 대체하는 효과를 줄 수 있다. 이는 애도자가 느끼는 절망감을 어느 정도 완화시킬 수 있는데, 떠난 사람을 다시 볼 수는 없지만 여전히 유대를 느낄 수 있는 타인이 있다는 자각을 하기 때문일 것이다. 연구에서는 초기의 애도 단계에서 지지적인 관계가 갖는 본질이 중요하다고 시사했다. "심각한 위기 단계에서 24시간 대기 중인 도움 제공 서비스는 이후의 단계에서 제공하는 긴 심리치료나 도움보다 애도하는 가족에게 더 효과적이다."(Kaffman, Elizur, & Gluckson, 1987, p.73). 파이누스와 네이더(Pynooos & Nader, 1990)는 폭력적인 죽음을 목격한 아동이 초기의 중재에서 더 도움을 받는 것 같다고 밝혔다.

약물 치료

정상적인 애도에 약물 치료를 시도하는 것에 관해서는 많은 토론이 있었다. 일반적으로 합의된 사항은 약물 치료는 되도록 삼가야 하며 오직 심각한 불안, 불면증, 심각한 식욕부진, 전형적으로 '정상적인' 우울 기분으로 간주되지 않는 우울 등과 같은 특별한 증상에만 사용해야 한다는 것이다. 주요우울장애의 경우에는 당연히 약물 치료를 고려할 것이다.

현재는 위에 언급한 생각을 지지하는 통제된 연구가 존재하지 않는다. 하지만 정상적인 애도 반응으로 발생한 강한 정서를 억제하거나 고양시키는 것에는 논리적으로 반대하는 것 같다. 상실이 고통과 비통함을 불러일으킨다는 것을 인정한다면, 이러한 정서는 급성 맹장염의 증상과 매우 비슷하게 작용할 수 있다. 급성 맹장염의 통증에는 의학적 처치가 필요하며 단순히 마취약으로 통증을 줄이려고만 하지는 않는다. 이와 유사하게, 상실의 결과로 어떤 사람이 경험하는 인지, 감정, 신체적 감각, 행동에 주의를 기울일 필요가 있으며 애도 과정이 진행되고 있는 한 무시해서는 안 된다.

'정상적인' 애도의 기간과 표현 방식이 매우 다르다는 점을 인정하는 것은 중요하다. 하지만 '정상적인' 애도 반응의 특징에 해당되지 않는 특정 증상은 주요우울장애가 존재할 가능성을 결정짓는 데 유용할 수 있다.

DSM-IV에 따르면, 다음과 같은 증상이 이에 해당된다.

- 사망 당시 애도자가 취하거나 취하지 않은 행동이 아닌 다른 것에 죄책감을 느낌
- 애도자가 고인과 함께 죽었어야 한다고 느끼거나 고인 없이는 죽는 게 더 낫다고 느끼는 것 이외의 죽음에 대한 생각
- 무가치감에 병적으로 집착함
- 심리운동 기능이 현저하게 둔화됨
- 기능이 상당히 지속적으로 손상됨
- 애도자가 고인의 목소리를 듣는다거나 고인의 모습을 일시적으로 보는 것 같다고 생각하는 것 이외의 환각 경험

사고와 성찰을 위한 질문

1 의미 있는 관계가 깨진 경험이 있는가? 어떤 일이었는지 말해 보라. 어떤 경험을 했는가?

2 위의 경험과 관련하여, 시간이 지나면서 회복되었는가? 아니면 회복하기 위해서 뭔가를 했어야 했는가? 회복하기 위해 어떤 과제를 수행했는가? 자신의 경험을 이야기해 보시오.

3 현재의 관계를 생각해 보시오. 그 관계에서 당신은 몇 개의 정체성을 갖고 있는가? 그 관계에서 당신은 얼마나 많은 역할을 수행하고 있는가?

4 당신의 가족은 강한 정서를 어떻게 다루는가? 가족이 강한 정서를 다루는 방식이 당신에게 미친 영향은 무엇인가? 당신은 강한 정서를 어떻게 표현하거나 표현하지 않는가?

6장

미해결된 애도

애도에 올바른 방법은 없다. 그러므로 애도 과정은 다양한 형태와 모습으로 나타난다. 여러 요인이 합쳐져서 개인의 독특한 애도 반응을 결정한다. 따라서 정상적인 애도 과정에 수많은 변형이 있다는 것은 놀라운 일이 아니다. 또한 애도자가 애도 과정에서 이전으로 퇴행했다고 느끼는 정서적 착각을 할 수 있음을 기억해 보라. 이는 오직 환상일 뿐이다. 왜냐하면 애도 과정이 약화되거나 중단되지 않는 한 얼마나 느리든 상관없이 계속 진행될 수 있기 때문이다. 좀 더 좋지 않은 경우는 애도자의 애도 진행이 일시적으로 멈추는 것이다. 애도 과정을 마치기 위한 정상적인 진행을 중단시키고 방해하는 몇 가지 변형이 있다. 이러한 중단은 때로 병적이거나 비정상적인 애도로 불린다. 호로위츠 등(Horowitz et al., 1980)은 이러한 중단이 심해지면 애도 과정의 완성을 향해 나아가지 못한 채 압도되거나 부적응적 행동에 기대거나 비통한 상태로 계속 남아 있게 되어 애도가 더욱 강화된다고 보았다. 이렇게 되면 애도자가 동화나 적응의 방향으로 계속해서 나아가는 대신 정형화된 반복을 거듭하거나 치유에 광범위한 방해를 받는다(p.1157).

에릭 린드만(Erich Lindemann)은 『극심한 애도의 증상과 관리(*The symptomatology and management of acute grief*)』에 1942년에 492명이 사망한 보스턴 코코넛그로브 나이트클럽 화재 사건의 생존자를 치료하는 데 개입한 내용을 기술했다. 그는 자신이 생각한 정상적인 애도 반응과 몇 가지 병적이고 비정상적인 애도 반응의 사례를 제시했다.

린드만이 제시한 다음의 사례는 매우 성공적인 적응으로 이어진 정상적인 애도 반응을 설명해 준다.

52세의 한 남성은 사업에 성공했으나 행복한 결혼생활을 함께해 왔던 아내를 잃었다. 그는 심각한 애도 반응을 보였으며 이에 제대로 대처할 수 없었다. 그는 조문객 만나기를 원치 않았고, 자신이 무너져 내린 것에 대해 부끄러워했으며, 몸 상태가 나아져서 퇴원을 허가받았을 때에도 도움이 더 필요하다며 정신과 병동에 입원할 수 있게 해 달라고 요청했다. 아내에 관한 조그만 언급도 심각한 우울증적 반응을 일으켰지만, 그는 정신의학적 도움을 받으면서 이 고통스런 과정을 점점 기꺼이 경험하려고 하게 되었다. 정신의학적 치료를 받은 지 3일이 지나자 집으로 돌아가도 될 만큼 충분히 괜찮아 보였다.

그는 말수가 매우 많아졌고 가만히 있지 못했다. 계속 바쁘게 지내려고 했고, 사별 경험 때문에 자신이 쉼 없이 지나치게 활동하는 상태가 되었다고 느꼈다.

그는 집에 돌아오자마자 회사에서 활동적인 부서의 업무를 맡았는데, 수많은 전화 업무를 처리할 수 있을 것이라고 생각했기 때문이다. 또한 그는 사별을 경험한 다른 사람을 위해 아마추어 정신과 의사 역할을 하면서 함께 시간을 보내고 위로해 주었다. 새롭게 시작하고 싶다는 갈망이 있었기 때문에, 그는 집과 가구를 포함해서 전에 가지고 있던 물건을 모두 팔고 아내를 연상시키는 것은 무엇이든 기부할 계획을 세웠다. 그는 많은 이야기를 나눈 후에야 비로소 이러한 행동이 서툰 판단에 따른, 어떻게 해서라도 당면한 애도를 회피하고 싶어서 나온 것이었음을 깨달았다. 그가 다시 더 직접적인 방식으로 애도 반응을 다루도록 격려해 주어야 했다. 결국 그는 잘 적응했다(pp.143-144).

또한 린드만은 정상적인 애도가 왜곡되었거나 병적인 애도 반응이라고 불렀던 사례도 언급했다.

32세의 젊은 남성은 집에 화재가 나서 가벼운 화상을 입고 치료를 받은 후 퇴원했다. 화재의 희생자에 대한 정신의학적 설문조사를 하기 전까지는 분명히 잘 회복되고 있었다. 5일째 되는 날, 그는 아내가 죽었다는 사실을 알게 되었다.
그가 아내의 죽음에서 받은 충격은 다소 줄어든 것처럼 보였다. 이후의 짧은 입원 기간 동안 그가 대단히 잘 관리된 모습을 보였다고 의사가 말했기 때문이다.
하지만 그의 가족은 1월 1일에 그를 다시 병원으로 데려왔다. 그는 집으로 돌아온 후에 가만히 있지 못했고 집에 있는 것을 싫어했다. 휴식을 취하기 위해 친척 집으로 여행을 떠났으나 쉬지 못했고, 불안한 상태에서 다시 집으로 돌아왔다. 그는 뭔가에 사로잡혀 있는 것 같았고, 두려움에 떠는 듯했으며, 어떤 계획된 활동에도 집중하지 못했다. 그의 정신 상태는 다소 특이해 보였다. 그는 안절부절못하고 가만히 앉아 있지 못했으며 병동 내의 어떤 활동에도 참여할 수 없었다. 그는 책을 읽으려고 했지만 몇 분 후에 그만두었고, 탁구를 하려고 했지만 잠시 후에 포기했다. 대화를 시작해 보려고 노력했지만 갑자기 중단하고 다시 반복적으로 중얼거렸다. "아무도 날 도울 수 없어. 언제 이 일이 일어난 거지? 이제 다 끝장이야, 안 그래?" 엄청난 노력을 기울인 다음에야 면담을 진행할 정도의 라포를 형성할 수 있었다. 그는 극도의 긴장감과 호흡곤란, 전반적인 쇠약함과 극심한 피로감, 뭔가 끔찍한 일이 일어나고 있는 것 같은 근거 없는 공포감을 호소했다. "나는 정신이 이상한 상태로 살 운명이거나 죽어야만 해요. 이게 신의 뜻이라는 것을 알아요. 끔찍한 죄책감이 들어요." 그는 이러한 강렬하고 비정상적인 죄책감을 품은 채 끊임없이 화재 사건을 되돌아보았다. 아내는 그의 뒤쪽에 있었다. 아내를 끌어내려고 하던 순간에 그는 기절했고, 사람들이 그를 밖으로 끌어냈다. 그가 구출되는 동안 아내는 불에 타고 있었다. "내가 아내를 구하거나, 아니면 같이 죽었어야 했습니다." 그는 엄청난 분노가 마음속에 가득 차 있다고 호소했고 어찌할 바를 몰라 했다. 그와 형성한 라포는 짧은 시간 동안만 지속되었다. 그 후에 그는 불안하고 중얼거리는 상태로 돌아갔다. 다량의 진정제를 투여했음에도 그는 제대로 잠을 자지 못했다. 4일 정도 지나면서 그는 다소 평정을 찾았고, 더 긴 시간 동안 정신과 의사와 만날 수 있게 되었으며, 자신이 이해받고 있고 이제는 병적인 죄책감과 폭력 충동을 다룰 수 있을지도 모른다고 느끼는 것처럼 보였다. 그러나 입원한 지 5일째 되는 날에 그는 담당 간호사를 교묘하게 따돌린 후 닫힌 창문을 열고 뛰어내려 사망했다(p.146).

이 사례에서 볼 수 있는 것처럼, 미해결된 애도 반응은 주요 정신과적 질병을 유발할 수 있다. 주요 정신과적 질병이 미해결된 애도의 결과로 나타날 수 있다는 점은 주목할 만하다. 이는 애도 반응이 병적이었거나 비정상적이었다는 말과는 다르다.

린드만이 설명한 바에 대해 좀 더 서술적이고 덜 낙인찍는 용어는 복합 애도 혹은 미해결된 애도일 것이다. 프리거슨 등(Prigerson et al., 1996)은 미해결된 애도의 증상이 별개의 차원을 형성한다는 의견을 지지하면서 복합(미해결된) 애도가 사별과 관련된 우울 및 불안 증상과는 다르다는 점을 발견했다. 호로위츠(Horowitz, 1998)는 우리가 애도를 불필요하게 병리화하는 것을 원하지 않으며 심지어 진단받을 필요가 없더라도 애도 과정을 잘 극복하기 위한 기회로 심리치료를 이용할 수 있다고 동의했다. 애도자는 때때로 극복할 수 없을 것 같은 과제와 씨름하는데, 대처하고자 하는 이러한 시도를 병적이거나 비정상적이라고 낙인찍는 것은 오히려 역효과를 낳는다. 이런 변인은 해결을 막거나 지연시킨다. 그래서 미해결된(unresolved)이라는 용어는 적절해 보인다. 여기서는 이 용어를 활용할 것이다.

미해결된 애도에 대한 존 볼비(John Bowlby, 1980)의 주요 범주 두 가지는 만성적인 애도와 애도의 장기적인 부재인데, 이는 정상적인 애도 반응의 과장된 형태로 여겨진다. 이러한 반응은 상실을 부정하고 고인에게 매달리기 위한 시도이다(Rando, 1993).

만성적인 미해결된 애도

만성적인 애도(chronic mourning)는 극심하고 지연된 반응으로 특징지을 수 있는데, 이는 애도의 초기 단계(1단계와 2단계)와 연관이 있다(4장). 2단계나 3단계는 완성될 수 없고 죽음의 수용은 일어나지 않는다. 애도의 첫 번째 단계에서는 애도자가 정상처럼 보이는 특정 행동을 반복함으로써 고인을 살아 있는 사람처럼 여긴다거나 최소한 상실의 현실을 부정하는 것처럼 보일지 모른다. 만성적인 애도를 예측할 만한 지표는 애도 과정의 초기에 나타날 수 있는데, 보통 첫 3주에서 6주 내에 발생한다. 상실 이후의 몇 주 동안은 애도 반응이 약하거나 나타나지 않다가 그다음에 강렬하고 지속적인 갈망, 죽음에 대한 고대, 지속적인 분노와 비통함, 광범위한 죄책감, 자기 비난이 나타난다(Parkes, 1975b; Bowlby, 1980에서 인용). 기념일이나 명절마다 나타나는 반응은 몇 년, 심지어 수십 년 동안 흔하게 계속된다. 그러나 이것 자체로는 만성적인 미해결된 애도라고 보지 않는다. 만성적인 미해결된 애도는 결코 만족할 만하게 해결되지 않는 끝없는 과제로 나타난다. 애도 주기에 대해 인지하고 있음에도, 애도자는 스스로 이를 해결할 수 없다는 것을 발견한다. 만성적인 애도 반응은 드물지 않고, 이를 해결하기 위해서는 일반적으로 전문적인 상담이 필요하다(Raphael & Middleton, 1990). 상담을 통해 고인이 사망했으며 적어도 이번 생에는 결코 살아오지 않으리라는 사실을 수용하기 혹은 고인에 대한 혼란스럽고 모호한 감정을 정리하기에 초점을 맞출 수 있다. 어떤 사람들은 여전히 마음속으로 간절히 바라기는 하지만 절대로 존재하지 않는 이상화된 관계의 상실을 다루고 수용하는 데 도움을 필요로 한다.

애도의 장기적인 부재

애도의 장기적인 부재(prolonged absence of grieving)를 보이는 애도자는 마치 아무 일도 일어나지 않은 것처럼 행동한다. 그러므로 수용할 죽음은 존재하지 않는다. 이 사람은 근본적으로 1단계에서 절대로 벗어날 수 없다. 비록 그가 이전처럼 기능하는 것처럼 보일지라도, 나중에 생리학적인 문제나 우울 증상이 나타날지 모른다.

애도의 장기적인 부재에 대한 단서는 찾기 어렵다. 자기 통제를 매우 가치 있게 여기는 문화에서는 겉으로 강하고 독립적인 것처럼 보이고자 하는 유혹이 있을 것이다. 억지 쾌활함, 철수, 위로를 비웃기, 다양한 수준의 감정 결여, 타인이 고인에 대해 이야기하지 못하게 하는 것, 신경이 날카로워짐, 성미가 급함, 두통이나 신체 통증, 불면증 같은 신체 증상 등이 의식적 애도(conscious grieving)가 부재한다는 지표이다(Bowlby, 1980).

애버릴, 파크스, 와이스, 라파엘(Averil, Parkes, Weiss, & Raphael)의 연구를 기반으로, 랜도(Rando, 1995)는 미해결된 애도의 다섯 가지 유형, 즉 억제된 애도, 지연된 애도, 갈등적인 애도, 예상치 못한 애도, 만성적인 애도를 추가했다.

억제된 애도(inhibited grief)는 정상적인 애도 과정에서 나타나는 많은 정상적인 반응을 억제하는 것을 말한다. 대신 그 자리에는 신체 증상과 질병이 나타난다. 애도의 고통을 직접적으로 경험하지 않는 애도자에게는 몇 가지 신체 증상이나 질병이 생길 수 있다. 그는 자신을 힘들게 하는 증상과 행동을 경험하지만, 그것이 상실과 관련이 있다는 점을 좀처럼 알아차리지 못한다. 지숙과 디볼(Zisook & Devaul, 1976)은 고인이 고통을 받았던 증상과 유사한 신체 증상을 경험한 몇몇 애도자의 사례를 보고했다. 이들은 이를 복제 질병(facsimile illnesses)이라고 표현했다. 또한 억제된 애도는 일탈적이거나 부적응적인 행동으로 나타날 수 있다. 애도자는 자신의 행동이 변화했다는 것을 알아차리려도 이를 자신이 겪은 상실과 연결 짓지 못할 수 있다.

지연된 애도(delayed grief)는 생존자가 당장 처리해야 한다고 느끼는 긴급한 (실제적이거나 지각된) 책무 때문에 혹은 지금은 상실을 처리할 수 없다고 느끼기 때문에 발생할 수 있다. 애도가 몇 년 동안 지연될지는 모른다. 하지만 또 다른 상실이나 기존의 상실과 관련된 사건으로 인해 애도 반응 전체가 촉발될 수 있다. 겔러(Geller, 1985)는 사고로 여러 명의 자녀를 잃은 한 여성의 이야기를 통해 오래 지연된 애도 반응의 예를 제시했다. 그 여성은 당시 임신한 상태였고 상실로 인한 고통이 태아에게 위협이 될 수 있으니 지나치게 속상해 하지 말라는 의사의 조언을 들었다. 그녀는 의사의 조언을 유념했고 애도는 지연되었다. 세월이 흐른 뒤에 막내가 집을 떠났을 때, 그녀는 극심한 애도 반응을 경험했다.

갈등적인 애도(conflicted grief)는 정상적인 애도 과정에서 나타나는 하나 이상의 행동을 과장하는 반면 다른 것을 억압하는 것과 관련된다. 분노와 죄책감은 흔한 두 애도 반응 유형이다. 이런 유형의 애도 반응에서는 분노와 죄책감이 지속되는 반면 정상적으로 발생하는 다른 감정은 나타나지 않는다. 불안은 상실에 대한 또 다른 흔한 반응이다. 이는 때때로 과장되어서 공황 발작과 공포증으로 경험된다. 이 불안의 기저에는 고인과의 관계와 관련된 생존자의 모호한 감정이나 죄책감에 대한 무의식적인 감정 같은 것이 존재할 수 있다. 알코올이나 약물 문제가 생길 수도 있고 기존의 문제가 악화될 수도 있다. 이는 일종의 스스로를 치료하려는 시도이다. 또한 이러한 애도 반응의 유형에는 상실에 의해 발생하는 주요 정신장애가 포함될 수 있다. 앞서 언급한 린드만의 병적 애도 사례가 이에 해당한다.

예상치 못한 애도(unanticipated grief)는 예상치 못한 상실에 대한 반응으로 발생한다. 상실은 느닷없이 찾아오는데, 이는 애도자의 적응 능력을 압도할 정도로 매우 강력하다. 흔히 "나는 이 일이 일어났다는 것을 알지만 믿을 수가 없어요." 같은 표현을 쓴다. 이는 발생한 일에 대한 불가해성을 반영한다. 상실을 받아들이는 것은 매우 어렵다. 그리고 죽음이 일어났다는 사실을 지적으로 자각하는 것과 상관없이 이해할 수 없는 상태가 계속된다.

만성적인 애도(chronic grief)는 명칭이 내포하고 있듯이 상실의 초기 단계에서 기대되는 강렬한 슬픔을 죽음 이후에 오랜 시간이 지난 후에도 지속적으로 경험하는 것이다. 애도 과정의 완성은 있을 수 없다. 애타게 그리워하거나 극도로 갈망하는 것이 이러한 애도의 증상이다. 애도자가 남다르게 정서적인 투자를 했던 관계나 대체 불가능한 관계를 상실한 것을 잘 견디고 있다고 느끼는 극히 의존적인 관계와 관련되었을 수 있다.

단축된 애도(abbreviated grief)는 종종 미해결된 애도 가운데 하나로 오인된다. 사실 비록 오래가지 못하더라도 이는 정상적인 애도 경험인데, 주로 상실한 애착 대상을 재빨리 대체하면서(예를 들어, 배우자가 사망한 다음에 바로 재혼하는 것) 애도가 단축되거나 짧아진다. 또한 예기 애도는 실제의 죽음에 앞서 충분히 애도하는 데 한몫할 수 있다. 고인에 대한 애착의 결여나 불충분한 애착도 애도하는 데 필요한 시간을 늘리거나 단축하는 하나의 요인일 수 있다. 만약 실제로 배우자, 부모, 주요 타인에 대한 애착이 거의 혹은 전혀 없다면, 애도가 불필요하므로 최소화될 것이다.

미해결된 애도의 증상

시긴스(Siggins, 1966)는 정상적인 애도와 미해결된 애도를 구분하는 세 가지 주요 변인이 있다고 주장했다. 이러한 변인은 정상적인 애도 반응의 부재, 정상적인 애도 반응의 장기화, 정상적인 애도 반응의 왜곡이다. 린드만(1944)과 래저(Lazare, 1979), 워든(Worden, 1991)은 미해결된 애도의 증상을 확인했다. 이 증상은 극심한 애도 단계에서는 두드러지지 않을 수 있다. 하지만 증상이 예상된 시간을 넘어 지속되면 미완성된 애도의 징후가 된다. 애도자가 더 많은 증상을 보일수록 애도는 더 해결되지 않는 것 같다.

린드만(1944)은 미해결된 애도와 관련된 다음과 같은 증상에 주목했다.

- 목적이 없는 과도한 활동
- 고인이 마지막으로 앓았던 질병의 증상을 보임
- 신체화 증상으로 인한 실제 질병의 발생
- 친구·친척과의 관계 변화
- 죽음과 관련된 특정인을 향한 맹렬한 적대감
- 감정이 없는 정신분열증적 반응과 유사하고 적대감을 숨기는 경직되거나 형식적인 행동
- 사회적 상호작용 방식의 지속적인 상실
- 자신의 사회적·경제적 생활에 해로운 행동(예를 들어, 재산 기부나 어리석은 경제적 결정)
- 긴장 불안, 불면증, 무가치감, 혹독한 자책, 처벌에 대한 욕구, 자살 경향성을 동반한 초조성 우울증

래저(Lazare, 1979)는 미해결된 애도의 진단 기준을 개발했다. 죽음으로 인한 상실 이후에 아래의 증상 중 하나 이상이 6개월에서 1년 이상 지속되는 경우가 이에 해당한다. 증상의 수가 많을수록 미해결된 애도일 가능성이 높다.

- 사망 이후의 다양한 강도의 우울 증상. 흔히 지속적인 죄책감과 낮

은 자존감을 동반한 매우 가볍고 준임상적인 증상임
- 애도 작업을 회피하거나 어려워한다는 것을 암시하는 지연되거나 장기화된 애도 이력
- 죄책감과 자책감, 공황 발작, 숨이 막히는 듯한 기분과 숨 가쁨 같은 공포에 대한 신체적 반응
- 고인과의 동일시를 나타내는 신체 증상. 종종 불치병의 증상이 나타남
- "안에 무언가가 콱 막혀 있어요." 혹은 "내 안에 악마가 있는 느낌이에요."라고 표현하면서 흉골의 윗부분에서 신체적 고통을 느낌
- 마구잡이로 움직이거나 안절부절못하고 여기저기 돌아다니면서 시간이 지나도 고인을 계속 찾는 행동
- 고인의 기일, 생일, 명절(특히 성탄절) 같은 특정일에 우울 증상과 찾기 행동의 재발. 정상적으로 기대되는 기념일 반응보다 극심함
- 상실 사건이 몇 달 전이나 몇 년 전에 발생했음에도 바로 어제 일어난 것 같은 느낌
- 적절한 시간이 지난 후에도 고인의 유품을 옮기려고 하지 않음
- 죽음 이후 관계의 변화
- 장례 문화의 일부인 종교적·의식적 활동에 잘 참여하지 않음. 묘지를 방문하거나 장례식에 참여하는 것을 회피하는 행동을 포함함
- 눈물을 흘리거나 목소리가 쉬지 않고는 고인에 대해 이야기할 수 없음. 특히 사별한 지 1년 이상의 시간이 지나도 이러한 현상이 지속됨
- 상실을 주제로 삼음

워든(1991)은 다음과 같은 증상을 제시했다.

- 항상 강렬한 애도를 경험하면서 고인에 대해 이야기함
- 상대적으로 가벼운 사건에 의해 주요 애도 반응이 촉발됨
- 반복적인 주제로서의 상실
- 적절한 기간이 지나도 고인의 유품을 옮길 수 없음
- 죽음 후의 가짜 행복감 혹은 장기간의 준임상적 우울증 이력
- 고인을 모방하고자 하는 강박적 충동을 유발하는 고인과의 과잉 동일시. 특히 무의식적이고 애도자가 능숙하게 할 수 있는 행동이 아닌 경우임
- 한 해의 다양한 시점에 느끼는 원인 모를 슬픔. 이는 고인과 함께 보낸 명절이나 특별한 날과 일치할 수 있음
- 자기 파괴적인 충동
- 삶의 방식의 급격한 변화
- 고인과 연관된 친구들이나 가족 구성원 혹은 활동을 차단함
- 묘지, 죽음과 관련된 의식이나 활동에 참여하는 것을 회피함
- 질병과 죽음에 대한 두려움

이 목록이 전부를 포괄하는 것은 아니라는 점을 기억할 필요가 있다. 또한 시간이 지나면서 새로 생기는 경험과, 애도자와 고인의 고유한 상황 맥락 안에서 증상이 갖는 상대적 중요성을 평가하는 데 사용할 수 있는 경험을 대신할 수 있는 것은 없다.

미해결된 애도와 연관된 요인

우리는 앞 장에서 다양한 심리적·사회적 요인이 정상적인 애도 반응에 중요한 영향을 미친다는 것을 살펴보았다. 몇 가지 동일한 요인은 복합 애도나 미해결된 애도에 영향을 미친다.

심리적 요인

사람들을 충분히 애도하지 못하게 하는 가장 흔한 관계 유형은 표현되지 않은 적대감과 결부된 극심한 양가감정(ambivalence)이 있는 관계이다. 삶에서 미해결된 양가감정과 관련된 어려움은 현재에도 지속되면서 애도를 방해한다. 분노와 죄책감은 삶에서 그랬듯이 애도 과정에서도 적응의 어려움과 문제의 원인이 될 수 있다.

볼비(1980)는 높은 수준의 의존성이나 양가감정을 가진 관계는 더 복잡한 애도 반응을 보이는 경향이 있다고 제안했다. 이러한 관계 유형에서 애도자는 자신을 견뎌 내게 하는 강점의 원천을 상실하며, 그 결과로 압도적인 유기감과 무력감을 경험한다. 무력감과 자기 개념의 상실은 건강한 애도 감정을 압도하는 경향이 있다(Horowitz et al., 1980). 의존적인 관계에서 각 구성원은 타인에게서 정체감의 중요한 부분을 얻는다. 양가적이거나 분노하는 관계를 결합하는 끈은 일종의 외로움에 대한 두려움이다. 이 두 가지 경우에서, 타인이 사망했을 때 남겨진 사람은 "심리적으로 접촉함으로써 자기 참조를 부분적으로 할 수 있었던 사람의 부재로 인해 자기 인식이 어려워진다. 죽음에 대한 역기능적인 반응은 자기 인식의 왜곡과 연관될 것이다."(Rynearson, 1990a, p.301) 이러한 반응은 만성적인 애도에서(Bowlby, 1980; Conway, 1988; Parkes, 1990; Rando, 1993; Raphael,

& Middleton, 1990; Rynearson, 1987; Zisook, Shuchter, & Lyons, 1987) 미라화, 심지어 자살 행위까지(Bowlby, 1980) 역기능적인 행동으로 드러날 수 있다.

또한 개인마다 애도 경험과 반대되는 독특한 사고방식 같은 특이한 요인이 존재한다. 몇몇 사람들은 자신이 상당히 분석적이고 냉정하다는 점을 자랑스럽게 여긴다. 어떤 사람들은 감정을 회피하도록 사회화되었고, 어떤 사람들은 애도와 관련된 감정을 한 번 느끼면 절대 멈출 수 없으리라는 두려움을 느낀다. 그 이유와 상관없이, 감정을 회피하는 것은 정상적인 애도 과정을 방해하고 미해결된 애도를 유발한다는 사실이 일반적으로 수용되고 있다.

마지막으로, 성격 요인도 애도자가 감정적 고통에 얼마나 잘 대처하는지 혹은 그렇지 못한지와 관련이 있다. 극도의 정서적 고통을 감내하지 못하면 방어적인 철수를 하고 애도 과정을 미리 차단할 수 있다. 시모스(Simos, 1979)는 복합 애도 반응과 관련하여 다음과 같이 기술했다.

애도를 해결하기 위해서는 실존적 상실에 직면했을 때 보편적으로 느끼는 무력감을 경험해야 한다. 그러므로 주요 방어기제로 무력감을 회피하는 사람들은 애도에 역기능적으로 반응하는 경향을 보일 수 있다. 얼핏 보기에 가장 유능하고 정상적으로 기능하는 사람들도 중대한 상실로 인해 자신의 핵심 방어체계에 타격을 받으면 매우 큰 충격을 받을 수 있다(p.170).

상황적 요인

상실을 둘러싼 상황적 요인은 애도 과정의 완성을 가로막거나 어렵게 할 수 있다. 상실의 불확실성, 즉 사람이 정말로 죽었는지 알지 못하면 충분히 슬퍼하지 못한다(예를 들어, 시신이 발견되지 못한 전투 중 행방불명 목록에 오른 군인, 재난 희생자, 실종된 아이). 죽음의 확실한 증거가 발견되지 않으면 애도가 해결되지 않을 수 있다. 속담에서 말하듯이, 희망은 늘 샘솟는다. 상실의 최종적인 증거가 없는 상황에서는 특히 그러하다. 수용할 만한 실제 현실이 없이는, 대다수의 사람들이 미해결된 애도를 회피하기는 불가능할 것이다.

여러 상실이 발생한 상황(예를 들어, 오클라호마 폭탄테러, 9·11테러)은 관련된 상실의 규모만으로도 애도를 어렵게 할 수 있다. 여러 상실이 연이어서 발생하면 애도자가 감정을 완전히 차단해 버리기 쉽고, 때로는 그럴 필요도 있다.

주요 우울증 같은 정신질환 내력이 있으면 충분한 애도 반응을 억제하거나 심지어 가로막는 문제에 취약할 수 있다. 또한 일찍 부모와 사별한 내력이 있으면 애도 과정에 영향을 미칠 수 있다. 이와 비슷하게 불충분한 양육과 관련된 불안정성도 영향을 미칠 수 있다. 마지막으로, 과거에 복합 애도를 경험한 사람들은 똑같거나 다른 요인 때문에 상실 이후에 다시 문제를 일으킬 가능성이 많은 것으로 보인다.

심리적 요인과 상황적 요인의 영향은 스콧과 화이트(Scott & White) 클리닉과 메모리얼 병원에서 진행된 극심한 애도의 예측 변수에 대한 연구에 의해 뒷받침되었다. 가미노, 시웰, 이스터링(Gamino, Sewell, & Easterling, 1998)은 세 가지 요인인 고인의 연령(어릴수록), 관계의 질(갈등적인지, 양가적인지, 과도하게 의존적인지), 애도자의 취약성(정신건강 문제의 내력)이 더 큰 애도의 고통과 연관이 있다는 점을 발견했다.

사회적 요인

애도는 슬픔의 외적인 표현이다. 그리고 사회적 환경은 애도자가 지지와 강화를 받을 기회를 제공한다. 래저(1979)는 애도 과정에서 문제를 일으키는 세 가지 사회적 조건을 열거했다. 사회적으로 목소리를 낼 수 없는 경우, 사회적으로 부정되는 경우, 사회적 지지망이 없는 경우이다. 윌리엄 제임스(William James, 1890)는 다음의 글에서 우리가 갖고 있는 사회적 인정에 대한 욕구와 이러한 성향이 초래하는 결과에 대해 썼다.

우리는 사람들이 보이는 곳에 있는 것을 좋아하는 사교적인 동물일 뿐만 아니라 우리의 종에 유리하도록 스스로를 주목받게 하려는 선천적인 경향성을 지니고 있다. 개인이 사회 내에서 버려지거나 사회 구성원으로부터 전적으로 무시당하는 것과 같은 신체적으로 지독한 처벌이 고안되어서는 안 된다(p.292).

도카(Doka, 1995)는 한 개인이 상실을 경험하고도 사회적으로 애도할 권리와 역할, 역량을 인정받지 못하는 상황이 있다는 데 주목했다. 그는 이러한 상황을 박탈된 애도(disenfranchised grief)라고 설명했다. 그는 박탈된 애도를 상실을 공적으로 인정받지 못하거나 공개적으로 애도하지 못하거나 사회적으로 지지를 받을 수 없거나 받지 않는 상황에서 개인이 경험하는 애도로 정의했다. 이러한 사회적 인정이나 지지의 부족은 대부분 불문율에 근거를 둔다. 하지만 애도를 누가, 언제, 어디서, 누구에게, 얼마나 오래 할 수 있는지, 어떤 애도 행위와 의식을 할 것인지를 나타내는 사회적 기준은 수용될 수 있다. 인사정책처럼 애도에 관한 일부 규칙은 문서화되었다. 이러한 규칙은 사망 이후에 얼마나 오래 그리고 누구에게 어느 정도의 시간적 말미를 허용할 수 있는지를 결정한다. 이러한 성문화된 유형은 사회에 스며들어서 누구를 애도하는지, 한 개인이 어떤 상황에서 애도할 만한 정당하거나 인정받는 권리를 갖는지를 정의하는 기능을 한다. 도카는 어떤 사회에서는 이러한 규칙이 애착의 본질, 상실감, 애도자의 경험과 부합하지 않을 수 있다고 지적했다. 그 결과로 애도가 박탈된다. 그는 세 가지 이유 때문에 애도가 박탈될 수 있다고 했다. 고인과의 관계를 인정받지 못하는 경우, 상실을 인정받지 못하는 경우, 애도자가 인정받지 못하는 경우이다.

우리 사회에서 가족과 그들의 역할, 관계는 무엇보다도 중요하다. 여기에서의 기본 전제는 가족 관계가 가장 친밀한 애착 형태이고 다른 사람들과의 관계는 그에 비해 약한 애착 형태라는 것이다. 그러므로 가족 이외의 사람들은 같은 애도 경험을 한다고 해도 이해되거나 인정받거나 수용되지 못한다. 이처럼, 이들은 공개적으로 애도할 기회를 갖지 못하거나 사회적 지지를 받지 못할 수 있다. 가족이 아닌 사람들의 역할은 일반적으로 가족 구성원에게 지지만을 제공한다는 맥락에서 정의된다.

또한 하나 이상의 이유로 인해 공개적으로 인정받지 못하는 관계도 있다(예를 들어, 혼외 관계, 동성애자임을 숨기는 사람, 반려동물). 주로 과거에 존재했던 다른 관계에서도 상실에 영향을 받고 애도를 경험하지만 공개적으로 인정받지 못한다(예를 들어, 과거의 배우자나 연인, 제대로 연락하지 못하고 지낸 친구들). 만일 그 관계를 공개적으로 인정받지 못한다면, 상실했다는 사실을 지각하더라도 특별히 의미가 있는 애도 반응을 보여서는 안 된다.

또한 사회는 무엇이 사회적으로 중요하고 그래서 어떤 상실이 인정될 수 있는지에 대한 규칙을 가지고 있다. 출산 전후에 아기를 잃으면 때때로 극심한 애도 반응을 보인다. 그러나 많은 이들에게는 상대적으로 사소한 일로 지각될 수 있다. 낙태도 그 당시나 몇 년 후에 심각한 상실로 여겨질 수 있는데, 그럼에도 이 상실 또한 인정받지 못할 수 있다.

앞 장에서 서드노(Sudnow, 1967)는 우리에게 여러 유형의 죽음(사회적, 심리적, 생물학적, 생리학적)을 소개했다. 각 유형의 죽음에서 애도자는 깊은 상실감을 경험한다. 그러나 그 상실은 공개적으로 인정받을 수 없다. 1장에 나온 X씨 부부의 이야기를 기억해 보라. 비록 심리적일지라도 부인은 남편을 잃었다고 인식함으로써 그의 심리적 죽음을 경험했다. 이 상실은 공개적으로 인정되지 않는다. 비록 아내가 그런 증상을 비슷하게 느꼈더라도, 남편의 생리학적 죽음 당시에 경험한 상실은 사회적으로 인정되지 않는다. 사회적으로 유의미하다고 수용된 정의를 충족시키지 못한다면, 상실을 공개적으로 인정받지 못할 수 있다.

마지막으로, 누가 애도할 능력이 있고 그래서 누가 애도자로 인정받는지를 좌우하는 사회적 규칙이 존재한다. 아주 어린아이들은 죽음에 대해 거의 파악하지 못하거나 이해하지 못하기 때문에 중요한 타인에 대해 주목할 만한 애도 반응을 보이지 않는다고 종종 여겨진다. 그래서 결과적으로 애도 과정에 수반되는 여러 의식에서 배제된다. 비슷하게, 정신장애를 가지고 있는 사람들도 무슨 일이 일어났는지 이해할 수 없다고 여겨질 수 있고 애도 과정에서 배제된다.

애도자를 상담하는 사람들은 권리를 박탈당한 애도에 대한 많은 사례를 접할 것이다. 특별한 유형의 상실을 애도하는 것에 관해 기술한 7장에서 이 주제에 대해 더 논의할 것이다.

미해결된 애도를 평가하고 상담하기

정상적인 애도에 관한 장에서 살펴본 바와 같이, 정상적이든 복합적이든 (미해결된) 애도상담의 목표는 애착 및 분리와 관련이 있는 갈등을 해소하는 것, 그리고 애도와 관련된 과제를 완성하는 것이다. 이는 애도자가 회피하고 있는 생각과 감정을 경험하기를 요구한다. 이러한 경험을 좀 더 쉽게 하기 위해서는 애도자에게 애도를 허락해야 한다. 미해결된 애도에 대한 사례에서, 많은 생각이나 감정은 낯설고 본질적으로 허용되지 못하거나 나쁜 것으로 경험될 수 있다. 그래서 실제로 존재하지만 이전까지 인정받지 못했거나 수용되지 못했거나 사회적으로 수용되지 않는 것처럼 보였던 경험을 하기 위해서는 애도를 허락해야 한다(반드시 구두로 허락받지는 않음). 이를 위해서 상담자는 반드시 애도자의 목 멘 소리를 들어야 하고 안면 근육이 떨리거나 눈물이 고이는 모습 혹은 다른 뚜렷한 징후를 보아야 한다. 이 중요한 순간에 애도자는 이전에 부정했던 생각과 감정을 허용하고 받아들일 수 있는(허락해 주는) 자기 자신과 상담자의 능력을 평가하기 시작할 것이다. 만일 상담자가 애도자의 어려움을 정확히 인지하고 공감한다면, 애도 과정을 경험하기 시작할 수 있다. 그리고 만약 다른 요인이 나타난다면, 애도자는 받아들인다.

상담은 명백히 권위적인 상호작용이 아니다. 그러나 상담자 자신의 이론적 지향의 틀 안에서 적용된 계획의 역동에 대해 이해하는 것은 유용하다. 라파엘(Raphael, 1983)은 치료를 위한 평가에 대해 약술했다. 이것의 목적은 정보를 제공하는 것뿐만 아니라 정서 표현을 용이하게 함으로써 애도 과정을 촉진하는 것이다. 질문과 그것의 목적을 간략하게 제시하면 다음과 같다.

- 저에게 그 죽음에 대해 조금만 이야기해 줄 수 있나요? 그날 무슨 일이 일어났나요?
  관련된 질문: 그 죽음에 대해 어떻게 알게 되었나요? 사랑하는 사람이 죽었을 때 당신은 어디에 있었나요?

이러한 질문을 통해 애도자는 그 주제에 마음을 열고 상실에 대해 이야기할 수 있다. 그리고 더 나아가 죽음의 본질과 상황에 관련된 정보, 죽음을 예상했는지 아니면 예기치 못했는지에 관한 정보도 얻을 수 있다. 죽음에 대해 이야기하는 애도자의 능력과 정서적 반응의 유용성이 분명히 나타날 것이다. 부인과 다른 연관된 방어기제나 대처기제가 나오기 시작할지도 모른다. 또한 죄책감, 책임감, 비논리적 사고도 나타날 수 있다.

- 당신이 사랑했던 사람에 대해 말해 줄 수 있나요? 사랑했던 사람과의 관계에 대해 말해 줄 수 있나요?

이러한 질문을 통해 상담자는 고인의 이력과 애도자가 그와 맺었던 관계에 대해 알 수 있다. 상담자는 관계의 질, 기대감(실제적인 기대감과 이상적인 기대감), 욕구(독립성과 의존성과 관련된), 갈등, 감정 표현을 관리하는 규칙, 관계의 다른 측면에 관한 정보에 귀를 기울여야 한다. 내용과 정서(슬픔이나 슬픈 기억과 관련된 눈물) 사이의 일치 정도뿐만 아니라 관계 이력은 양면적이거나 갈등적인 감정의 존재에 대한 단서가 될 것이다. 마지막으로 애도 경험과 관련된 정서를 평가할 수 있는데, 이는 애도 과정의 해당 영역에서 애도자의 진전 상태를 나타낼 것이다.

- 그 죽음 이후에 어떤 일이 일어나고 있나요? 당신과 가족, 친구들은 어떻게 지내고 있나요?

이러한 질문을 통해 애도 과정에 영향을 줄 수 있는 사회문화적 기준뿐만 아니라 가족과 사회적 상호작용의 패턴(사회적 지지의 유용성)에 대해 탐색할 수 있다. 고인을 포함한 사회적 맥락에 귀를 기울이면 돌이킬 수 없는 상실을 받아들이는 것에 대해 평가하는 데 도움이 될 수 있다.

• 최근이나 상실하기 이전에 다른 힘든 일을 겪었던 적이 있나요?

이 질문을 통해 애도에 영향을 미칠 수 있는 이전의 상실이나 추가적인 최근의 상실에 대해 평가할 수 있다. 정상적인 상실뿐만 아니라 박탈된 상실이 있었을 가능성도 탐색해야 한다.

워든(1991)은 미해결된 애도를 위한 상담에 포함되는 9개의 절차에 대해 약술했다.

① 육체적 질병을 배제하기
② 계약을 수립하고 치료 동맹을 형성하기
③ 고인에 대한 기억을 되살리기
④ 끝마치지 못한 애도 과제를 평가하기
⑤ 기억에 의해 자극되는 효과(혹은 결핍)를 다루기
⑥ 연결 대상을 탐색하고 약화시키기
⑦ 상실의 마지막을 인정하기
⑧ 애도 종결에 대한 환상을 다루기
⑨ 애도자가 마지막 인사를 하도록 돕기

각각의 절차에 대해 자세히 살펴보자.

육체적 질병을 배제하기

만일 애도자가 신체 증상(우울을 포함)을 보인다면, 육체적 질병을 배제하는 것이 중요하다. 신체 증상이 애도와 함께 나타날 수 있다는 점은 사실이다. 그러나 갑상선기능저하증 같은 육체적 질병은 우울 증상과 함께 나타날 수 있다. 모든 신체 증상을 먼저 의학적으로 감별한 후에 애도와 관련된다는 결과가 나오면 상담을 진행해야 한다.

계약을 수립하고 치료 동맹을 형성하기

애도자와 고인의 관계를 재탐색하기 위해 구체적인 계약을 만든다. 계약은 이 노력이 정말로 도움이 될 것이라는 믿음을 강화하고 타당성을 제공하며 정해진 목표를 성취하기 위해 애도자와 치료 동맹을 형성하는 도구 역할을 한다.

고인에 대한 기억을 되살리기

애도자는 반드시 고인에 대해 이야기해야 한다. 고인이 누구였는지, 어떤 사람이었는지, 애도자가 고인과 함께하기를 즐겼던 것은 무엇이었는지에 초점을 맞춰야 한다. 긍정적인 기억에서 시작하면 저항을 덜 받는 경향이 있는데, 이는 애도자가 이후에 고인이나 그와의 관계에 대한 부정적인 특성을 인정할 때 지지하고 균형을 잡아 주는 역할을 하기 때문에 도움이 된다. 만약 애도자가 주로 부정적인 기억을 이야기한다면, 과정을 역으로 할 수 있다.

여러 상실을 경험해 온 애도자의 경우, 각 상실을 분리해서 다뤄 줄 필요가 있다. 저항을 최소화하기 위해서는 가장 복합적이지 않은 상실을 먼저 다루고 그다음에 더 복합적인 관계나 변형으로 옮겨 가는 것이 도움이 된다.

끝마치지 못한 애도 과제를 평가하기

이 평가를 통해 초점을 맞추어 상담 개입을 할 수 있다. 만일 상실의 현실을 수용하는 첫 번째 애도 과제를 끝마치지 못했다면, 상담의 초점은 죽음의 현실을 수용하고 고인을 떠나보내는 데 맞춰진다. 이는 동시에 여러 가지 문제를 드러낼 수 있고 애도의 고통을 헤쳐 나가는 두 번째 과제를 포함할 수 있다. 상실을 인정하면 종종 견딜 수 없는 즉각적인 고통이 찾아온다. 만약 이런 일이 일어난다면, 고통에서 벗어나고자 상실을 부정하는 것이 애도자의 대처 전략일 수 있다. 이 단계에서는 애도자가 진전했다가 뒷걸음쳤다가 하는 모습을 보인다. 이런 경우에 상담 개입은 마음이 천천히 조심스럽게 드러날 때까지 양파를 한 꺼풀씩 벗기듯이 이루어질 것이다.

상실을 받아들이기는 했으나 상실과 관련된 감정을 수용하지 못한 경우에는 갈등적이거나 양가적인 감정을 의심해 보아야 하고 세심하게 균형을 잡아야 할 필요가 있을 것이다. 궁극적인 목표는 아마도 고인과 애도자의 관계의 재정립일 것이다.

고인이 사라진 환경에 적응하는 세 번째 과제의 어려움은 애도자가 무엇을 상실했는지를 정의하고 새로운 역할을 맡으며 무력감을 극복하도록 돕는 것과 관련될 수 있다. 문제해결이 주요 초점이 될 것이다. 이는 적절한 시간에 상담이 진전되었는지 측정할 수 있는 지지적인 환경에서 이루어진다. X씨의 부인에게는 다양한 대인관계 기술과 일상과 관련된 활동을 처음 배우고 재학습하는 것이 애도 작업의 주된 과제였다. 그녀와의 상담에는 새로운 자기 정체성을 발달시키는 어려운 과제도 포함되었다. 이를 통해 그녀는 스스로와 씨름하여 '나'로서의 자신을 확고히 했다. 자기 가치감에 대한 의문, 미래에 대한 의심, 새로 찾은 자율성과 관련된 두려움이 이러한 과제를 수행하는 데 수반된 어려움이었다.

애도의 네 번째 과제인 삶을 이어 나가는 것은 때때로 의리를 지키지 않은 것으로 비춰진다. 물론 마지막 인사를 하고 상실의 마지막을 수용하는 것은 상징적인 이야기일 수 있다. 애도자는 애도를 그만해도 좋다는 허락과 계속 살아나갈 이유를 필요로 할 수 있다. 달리 의미가 없는 상황에서 애도자가 의미를 찾도록 도와준 경우를 다음의 예에서 확인해 볼 수 있다.

P라는 노인은 50년 이상 함께 산 아내의 사망 때문에 내담했다. 예상대로 P씨는 심한 우울증을 겪고 있었고, 그의 가족은 상담이 도움이 될 것이라고 생각했다. 나는 그와 이야기하면서 그가 돈을 벌고 아내는 아내이자 엄마 역할을 하는 전통적인 결혼생활을 했다는 사실을 알았다. 나는 상담 과정에서 P씨에게 아내가 아니라 그가 죽었다면 어떤 일이 생겼을지에 대해 물어보았다. 그는 얼마나 끔찍한 일이 벌어졌을지에 대해 그리고 자신이 부재함으로써 아내가 혼자 직면했을 모든 힘든 시련과 고난에 대해 설명했다. 그의 설명에 비추어, 나는 아내가 먼저 죽은 것은 선물이었다고 말했다. 그러나 내가 지적한 바와 같이 선물은 대가 없이 오지 않는다. 그 대가는 지금 그가 느끼는 애도와 비탄뿐만 아니라 아내가 아닌 그가 그 힘든 시련과 고난을 견뎌야만 한다는 것이다. 이는 P씨에게 참신한 생각이었고 자신의 운명을 받아들일 수 있는 이유가 되었다. 더 나아가서 그는 자신의 고통을 아내에게 줄 수 있는 마지막 사랑의 선물로 여길 수 있게 되었다. 다음에 만났을 때, 나는 P씨에게 아내라면 그가 어떻게 살기를 바랐을 것 같은지 물어보았다. 이번에도 그는 자신의 계획과 아내와 함께 즐겼던 것에 대해 말했다. 나는 그런 것을 경험할 수 없는 아내에 대해 어떻게 느끼는지 물었다. 그는 아내가 할 수 있으면 좋았을 것이라고 자연스럽게 대답했다. 나는 아내가 함께할 수 없기 때문에 남아 있는 사람으로서 그가 아내에게 바랐던 앞서 언급한 기회를 잡아야 한다고 말했다. P씨는 나의 도움을 받아 왜라는 질문에 대한 답을 찾고 다시 자신의 삶으로 돌아갔다.

기억에 의해 자극되는 효과(혹은 결핍)를 다루기

애도자는 시작 단계에서 고인에 대해 이야기할 때 "이제까지 살았던 사람 가운데 최고"라고 설명한다. 이러한 설명은 표현되지 않은 분노나 다른 갈등적인 감정이 존재함을 암시할 수 있다. 애도자는 고인이 그랬으면 하고 바라거나 고인을 이상화한 것을 회상하고 있을 수 있다. 애도자가 이런 방식으로 고인에 대해 설명하도록 허용하고 경청하는 것은 중요하다. 애도자가 고인에게 가지고 있던 분노나 갈등적인 감정을 점진적으로 탐색하게 해 주기 때문이다. 고인에 대한 기억에서 촉발된 감정의 존재나 부재를 다룰 때에는 메스로 해야 할 일에 정글용 큰 칼을 사용하지 말아야 한다는 점을 기억하라.

연결 대상을 탐색하고 약화시키기

여기서 연결 대상(linking objects)은 애도자가 고인과의 관계를 유지하기 위해 남겨 둔 상징적 대상으로 정의된다. 일반적으로 말하면, 워든은 연결 대상이 실제의 상실을 부정함으로써 애도가 효과적으로 해결되는 것을 방해한다고 본다. 연결 대상은 매우 귀중하게 여겨지며 이것의 행방을 언제나 알고 있어야 한다. 연결 대상은 유품이나 기념품보다 훨씬 더 많은 의미를 갖는다. 연결 대상을 상실하면 애도자는 몹시 불안해한다. 연결 대상은 어린아이가 부모의 곁을 처음 떠나 세상을 탐색할 때 의지하는 이행 대상(transitional objects)과 비슷하게 보일지 모른다(예를 들어, 아기 담요나 봉제 인형). 볼칸(Volkan, 1972, 1973)은 연결 대상의 개념을 정의했는데, 애도가 제대로 이루어지지 않는 데 한몫하는 것으로 보았다.

애도자는 때때로 무생물 대상에 자신과 고인을 연결해 주는 상징성을 부여한다. 애도자는 대체로 대상과 자신이 부여한 상징성에 대해 자각하지만 그 의미를 모두 이해하지는 못한다. 볼칸(1972)은 연결 대상이 네 가지 범위 가운데 하나에서 선택된다는 점에 주목했다. 네 가지 범위는 (1) 고인의 몇 가지 유품, 예를 들어 시계나 보석 같은 고인이 착용했던 것, (2) 고인이 자신의 감각을 확장시켰던 것, 예를 들어 시각을 확장시킨 카메라, (3) 고인의 표상, 예를 들어 사진, (4) 죽었다는 소식을 들었을 때나 애도자가 시신을 보았을 때 시신의 손에 들고 있던 것이다. 볼칸은 이러한 유형의 연결 대상은 불안을 통제하기 위해 사용되고 상실을 넘어서는 '승리 토큰(token of triumph)'을 제공한다고 믿는다. 마치 두 개인이나 둘 중 일부의 표상이 연결 대상을 사용함으로써 합쳐지는 것처럼, 연결 대상은 애도자와 고인 사이의 심리적 경계선을 모호하게 한다.

볼칸(1972)은 죽은 아내와 함께 특별히 이름을 지어 주었던 작은 봉제 인형을 연결 대상으로 삼았던 한 환자에 대해 기술했다. 그 환자는 특히 여행을 하면서 그 인형을 꼭 지니고 다녔다. 한번은 출장에서 돌아오면서 인형을 잃어버렸다. 그는 극심한 공포와 절박함에 사로잡혀서 잃어버린 인형을 찾으려고 자동차 좌석과 카펫을 들춰 보았다. 결국 인형을 찾지 못했고, 그는 인형을 잃어버린 뒤에 수많은 치료 회기를 거치면서 자신의 불안을 중점적으로 다루게 되었다.

애도자에게 아끼는 물건이나 대상에 대해 물어보는 것은 중요하다. 그리고 만일 뭔가를 연결 대상으로 사용하고 있다고 여겨지면, 그 연결 대상을 논의와 관심의 중심에 두어야 한다. 그럼으로써 애도를 더 촉진할 수 있다. 연결 대상을 약화시킨다는 것은 그것을 더 이상 원치 않거나 간직하지 않는다는 것을 의미하지 않는다. 그보다는 더 이상 편안함의 원천으로서가 아니라 그것이 상징하는 행복한 기억으로 간직된다.

워든은 연결 대상이라는 용어를 사용함으로써 상실과 고인과 애도자의 궁극적인 분리를 부인하는 기능을 하는 대상을 주목하게 했다. 모든 '연결' 대상(예를 들어, 기념품과 기타 유품)이 이런 목적을 갖지는 않는다. 행복한 기억이나 공유했던 의미를 상징하는 감성적 가치가 담긴 대상은 정상으로 간주된다.

상실의 마지막을 인정하기

대부분의 경우, 이는 상실한 이후의 초기에 이루어진다. 그러나 고인이 어떤 형태나 또 다른 모습으로 다시 돌아올 것이라는 믿음을 품고 있는 몇몇 애도자도 있다. 볼칸(1972)은 이를 재회에 대한 지속적인 희망(chronic hope for reunion)이라고 불렀다. 이러한 경우에는 애착이 지속되는 원인과 상실의 마지막을 인정하지 못하는 이유를 찾도록 애도자를 돕는 것이 중요하다.

애도 종결에 대한 환상을 다루기

환상은 때때로 우리에게 현실을 엿볼 기회를 제공한다. 이는 애도자가 애도를 끝내면 어떨 것 같은지에 대해 환상을 지닐 정도로 애도가 장기간 지속될 때 도움이 될 수 있다. 이 연습을 하려면 애도에 대한 찬성과 반대 두 입장을 모두 경험할 수 있는 형태를 취해야 한다. 애도가 없는 삶은 어떨 것 같은지, 애도를 지속하지 않음으로써 애도자가 포기하는 것은 무엇인지를 충분히 검증하고 경험하라. 간단한 게슈탈트 연습은 애도를 해결하는 데 강력한 도구가 될 수 있다.

애도자가 마지막 인사를 하도록 돕기

앞에서 주목한 것처럼, 고인에게 이별을 고하는 것이 의미하는 바는 혼란을 가져올 수 있다. (고인과의 모든 접촉을 포기하고 그를 잊는 것을 의미하는가?) 마지막 인사는 개인적인 관계에 작별을 고하는 것이다. 더 이상 존재하지 않는 것을 붙잡으려는 시도는 고통과 괴로움만을 가져올 뿐이다. 내

삶에 중심이었던 것은 이제 다른 것이나 다른 사람이 더 중심이 되도록 재배열되어야 한다. 나는 지역 공공도서관에 갔다가 감성을 자극하는 다음과 같은 글을 발견했다.

나는 해변에 서 있다. 배는 아침 바람을 맞으며 하얀 돛을 펼치고 바다로 나가기 시작한다. 나는 배가 수평선으로 희미해질 때까지 보면서 서 있다. 누군가 내 옆에서 말한다. "그녀는 갔어요." 어디로 갔는가? 시야에서 사라진 것은 내 안에서 일어난 일이지 그녀가 아니다. 어딘가에서 누군가 "그녀는 갔어요."라고 말했던 그 순간에, 그녀가 오는 것을 보고 있을 다른 사람들이 있다. 이어서 다른 목소리가 기쁘게 들려온다. "여기 그녀가 오고 있어요." 이것이 죽는다는 것이다(무명).

이 무명의 작가는 애도자가 마지막 인사를 하는 것과 동시에 다시 환영 인사를 하는 과정을 포착한다. "그녀는 갔어요."(개인적인 관계에 이별을 고함)라고 말하는 목소리와 "여기 그녀가 오고 있어요."(기억과 의미가 새롭게 달라진 관계에 인사를 건넴)라고 선언하는 것 둘 다 애도자에게는 하나이고 같은 것이다. 그리고 이것이 고인을 정서적으로 새로운 자리로 이동시키고 새로운 삶을 준비하는 과제이다.

사고와 성찰을 위한 질문

1 정상과 비정상이라는 단어를 정의하시오. 무엇이 정상과 비정상을 만드는가? 어떻게 애도에 적용할 수 있는가?

2 아이처럼 가상놀이를 한 적이 있는가? 사실은 겁에 질렸음에도 그렇지 않은 척한 적이 있는가? 이러한 행동은 어떤 이득을 가져다주었는가? 어떻게 애도 과정에 적용할 수 있는가?

3 얼마나 오랫동안 애도해야 한다고 생각하는가? 당신의 대답에 영향을 미친 요인은 무엇인가?

4 누군가를 사랑하면서 동시에 미워하는 것이 가능할까? 이것은 관계에 어떤 효과를 주는가? 만일 이것이 해결되지 않았다면, 애도 과정에 어떤 영향을 미칠 수 있는가?

5 모든 문제는 결국 해결되는가? 만일 그렇다면, 어떻게 해결되는가? 만일 그렇지 않다면, 그 이유는 무엇인가?

7장

특별한 유형의 상실을 애도하기

지금까지 애도와 상실에 대한 개관은 다소 포괄적이었다. 하지만 우리는 여러 정황이 어떻게 애도 경험에 영향을 미치는지 살펴보았다. 이 장에서는 세 가지 특별한 사별 상황인 자살, 살인, 자녀의 죽음(유산, 낙태, 사산, 유아, 청소년, 성인 자녀 포함)과 각기 다른 정황과 관련하여 생기는 다양한 쟁점을 탐색할 것이다. 우리가 지금까지 살펴보았듯이 모든 애도 반응은 동일하지 않으며 이를 유발하는 정황 또한 마찬가지이다.

갑작스럽고 예기치 못한 죽음

구체적인 사별 상황을 살펴보기 전에, 갑작스럽고 예기치 못한 죽음의 본질적인 주제에 대해 살펴보는 것이 도움이 될 수 있다. 갑작스러운 죽음은 당연히 경고 없이 발생하며 자살, 살인, 사고사, 심장마비나 뇌출혈 같은 질병으로 인한 건강 관련 죽음을 포함한다. 랜도(Rando, 1993)는 애도를 더 복잡하게 할 수 있는 갑작스럽고 예기치 못한 죽음에 내재된 열한 가지 문제를 발견했다.

① 죽음의 충격이 자아를 압도하는 동시에 새로운 스트레스 요인이 추가되어 대처 능력이 감소한다(예를 들어, 개인에 대한 위협과 취약성이 높아짐).

② 애도자가 가졌던 세상에 대한 가정은 경고도 없이 끔찍하게 산산조각난다. 이러한 가정(예를 들어, 세상은 안전하고 예상할 수 있으며 질서가 있다)이 무너지면 공포, 불안, 취약성, 통제력의 상실이라는 강렬한 반응이 생겨난다.

③ 상실을 납득하지 못하며 이해하거나 수용할 수 없다.

④ 고인과 작별인사를 할 기회가 없으며 고인과의 끝맺지 못한 문제를 해결할 수 없다.

⑤ 극심한 애도 증상과 신체 증상, 정서적 충격이 오랜 기간 지속된다.

⑥ 애도자는 죽음을 이해해 보려고 노력하고 돌이켜 생각해 보면서 강박적으로 사건을 재구성한다.

⑦ 애도자는 안정감과 신뢰감의 심각한 상실을 경험하는데, 이는 삶의 전반적인 영역에 영향을 미치고 불안을 증가시킨다.

⑧ 상실은 고인과의 관계에 영향을 미치며 죽음의 순간에 일어났던 일이 강조되는 경향이 있다. 또한 애도자는 대개 이 마지막 몇 분의 상황을 관계의 다른 부분에 비해 지나치게 부풀려 생각함으로써 비현실적인 회상과 죄책감과 관련된 문제를 경험한다.

⑨ 애도자는 죽음을 통해 분노, 양가감정, 죄책감, 무력감, 죽음 불안, 취약성, 혼란, 분열, 고인에 대한 집착 같은 상대적으로 강렬한 정서적 반응을 겪을 뿐만 아니라, 죽음의 의미를 명확히 하고 누가 그 죽음에 책임이 있는가를 밝히며 그에 대한 책임을 묻고자 하는 필요성을 강하게 느낀다.

⑩ 죽음은 예측하지 못했던 몇몇 주요 2차 상실을 불러온다.

⑪ 죽음은 외상 후 스트레스 반응을 유발할 수 있다(예를 들어, 침투적인 기억의 반복, 생리적 각성의 증가).

갑작스럽고 예기치 못한 죽음은 위기 상황을 조성하므로, 위기 개입의 원칙을 적용하는 것이 적절할 수 있다. 충격을 받거나 무감각한 상태에 빠진 사람은 도움을 요청하지 못할 수 있으며 질문을 받았을 때 부정적인 방식으로 응답할 수 있다는 점을 기억하라. 일반적으로, 갑작스럽고 예기치 못한 상실의 피해자를 대할 때 "저는 상실을 경험한 사람과 상담합니다. 당신과 이야기하러 왔어요."라는 말을 하면 도움이 될 수 있다. 처음에 애도자에게 보일 수 있는 반응은 물리적으로 함께 있어 주기, 상실에 대해 공감적으로 이해해 주기, 상실을 인정해 주기가 있다.

자살 생존자와 애도

자살로 인한 죽음은 애도하기가 가장 어렵고 복잡한 상실 가운데 하나이다. 자살은 대부분 갑작스럽고 예상할 수 없으며 종종 폭력적이고 예방할 수 있으며 항상 스스로 저지른 일이다. 미국자살학회의 창립자인 에드윈 슈나이드먼(Edwin Shneidman)은 한 사람의 자살로 인한 죽음이 6명에게 직접적인 영향을 미친다고 추정했다(1969). 퀘벡에서 1990년에 이루어진 연구에 따르면, 각각의 자살마다 평균적으로 10명의 사람에게 영향을 미친다(Association Quebecoise de Suicidologie). 캐스틴바움(Kastenbaum, 1977)은 비록 자살로 인해 사망한 사람이 오랜 기간 심신을 약화시키는 질병으로 인해 죽은 사람과 다를 바 없다고 해도, 자살이라는 현상 자체가 우리에게 특별한 의미가 있다고 주장했다.

자살로 인해 사별한 사람들(자살 생존자들)이 자연사나 사고사로 인해 사별한 사람들보다 더 복합적인 애도 반응을 경험할 확률이 높다는 증거가 나오고 있다(Silverman, Range, & Overholser, 1994; Calhoun & Allen, 1993; Tedeschi & Calhoun, 1993; van der Wal, 1990; Calhoun, Selby, & Selby, 1982).

스틸리온과 맥도웰(Stillion & McDowell, 1996)은 자살 생존자의 애도 경험과 관련하여 유망한 세 연구 영역에 주목했다. 그 영역은 ① 자살 생존자에 대한 태도, ② 자살 생존자의 경험, ③ 자살 생존자를 위한 사후예방이다.

자살 생존자에 대한 태도는 다양한 요인의 영향을 받는다. 그 가운데 가장 강력한 요인은 자살을 죄악으로 간주하는 문화적 전통이다. 이는 유대-그리스도적 신앙을 가진 사람들이 수세기 동안 고수해 온 입장이다. 천주교 신자, 개신교 신자, 유대인은 일반적으로 자살이 도덕적으로 잘못된 행동이며 그에 따른 결과로 구원받지 못한다는 가르침을 받아 왔다. 이러한 부정적인 태도는 우리의 잠재적인 자기 파괴적 성향을 마주하거나 인정함으로써 발생하는 두려움과 관련되었을 수 있다. 이유가 무엇이든 간에 연구 결과(Silverman, Ramge, & Overholser, 1994; Reed & Greenwald, 1991; Barret & Scott, 1989; Saunders, 1981)에 따르면, 자살 생존자는 자연사나 사고사로 인한 사별 생존자보다 더 부정적으로 비춰진다. 하지만 이 연구 결과는 자살로 인해 사별을 경험한 사람의 지인에게는 적용되지 않는 것으로 나타났다(Calhoun, Selby, & Abernathy, 1988).

사별을 경험한 사람들은 평가받는 느낌이 들지 않는 안전한 환경에서 자신들의 생각과 감정을 표현하고 이야기하고 싶어 한다. 특히 자살로 인해 사별한 사람들이 더 그렇다. 역설적으로, 장의사들은 자살로 인해 사별한 가족을 방문하는 조문객이 일반적인 장례에서와는 다르게 반응한다는 사실을 발견했다. 그들은 동정심을 표현하지만, 공감을 표현하는 것은 불편해 했다(Calhoun, Selby, & Abernathy, 1988). 이 요인과 기타 다른 요인이 자살 생존자의 독특한 경험에 영향을 미친다.

자살 생존자는 사고사 생존자보다 더 큰 죄책감, 수치심, 거부감을 느꼈다고 보고한다(Reed & Greenwald, 1991). 슈나이드먼은 자살 생존자에 대해 다음과 같이 말했다.

나는 자살자가 자신의 심리적 유골을 생존자의 정서 벽장에 넣는다고 믿는다. 자살자는 생존자에게 많은 부정적인 감정을 느끼게 하고 더 나아가 생존자가 자살 행동을 촉발시켰다거나 무산시키지 못한 데에 어떤 역할을 했다는 생각에 사로잡히게 하는 벌을 내린다. 이는 무거운 짐이 될 수 있다(Cain, 1972에서 인용).

죄책감은 때로 비난의 형태로 나타날 수 있는데, 자살로 인한 죽음이 의도적인 행위이기 때문에 생존자는 종종 자살을 예방하지 못했다면서 스스로를 비난하는 경향이 있다. 이를 이해하기 위해서, 생존자는 지난 일을 돌이켜보고 죽음의 암시나 임박한 자살을 예측해 주는 신호를 찾아볼 수 있다. 우리가 살펴보았듯이, 죄책감은 어떠한 형태의 죽음 이후에도 수반되는 자연스러운 감정이다. 하지만 자살로 인한 죽음의 경우에 죄책감은 기하급수적으로 커질 수 있다. 또한 죄책감은 비난할 만한 외부적인 요인이 없다는 사실 때문에 더 커질 수 있다. 그 죽음은 불치병 때문에 필연적으로 일어난 일이나 뜻밖의 예상치 못한 사고의 결과가 아니었다. 고인의 고통이 끝났다는 안도의 경험도 막대한 죄책감과 자기 비난의 근원이 될 수 있다. 일부 애도자는 심각한 죄책감으로 스스로를 처벌하거나 처벌받아야 한다는 생각을 할 수 있다. 아동이나 청소년은 자기 처벌의 맥락에서 문제를 일으키거나 비행을 저지를 수 있다.

또한 비난은 타인에 의해 가해지거나 간접적으로 암시될 수 있다. 연구 결과에 따르면, 자살 생존자는 흔히 죽음 이후에 죽음에 대해 이야기하는 것을 거부하거나 죽음의 원인에 대해 거짓말을 하며 친구들과 가족으로부터 스스로를 고립시킨다(Rudestam, 1977; Solomon, 1982). 그는 흔히 경찰관, 검시관, 의사를 만날 때 자살의 여파로 인해 불안을 느끼며 다른 가족 구성원으로부터 자살에 대해 비난받는 느낌이 든다고 보고한다(Cain & Fast, 1972; Nees & Pfeffer, 1990; Solomon, 1982). 랜지와 고긴(Range & Goggin, 1990)은 자살로 인해 사망한 사람의 연령이 낮은 경우에 더 흔하게 가족에게 자살에 대한 책임이 있다고 간주된다는 것을 발견했다.

우리가 살펴보았던 것처럼, 사회는 자살에 사회적 낙인을 찍는다. 그와 관련된 수치심으로 고통을 받는 사람은 바로 자살 생존자이다. 이는 부고를 낼 때 사망 원인을 기재하기를 피하거나 아예 생략한다는 사실에서 알 수 있다. 흔히 보험회사는 자살과 관련된 조항을 두고 있으며 보험금 청구를 허락하지 않을 수 있다. 또한 타인의 반응 때문에 수치심을 경험할 수 있다. 사별을 경험한 한 어머니는 다음과 같이 이야기했다. "저는 제 아들에 대해 이야기하고 싶지만, 아무도 저와 이야기하려고 하지 않아요. 그들은 아들이 존재하지 않았던 것처럼 행동해요." 이러한 부수적인 정서적 부담 때문에 생존자는 가족이나 친구들과 상호작용하는 데 영향을 받으며 추가적인 고립감과 수치심을 느끼고 그 결과로 애도 과정이 복잡해진다.

죽음으로써 생존자로부터 자신을 분리하기로 선택한 사랑했던 사람의 역동은 거부당한 느낌과 분노라는 강렬한 감정을 유발할 수 있다. 에릭 린드만(Erich Lindemann, 1953)은 "스스로 택한 죽음으로 인해 상실감에 빠지는 것은 거부당하는 것이다."(p.9)라고 기술했다. 생존자는 흔히 고인이 자신을 충분히 사랑하지 않았다고 추측하며 만약 자신을 사랑했다면 자살하지 않았을 것이라고 생각한다. 거부당한 느낌은 죄책감과 수치심을 부채질하는 감정일 수 있다. 생존자는 낮아진 자존감, 무가치감, 자신이 뭔가 잘못되었거나 나쁜 것 같다는 느낌을 경험할 수 있고 거부당한 느낌을 이해하기 위해 분투할 수 있다. 비록 진짜 질문은 "나에게 왜 그랬어?"일 수 있겠지만, "왜?"라는 반복적인 질문이 자주 들린다. 이 질문에는 그저 분노가 아니라 격노에 달하는 감정이 들어 있다. 이러한 분노는 고인, 신, 세상 혹은 생존자 자신을 향할 수 있다. "네가 죽지 않았다면 내가 널 죽였을 거야."와 같은 표현을 듣는 것은 흔한 일이다. 또한 분노의 폭발은 비록 치료적이긴 하지만 부가적인 죄책감과 수치심의 근원이 될 수 있다.

자살 생존자가 자신의 자기 파괴적인 충동에 두려움을 느끼고 자살에 집착하는 것도 드물지 않은 일이다. 자살 사고와 행동의 유전 가능성에 대한 질문은 흔하다.

마지막으로, 어떤 경우에는 침묵의 음모(conspiracy of silence)라는, 자살 생존자에게 독특한 또 다른 특징이 나타난다. 이 음모는 고인의 행동이 자살이었다는 사실을 부정하고 이를 사고로 보고자 하는 욕구에서 비롯된다. 한 사람 혹은 가족 전체는 무슨 일이 있었는지에 대한 신화(myths)를 만들어낼 수 있다. 죽음에 대해 직설적으로 이야기하는 사람은 대부분 분노를 품은 강력한 저항에 맞닥뜨리게 된다. 이러한 부인은 상실의 지적·정서적 수용을 왜곡하고 금지할 수 있다. 이는 가족과 그 외의 대인관계에 영향을 미치는 의사소통의 왜곡을 불러올 수 있다. 대부분 그러하듯이, 이러한 형태의 부인은 단기적으로 도움이 되겠지만 장기적으로는 생산적이지 않으며 아마도 성공적인 애도 과정을 방해할 것이다. 가족 신화가 어떻게 형성되고 지속되는지에 관한 예는 다음의 글에서 확인할 수 있다.

16세의 청소년이 머리에 총을 쏘아 자살했다. 그의 어머니는 아들의 방에서 난 큰 소리를 듣고 무슨 일인지 확인하기 위해 갔다가 그 섬뜩한 광경을 보았다. 자살자는 외아들이었으며 그 상실은 부모에게 충격적이었다. 즉각적인 정서적 지지를 받았음에도 불구하고, 어머니는 심각한 우울증과 외상 후 스트레스 장애를 앓기 시작했다. 그 일이 일어난 후 일주일 동안 부모는 반론의 여지가 없는 사실임에도 실제로 자살로 인한 죽음이었는지에 대해 의문을 품기 시작했다. 부모의 의구심은 즉시 그 '사고'가 어떻게 일어났는지에 대한 이야기로 발전했다. 죽음을 사고로 받아들이려고 하지 않는 말을 들으면 감춰진 분개심을 드러냈고 사회적으로 철수하는 모습을 보였다. 부모는 자살 사건 이후로 9개월이 지나지 않아 거의 모든 이전의 사회적 관계를 끊고 자신들만의 세계로 철수해 버렸다. 비록 지역사회에 계속 머물기는 했지만, 사실상 모든 사회적 접촉을 중단했다.

자살 생존자에 대한 사후개입은 특히 대상이 청소년일 때 매우 중요하다. 청소년은 연령이 높은 집단보다 연쇄 자살 혹은 모방 자살에 더 자주 반응한다(Stillion & McDowell, 1996). 연쇄 자살(cluster suicide)은 같은 지리적 영역 안에 거주하는 한 무리의 사람들, 주로 청소년들이 상대적으로 짧은 기간 동안에 자살할 때 발생한다. 이는 청소년의 자살에 전염 효과가 있는 것으로 보인다(Carter & Brooks, 1990).

자살 생존자와 작업할 때는 자살이 입에 담을 수 없는 것 가운데 하나이며 생존자와 다른 사람들은 죽음에 대해 이야기하기를 망설일 수 있다는 점을 기억하라. 상담에서 죽음에 대해 충분히 다루기 위해서는 자살에 대해 이야기를 나누고 자살의 현실에 직면하도록 하는 것이 중요하다. 자살이나 스스로 목숨을 끊었다는 말을 사용하는 것은 고통스럽지만, 그만큼 상담 효과를 촉진시킬 수 있다. 위의 예에서도 그렇듯이, 자살을 목격한 사람은 자신이 본 것에 대한 침투적인 이미지로 인해 괴로울 수 있다. 이미지를 생생하게 탐색하고 이야기하는 것은 어려운 작업이다. 하지만 이는 치유의 과정이다. 이러한 이미지는 대부분 시간이 지남에 따라 소멸된다. 만약 소멸되지 않는다면, 특별한 개입이 필요할 수 있다.

죄책감, 수치심, 비난은 다양한 강도로 나타날 수 있다. 이러한 감정 가운데 대부분은 현실에 비추어 약화될 것이다. 비합리적 죄책감을 현실적으로 검증하는 방법은 그저 "내가 뭔가를 더 했어야만 했어."와 같은 흔히 들을 수 있는 말에 인지적으로 직면하는 것이다. 무엇을 했는지, 현실적으로 무엇을 더 할 수 있었을지에 대해 반복적으로 질문하면 아마도 그 상황에서 자신이 할 수 있는 모든 일을 다 했다고 자각하고 수용할 수 있을 것이다. 5장에서 언급한, 어떤 죄책감은 느낄 만하다는 내용을 기억해 보자. 하지만 해결은 애도자에게 달려 있다. 애도자가 자신의 죄책감을 어떻게 다룰 것인가에 대해 의식적으로 의사결정하는 것을 조력함으로써 과거에 내렸던 결정에 대해 죄책감을 느끼는 실수를 나중에 반복하지 않도록 도울 수 있다.

누군가 사망했을 때 화가 나는 것은 흔한 반응이라는 점을 떠올려 보라. 자살의 경우에는 특히 그러하다. 하지만 때로 분노는 미묘하다. 대부분의 경우에 분노는 사회적으로 수용되지 않거나 분노를 금지하는 다른 무언가가 존재한다. 정서의 균형을 촉진하기 위한 방법은 애도자에게 고인에 대해 어떤 점을 그리워하는지 먼저 질문한 이후에 어떤 점을 그리워하지 않는지 질문하는 것이라고 했던 이전 장의 내용을 떠올려 보자. 이는 애도자가 분노를 인정하고 그 후에 표현하도록 돕기 위한 우회적인 방법이다.

분노가 어떻게 드러나고 표현되든 간에 이러한 감정에 대한 통제력을 유지하면서 강렬한 정서를 표현하는 것은 애도자에게 중요하며 그의 힘을 북돋아 준다.

앞서 안전한 장소에서 생각과 감정을 이야기하고 표현하고자 하는 애도자의 욕구에 대해 언급했다. 이러한 이유로, 자살이나 자살자의 유가족과 관련된 대부분의 상담 프로그램에서는 자살로 인해 친구나 친척을 잃은 경험을 공유하는 사람들과 집단 상담을 진행한다. 집단 작업은 아마도 자살 생존자가 상실에 대해 이해하고 해결책을 탐색하는 것을 돕는 수단으로서 첫 번째의 선택일 것이다(Moore & Freeman, 1995; Freeman, 1991; Calhoun, Selby, & Steelman, 1984). 조력자는 얄롬(Yalom, 1995)이 밝힌 집단 상담의 치료적 요소를 활용하여 애도자가 애도 과정에서 정체되지 않고 나아갈 수 있도록 경험을 나누는 유도된 상호작용에 초점을 둘 수 있다. 치료적 개입으로서 집단 상담을 활용하는 방법은 9장에서 더 자세히 검토할 것이다.

살인 생존자와 애도

주말이었다. 그녀의 아들은 평소처럼 친구들과 함께 외출했다. 그녀가 경험한 끔찍한 트라우마를 다시 이야기하는 동안에, 그녀는 살인이 일어난 요일을 (금요일이나 토요일) 혼동했다. 늦은 시간이었다. 아들과 친구들은 외식을 하고 근처 술집에서 나와서 차로 돌아가던 중 총을 든 남자와 마주쳤다. 아들은 친구들의 뒤쪽에 한참 떨어져 있었는데, 그가 친구들에게 다가갈 즈음에 총을 든 남자가 돈을 요구했다. 신체적으로 건장했던 아들은 강도와 싸우기 시작했다. 싸우던 도중에 총알이 몇 발 발사되었고, 아들에게 명중했다. 가해자는 현장에서 도주했다. 아들은 구급차가 도착하기 전에 사망했다. 모든 부모가 두려워하는 전화가 꼭두새벽에 걸려 왔다. 병원 관계자는 "지금 바로 병원으로 와 주셔야겠습니다."라는 말 외에는 거의 아무런 정보도 주지 않았다.

말할 필요도 없이, 이 여성은 완전히 절망했고 무한한 고통을 느꼈다. 그녀는 아들에게 가해진 갑작스럽고 끔찍한 공격에 대비할 수 있는 일이 아무것도 없었다. 죽음이 다른 사람에 의해 이렇게 빠르고 끔찍하게 다가올 수 있다는 사실을 이해할 수 있는 방법이 없었다.

살인은 항상 폭력 행위로 간주된다. 폭력이 수반된 죽음은 생존자에게 두려움, 충격, 무력감, 취약성, 위협, 공포, 침해, 과민반응, 피해의식을 일으킨다는 점에서 특히 정신적 외상의 특성을 갖는다(Rando, 1996). 리니어슨(Rynearson, 1987)은 폭력이 외상 후 스트레스와 많은 관련이 있으며 외상 후 스트레스의 많은 후유증 가운데서도 압도적인 외상 후의 이미지를 남긴다는 데 주목했다. 리니어슨(1988)은 더 나아가 이러한 유형의 죽임을 당한 사람의 생존 가족은 고인에 대한 개인적 애착 때문에 폭력을 완전히 이해하는 과제를 스스로에게 부여함으로써 공포를 증가시킬 뿐만 아니라 애도를 복잡하게 하는 기괴한 죽음에 대한 내면화된 환상을 충분히 다루어야 한다는 사실을 발견했다. 살해당한 경우에 그 죽음에 내재된 범죄까지 완전히 이해하려는 노력이 애도를 더욱 복잡하게 한다.

인지적 부조화는 이 특수한 애도자 집단과 작업할 때 유념해야 할 독특한 특징 가운데 하나이다. 이러한 죽음은 앞뒤가 맞지 않는다. 그 사건은 '규칙'을 위반하며 아무리 몸부림을 쳐도 앞뒤가 맞게 이해할 수 있는 단서를 제공하지 않는다. 이러한 인지적 부조화는 일정 시간, 즉 몇 달 혹은 심지어 몇 년 동안 지속될 수 있으며 미해결된 애도, 특히 지연된 애도 반응의 문제를 일으킬 수 있다.

살해당한 경우에 흔히 분노와 격노가 상당히 악화된다. 두 반응은 정상적이지만, 살인 생존자의 경우에 이러한 반응이 이전에 경험해 보지 못했던 정도까지 심화될 수 있다. 워든(Worden, 1991)은 분노를 좌절감과 무력감의 결과로 간주했다. 좌절감은 인지적 부조화를 해결할 수 없고 말도 안 되는 일을 이해할 수 없는 상황에서 경험할 수 있다. 무력감은 우리가 무엇을 하든 상관없이 상황을 개선할 수 없거나 이미 발생한 일을 바꿀 수 없다는 고통스러운 자각에서 비롯된다. 이러한 정서적 교차점에서 분노를 일으키는 엄청난 충돌이 발생한다. 이 분노는 일반적으로 가해자에게 향한다. 비난의 대상을 찾는 것은 강렬한 감정을 느끼고 정당화하기 위해서 꼭 필요하다. 이 분노의 강도가 상당히 당혹스러울 수 있으며, 이러한 감정이 정상적이라는 사실을 인식하는 것만으로는 애도자가 느끼는 살기등등한 분노와 도덕심과 정의감 사이에서 파생된 인지적 부조화를 완화시키기에 충분하지 않을 수 있다.

사랑하는 사람이 살해당하면 애도자가 세상에 대해 가지고 있던 이상과 가치가 흔들릴 수 있다. 이 세상은 좋은 곳이며 그곳에 살고 있는 사람들도 좋은 사람들이라는 믿음이 깨지는 것이다. 개인적 통제력에 대한 환상도 훼손된다. 회복하여 다시 신뢰할 수 있게 되는 것은 어렵고 힘든 일일 수 있으며 오랜 시간이 걸릴 수 있다.

랜도(1996)는 애도자에게 전혀 다른 결과를 가져오는 추가적인 요인으로 예방 가능성(preventability)과 무작위성(randomness)을 고려했다. 그녀는 애도자가 죽음의 예방 가능성에 대해 지각하는 것은 개인의 애도 반응에서 흔히 간과되는 요소라고 말했다. 만약 애도자가 죽음이 예방할 수 있는 일이어서 일어나지 않았을 수도 있다고 지각한다면 분노가 더 커질 것이다. 죽음이 불가피한 일이 아니었다고 지각한다면 애도자는 죽음의 원인이나 이유를 찾고 책임질 사람을 밝혀내어 처벌하는 데 시간과 에너지를 열정적으로 사용할 것이다. 이는 애도자가 통제력을 되찾기 위해 노력하는 것을 돕는 이차 효과를 가져온다.

만약 사건이 정말로 무작위로 벌어진 것이었다면, 그 사건은 예측될 수 없었고 따라서 통제될 수 없었다. 만약 이것이 사실이라면 사람들은 무작위적인 폭행으로부터 스스로를 보호할 수 없다는 것을 암시하기 때문에 매우 무섭게 여겨질 수 있다. 책임질 사람이 없을 때, 애도자는 스스로를 비난하는 경향이 있다. 생존자 자신에게 책임이 있고 따라서 잠재적으로 통제할 수 있는 사건이었다고 믿는 편이 사건이 무작위적으로 일어났다는 사실에 대처하거나 그것을 수용하는 것보다 더 쉽다. 다시 말해서, 생존자가 통제할 수 있는 사건이었음을 확인함으로써 자신을 보호할 수 있고 미래에 특정 상황을 회피할 수 있으며 그렇게 함으로써 이러한 일이 반복되는 것을 미연에 방지할 수 있다.

죽음의 사회적 의미에 대해 연구하는 마이컬롭스키(Michalowski, 1976)는 "죽음 자체가 아니라 죽음의 방식이 죽음의 사회적 의미를 결정한다(p.83)."라고 말했다. 그는 다른 폭력적인 죽음 형태와 비교할 때 살인에서 두드러지는 다섯 가지의 독특한 영역에 주목했다.

1. 필연성 살인은 사고로 간주되지 않는다. 교통사고로 인한 사망은 인간의 통제를 넘어선 상황이 원인이지만, 살인은 그렇지 않다.
2. 통제감 살인은 사람들의 자의적인 행동에서 비롯된다는 점에서 통제할 수 있는 것으로 지각된다.
3. 의도 살인은 정의상 의도를 포함한다.
4. 이상성 살인은 불법적이며 비정상적인 것으로 간주되는 반면, 교통

사고로 인한 사망은 사회적으로 덜 문제시된다.

5. 사회적 결속   살인은 사회적 결속을 제공하지 않는다. 자동차가 사회적 유용성을 제공하기 때문에 사회는 교통사고로 인한 사망을 용인한다. 살인은 사회를 매우 병들게 하기 때문에, 비록 대부분의 사망이 서로 다른 방식으로 발생하지만, 살인은 사회에서 주목을 받는다.

자살 애도자에게 그렇듯이 살인에 의해 사별한 사람들에게도 오명이 씌워진다. 사람들은 종종 애도자를 회피하고 피해자에 대한 이야기를 금기시한다. 다시 말해서, 누군가는 너무나도 친숙한 외침을 들을 수 있다. "저는 제 아들에 대해서 이야기하고 싶어요. 하지만 아무도 저와 이야기하지 않으려고 해요. 사람들은 제 아들이 세상에 존재하지 않았던 것처럼 행동해요." 이런 고립은 이번에는 조용한 배척의 형태로 애도자에게 또 다른 피해를 입힌다. 이러한 타인의 회피는 자신에게도 이런 일이 일어날 수 있다는 취약성을 부인함으로써 자신을 단단히 보호하는 방어기제일 수 있다. 이유가 무엇이든 간에, 살인에 의해 사별한 사람들은 대부분 박탈(disenfranchisement)로 인해 고통에 시달린다.

사회적 박탈은 문제의 일부일 뿐이다. 형사 사법제도는 흔히 사별한 생존자나 피해자를 위해 정의를 구현하는 것보다 기소당한 가해자의 인권에 더 관심을 갖는다고 여겨진다. 재판 자체가 갈등의 근원이 될 수 있다. 오랜 증언 시간 동안 재판정에 앉아 있으면 애도자는 끔찍하고 예기치 못한 상실로 인한 외상을 다시 떠올릴 수 있다. 하지만 애도자가 참여의식을 느끼고 자신이 가해자에게 어느 정도 권력을 행사하고 있다고 느낄 수 있기도 하다. 지금까지 생존자는 가해자가 사적인 힘을 행사해서 자신의 마음을 흔들었다고 지각했을 수 있다. 적극적인 참여는 이를 완화시키며, 이러한 지각을 안정감으로 대체할 수 있도록 돕는다.

살인에 의해 사별한 사람들은 외상 후 스트레스의 증상을 경험하는 것으로 알려져 있다. 따라서 상담자는 적절한 개입 전략을 알고 있어야만 한다. 사별한 사람들이 경험하는 외상 후 스트레스를 치료하기 위해 제시한 랜도(1993)의 일반적인 접근 방법은 다음과 같다.

- 정신적 외상 경험을 자각하기. 그 경험의 영향력이 사라질 때까지 반복적으로 검토하고 재구성하며 재경험하고 억압된 감정을 해방시키기
- 외상성 사건이 주는 영향(예를 들어, 무력감, 충격, 불안, 죄책감)이 제어될 때까지 그것을 파악하고 표현하며 훈습하기
- 정신적 외상 경험으로부터 의식적 기억과 분열된 기억, 감정, 생각, 심상, 신체 감각을 통합하기
- 관련된 물리적·심리사회적 상실을 애도하기
- 부적응적 과정을 중단하고 정신적 외상과 그 후유증에 대처하는 데 사용된 행동과 방어기제를 치료적으로 다루기
- 다시 건강한 삶을 도모하기 위해 새로운 기술과 행동을 습득하고 개발하거나 제대로 기능하지 못하는 기술이나 행동을 정비하기
- 통제력을 갖게 해 주는 경험, 개인적 가치감, 타인과의 결속으로 무력감과 난감함에 대응하기, 타인을 돕기, 유사한 정신적 외상 경험의 효과를 최소화하기, 추가적인 피해를 방지하기
- 정신적 외상 경험을 통해 무슨 일이 누구에 의해 누구에게 왜 일어났고, 개인이 무엇을 할 수 있었거나 통제할 수 있었고, 무엇을 할 수 없었는지에 관한 통찰력을 기르기, 정신적 외상의 무력감을 인정하고 받아들이는 법을 배우기

- 죄책감을 치료적으로 다룬 후에 적절한 행동에 대한 전적인 책임을 수용하고 결국에는 책임감과 죄책감에 대한 부적절한 가정을 포기하기
- 정신적 외상 경험에서 새로운 의미를 만들기
- 정신적 외상의 단면과 세상에 대한 가정에 외상의 의미를 통합시키기, 개인의 과거와 현재, 미래를 하나의 전체적인 그림 안에 두고 사건을 심적인 연속선상에 자리매김하기
- 정신적 외상 경험에서 생존했다는 것과 자신의 삶에서 흔하지 않은 경험을 통합한 것을 반영하는 새로운 정체성을 형성하기
- 사랑, 일, 놀이에 재투자하기, 타인과 다시 접촉하고 외상성 사건으로 멈췄던 삶과 발달이 지속된다는 것을 재확인하기

자녀의 죽음

자녀의 죽음이 개인이 경험할 수 있는 가장 힘든 상실 가운데 하나라는 사실에는 대부분 동의한다. 오스터와이즈, 솔로몬, 그린(Osterweis, Solomon, & Green, 1984)은 모든 사별이 고통스럽지만 자녀를 잃는 경험이 가장 고통스럽다고 기술했다. 샌더스(Sanders, 1989)는 이를 지지하면서 자녀의 죽음은 견딜 수 없는 슬픔이자 깊이 베여 짓무르고 곪아터진 상처라고 언급했다. 일부 사람들에게는 이 상처가 치유되지 않는다. 클래스(Klass, 1988)는 사지 절단이 자녀의 죽음에 대한 비유로 사용된다는 점에 주목했다. 다리가 절단된 경우에 다시 걷는 법을 배우기는 하지만 잘렸던 부분은 항상 그곳에 남아서 다리가 없음을 계속 상기시킨다.

부모-자녀 관계는 심리적 유대뿐만 아니라 신체적 유대도 포함하는 복잡한 관계이다. 애착은 수정을 확인함과 동시에 시작되어 임신 기간 동안 증가할 수 있다. 자녀는 부모의 연장선이며 가문의 미래일 뿐만 아니라 부모의 희망과 꿈이다. 말 그대로, 그리고 상징적으로 자녀는 부모의 지속적인 미래를 보증하는 연장선이다.

수정을 확인함과 동시에 애착이 시작될 수 있다는 사실은 자연 유산을 했을 때 깊은 애도 반응이 일어날 수 있다는 것을 의미한다. 하지만 태아가 독자적인 생명체로 간주되기 전인 임신 몇 주나 몇 달 동안에 유산한 경우에 이 상실의 잠재적인 중요성은 대체로 타인에게 인정받지 못한다. 반면 임신 후기, 특히 태아의 움직임이 감지되고 태아가 '아기'로 간주되기 시작할 때의 상실은 사회적으로 인정될 가능성이 높다.

대부분의 경우, 아이를 유산하면 여성의 건강을 최우선적으로 고려한다. 무엇을 잃었는지는 나중에서야 인지한다. "한 명 더 낳으면 되지." 혹은 "뭔가 잘못된 부분이 있었을 거야. 차라리 더 잘됐어." 혹은 "나도 그런 일이 있었어. 너도 극복할거야."라는 친구들이나 가족의 호의적인 언급은 단지 애도의 권리를 박탈하는 것밖에는 안 된다. 죽은 자녀를 떠나보내는 애도자로서 무엇을 잃었는지를 인정하고 생각과 감정을 공유할 기회가 거의 없을 가능성이 있다.

애도는 많은 요인에 따라 즉각적으로 발생할 수 있으며 지연될 수 있다. 가장 두드러진 결과는 보통 슬픔이다. 특히 임신에 대해 한순간이라도 양가감정을 품고 있었던 경우에는 죄책감을 경험할 수 있다. 애도자가 유산하지 말았어야 했다고 생각하는 경우에는 분노가 생길 수 있다. 유산이 직업, 조깅, 기타 신체적 활동 때문에 일어났다든가 하는 개인적인 과실에 대한 의심이나 자기 비난도 자주 발생한다.

임신은 낙태를 통해 선택적으로 종결될 수 있는데, 이는 애도 경험의 독특한 변수이다. 이러한 상황에서 임신은 적어도 어느 정도는 원치 않았던 일이다. 하지만 이것이 낙태를 하겠다는 결정에 갈등이나 양가감정이 존재하지 않았다는 것을 의미하지는 않는다. 종교적이고 도덕적인 가치는 가족과의 상당한 갈등의 원천이 될 수 있다. 이러한 경우에 과거의 낙태에 대해 지연된 애도가 현재 겪고 있는 심리적 어려움의 원인이라고 인지하지 못할 수 있다.

G씨의 부인의 경험은 이러한 유형의 지연된 애도를 보여 주는 예이다. 36세인 G씨의 부인은 우울증으로 심리치료를 받기 위해 방문했다. 첫 회기에 그녀의 과거에 대해 이야기를 나누었다. 이 접수 면접에서 그녀는 대학생 때의 낙태 경험을 언급했다. 다음 회기에 그녀는 나에게 지난 회기 이후로 더 우울했으며 낙태에 대한 생각을 멈출 수 없었다고 말했다. 그녀는 자신이 거짓말을 했으며 사실은 대학에 다니는 동안 낙태를 두 번 했다고 말했다. 애도 작업이 상담의 초점이 되었으며, 종결 즈음에는 우울 증상도 해결되었다.

낙태 후의 애도 패턴은 유산 후에 뒤따르는 감정과 유사하다. 가장 명백한 차이는 애도의 억압과 억제가 더 많이 일어나고 더 오랫동안 지속될 가능성이 높다는 것이다.

사산은 임신의 결실을 박탈당한다는 점에서 비극이다. 사산은 아무런 경고 없이 갑자기 발생할 수 있다. 어떤 사람들은 일종의 경고를 경험한다. 그들은 무언가 잘못되었다는 것을 감지한다. 예를 들어, 태아의 움직임의 중단, 예상 밖의 느낌, 더 이상 '임신한 느낌'이 들지 않는 것 등을 경험한다. 어찌되었건 간에 지난 몇 달 동안 쌓아 온 희망과 계획은 잔인하게 내동댕이쳐진다. 사망한 아기를 출산하기 위해 자연적인 진통을 기다려야만 하는 사람에게는 추가적인 고통이 발생한다.

잃은 아기를 보거나 만지지 못하는 사람은 복합 애도를 겪을 수 있다.

임신해서 아기를 낳았지만 사망했다. 이럴 때 마치 그 아기가 중요하지 않았거나 사산이 일어나지 않았던 일인 양 휙 떠나보내서는 안 된다. 아기에게 이름을 지어 주고 사진이나 출생증명서 혹은 인식 팔찌 같은 의미 있는 용품을 보관하면 상실이 현실적인 일로 여겨지고 상실감을 해결하는 데 도움이 될 수 있다. 부모는 시신을 어떻게 할지에 대한 결정을 함께해야 하며 추모식이나 장례식 같은 의식에 참여해야 한다.

사산된 아기 말고 다른 자녀도 있는 가족의 경우에는 살아 있는 자녀를 잊지 않는 것이 중요하다. 상실에 대해 그 자녀가 이해하는 바는 나이와 인지적·정서적 발달에 따라 영향을 받을 것이다. 상실을 인정하는 것은 중요하다. 하지만 얼마만큼 개입하고 설명할 것인지는 자녀에게 잘 맞추어야 한다.

신생아부터 유아에 이르는 초기 아동기 동안에 가족 체계는 새로운 구성원을 수용하기 위해 변화한다. 그렇기 때문에 이 기간 동안에 일어난 죽음은 공유된 과거와 미래에 대한 기대에 찬 희망을 포함하는 다차원적인 상실이다. 이 시기의 죽음은 흔하지 않다. 가장 주된 사망 원인은 사고이다. 사고사의 예측할 수 없는 특성은 만일 부모가 어떤 식으로든 사망에 관련되었다면 더욱 복잡해진다. 부모가 관련된 경우에는 주로 죄책감과 비난을 압도적으로 많이 느낀다.

사고사를 예측할 수 없다는 점을 고려했을 때, 초기 반응의 많은 부분을 차지하는 것은 충격이다. 상실에 대한 인정과 수용은 시기적으로 죽음이 적절하지 못했다는 사실 때문에 더 어려워진다. 사고나 책임자에 대한 분노, 심지어 격분은 드문 반응이 아니다. 좌절감과 무력감 사이에서 충돌하는 역동을 떠올려 보라. 부모는 이제 부모로서 꿈꿔 왔던 자녀의 잠재력이 발휘되지 못한 데 대한 압도적인 좌절감을 경험한다. 이는 자신들이 자녀를 보호하기 위해 할 수 있는 일이 전혀 없다는 치명적인 무력감(무기력,

무능감, 두려움)과 충돌한다. 전체 사건이 계속 재생되는 동안 "만약 ~했더라면"이라는 소모적인 생각이 흔히 반복된다. 무슨 일이 왜 일어났는지에 대해 인지적으로 이해하기 위해서 누가 어떤 행동을 저질렀는지 아니면 누가 어떤 일을 했어야 했는데 안 했는지 등을 철저히 가려내려고 한다.

청소년기에 발생한 죽음에 대한 부모의 반응은 아동기에 발생한 상실에 대한 반응과 유사하다. 하지만 청소년은 사춘기에 있고 대개 독립성을 추구하기 때문에 부모와 갈등을 겪었을 가능성이 있어서 해결 방법이 복잡해질 수 있다. 아동기와 유사하게, 청소년기에 발생한 죽음은 사고로 인한 것일 가능성이 높다. 이러한 사고는 가족 갈등이나 독립성의 증가로 인한 양가감정 혹은 청소년이 성인처럼 되고 싶어 하는 것의 맥락에서 자주 발생한다. 청소년에게는 운전이 통과의례로 보이기 때문에 자동차 사고로 인한 죽음이 가족 갈등의 배경이 될 수 있다. 알코올이나 약물 사용도 갈등의 근원이 될 수 있으며 죽음과 관련될 수 있다.

죽음의 원인과 관계없이, 청소년기는 가족의 성인 구성원이 될 청소년을 수용하기 위해 가족의 경계를 협상하고 수정하는 격변의 시간이다. 애도 반응은 발달 단계와 관련된 양가감정이 고조되고 갈등을 일으킴으로써 복합적으로 나타날 수 있다.

자녀가 성인이 되어 가면서, 부모는 '성인 후기' 혹은 '노년 초기'에 들어설 가능성이 높다. 어느 정도의 분리는 보통 자녀가 자신의 가정을 꾸리면서 발생한다. 성인 자녀의 죽음은 또 다른 이유로 힘들고 복잡할 수 있다. 부모는 어떤 이전 발달 단계에서보다 이 시점에서 나이가 더 많이 든 자신들이 아들이나 딸보다 먼저 죽었어야 했다고 느낄 수 있다. 사망한 자식에게 자녀가 있었을 수 있다. 남겨진 부모는 정서적인 자원이 크게 감소된 시기에 손주까지 키워야 하는 과업에 직면할 수 있다. 그래서 당장에 주어진 과제를 완수하거나 그것이 상당히 진행될 때까지 애도를 지연하는 경우가 생길 수 있다.

부모-자녀 사이의 애착은 수정될 때 시작되며 일생 동안 계속된다. 자녀가 몇 살이었는지와 상관없이, 자녀의 죽음은 개인이 맞닥뜨릴 수 있는 가장 부정적인 경험 가운데 하나로 간주된다. 상실이 내적(미래에 대한 희망의 상실)인 동시에 외적(자신의 연장선인 사람의 죽음)이라는 사실 때문에 애도는 복잡해진다. 그러므로 만성적인 애도가 드물지 않으며, 애도를 했다고 하더라도 절대로 자녀를 잊지는 못한다.

우리는 5장에서 애도 과제에 대해 살펴보았다. 자녀의 상실을 애도하는 데 새롭고 다른 애도 모델이 필요하지는 않지만, 이러한 과제가 애도하는 부모가 겪는 특별한 어려움을 제기하기 때문에 이를 다시 검토할 필요가 있다.

애도의 첫 번째 과제는 죽음의 현실을 경험하고 밖으로 감정을 표현하는 것이다(Lindemann, 1944; Parkes & Weiss, 1983; Worden, 1991). 자녀와 사별한 부모에게 이 과제는 극도로 어렵고 최악의 경우에는 아예 불가능하다. 여기서 당면하는 정상적인 어려움은 그 상실이 수용할 수 있는 수준이나 자연의 섭리를 거스른다는 사실 때문에 악화된다. 또한 상실을 인정하거나 받아들이면 부모가 전능한 보호자이자 부양자라는 신화가 파괴된다. 이러한 신화를 제거하면 비현실적인 죄책감과 수치심이 생겨날 수 있다. 만약 사망한 자녀가 성인이라면, 이미 물리적으로 분리되어 있었을 가능성이 높고 상실이 어린아이나 청소년의 죽음만큼 가시적이지 않다. 이것도 상실을 수용할 때 겪는 어려움에 기여할 수 있다.

애도의 두 번째 과제는 신체적·정서적으로 스스로를 돌보는 동시에 애도에 내재된 정서적 고통을 감내하는 것이다(Parkes & Weiss, 1983; Shuchter & Zisook, 1990; Worden 1991). 다른 상실과 관련된 애도의 고통이 자식을 잃고 경험하는 애도의 고통만큼 극심할 수 있는지에 대한 의문이 제기되어 왔다. 분명 비통해 하는 부모가 경험하는 분노나 격분은 다른 사람들이 이해할 수 없고 정신적 불안이나 다른 문제의 징후로 해석될 수도 없을 것이다. 적절한 사회적 지지의 부족과 애도 기간 및 강도에 대한 비현실적인 기대도 고려해야 할 특별한 요인일 수 있다.

애도의 세 번째 과제는 고인과의 관계를 실재하는 관계에서 기억 속의 관계로 바꿔야 한다는 것이다(Lindemann, 1944; Parkes & Weiss, 1983; Rando, 1987; 1993; Ruskay, 1996; Sable, 1991; Worden, 1991). 이 과제는 1명 이상의 살아남은 자녀가 있으면 더 어려워질 수 있다. 이런 경우에 부모는 어떤 방식으로든 상실을 부정하거나 보상받기 위한 시도로 살아남은 자녀에게 과하게 에너지와 기대를 투자할 수 있다. 다른 선택으로 '대체할' 자녀를 만들 수도 있다. 둘 중 어떤 상황이든 간에, 어떤 방식으로든 사망한 자녀와 현재 관계를 지속하려고 시도한다.

애도의 네 번째 과제는 고인이 없는 인생을 기반으로 새로운 자기 정체성을 발달시키는 것이다(Lindemann, 1944; Parkes & Weiss, 1983; Ruskay, 1996; Worden, 1991). 이는 자녀를 잃은 부모에게 자녀가 자신들의 연장선이자 미래의 희망이었다는 점에서 특히 어렵다. 부모는 자녀의 죽음으로 인한 상실이 자신의 정체성에 어떻게 영향을 미치는지에 대해 충분히 자각할 수도 있고 그렇지 않을 수도 있다. 사망한 자녀에 대해 가지고 있던 희망과 꿈은 부모의 일부였으며 삶의 의미였을 것이다. 새로운 자기 정체성에는 필요하다면 인생의 새로운 의미가 포함될 것이다.

마지막으로, 애도자는 애도 작업을 마무리 짓기 위해 상실의 경험을 의미의 맥락과 관련지어야 한다. 애도자는 왜라는 질문에 대한 답을 찾기 위해 전형적으로 자신의 인생철학과 가치에 대해 질문할 것이다. 다음의 예는 이러한 의미를 찾는 부모에 대한 이야기이다.

조셉 패브리(Joseph Fabry)는 강제수용소 생존자이자 실존주의적 정신과 의사인 빅터 프랭클(Viktor Frankl)의 절친한 친구이다. 그는 강제수용소에서 잔혹행위를 겪은 이후에 미국으로 이민을 갔으며 개인적으로뿐만 아니라 전문가로서도 성공했다. 그의 딸 웬디(Wendy)가 살해되기 전까지 말이다. 그 사건으로 인한 애도 반응은 이루 말할 수 없는 참상의 일부였다. 프랭클은 오스트리아의 빈에서 조셉에게 열흘 동안 매일 전화를 걸었다. 그는 상실감과 비애가 너무 심한 나머지 말을 하는 것조차 힘들어 했다. 하지만 그는 계속 애도할 수 있었으며 딸이 남긴 선물이기도 한, 그녀의 삶의 마지막 행동에서 의미를 찾을 수 있었다. 그는 자신의 저서인 『의미를 찾아서(*The pursuit of meaning*)』의 헌정사에서 의미라는 선물에 대해 다음과 같이 썼다. "아버지가 된다는 것이 어떤 것인지에 대한 모든 것을 알려 준 웬디에게 바친다." 그는 딸의 죽음을 인정하는 과정에서 지금은 더 이상 존재하지 않는, 아버지로서 딸에게 주었어야 했던 모든 기회 때문에 힘들어 했다. 그는 딸의 죽음을 받아들임으로써 남아 있는 자녀에게 아버지가 되어 줄 아직 남아 있는 기회를 놓치지 않고 수용할 수 있게 되었다. 이것이 바로 그가 딸의 죽음에서 찾은 의미이자 선물이었다.

사고와 성찰을 위한 질문

1 자살을 도덕적인 측면에서 고려할 때 당신의 신념은 무엇인가?

2 누군가 당신에게 "내 딸이 최근에 스스로 목숨을 끊었어요."라고 말한다면 뭐라고 대답할 것인가? 이 주제에 관해 이야기하는 것에 대해 어떻게 느끼는가? 왜 그렇게 느끼는가?

3 누군가 당신에게 "저는 최근에 유산했어요."라고 말한다면 뭐라고 대답할 것인가? 이 주제에 관해 이야기하는 것에 대해 어떻게 느끼는가? 왜 그렇게 느끼는가?

4 당신은 살면서 어떤 특별한 유형의 상실을 경험했는가?

5 무엇으로부터 혹은 어디에서 의미를 찾았는가?

8장

아동과 상실

아동도 애도하는가? 대부분의 이론가는 아마도 그렇다고 대답할 것이다. 하지만 조건이 필요하다. 아동이 애도하려면 대상 항상성뿐만 아니라 애착 대상에 대한 일관된 정신적 표상을 획득해야 한다는 점에 대부분 동의한다. 이러한 필요조건이 충족되기 전에는 애착 대상이 부재할 경우에 그에 대한 심상은 일시적이다. 따라서 아동이 애착 대상을 독립적인 대상으로 명확하게 인지해야만 상실이나 부재를 애도할 수 있다는 것은 논리적으로 보인다. 그렇다고 아주 어린 아동이 애착 대상을 상실했을 때 정서적이거나 원초적으로 강렬하게 반응하지 않을 것이라고 말할 수는 없다. 우리가 이제까지 살펴보았듯이, 이러한 애도 반응에 대해서는 잘 기록되어 있다. 죽음과 상실의 의미에 대해 성숙한 수준으로 이해하지 못하더라도 애도 반응을 보일 수는 있다. 하지만 사별로 인해 애착 대상을 상실한 이후에 행해지는 정신적 작업이라는 애도에 대한 정의와 앞에 언급한 필요조건을 고려하면,

아주 어린 아동에게는 진정한 의미의 애도가 불가능할지 모른다.

지나치게 의미를 따지는 것처럼 보이는 데에는 이유가 있다. 존 볼비(John Bowlby, 1980)는 자신의 책 서문에서 내담자에게 너무 많이 기대하지 말라고 상담자에게 경고했다. 사회와 마찬가지로 상담자는 애도의 방법과 시기에 대해 비현실적인 기대를 갖고 있을 수 있다. 이와 유사하게, 아동과 작업하는 상담자도 아동에게 발달적으로 가능한 것 이상을 기대하지 말고 아동의 감정을 존중할 필요가 있다. 이러한 논의를 고려하면, 아동도 애도할 수 있는가 하는 질문에 분명하게 그렇다고 대답할 수 있을 것이다.

이제까지의 기본 작업을 바탕으로 아동과 상실에 대해 자세히 알아보기 위해 한걸음 더 나아가 보자. 아동은 죽음에 대해 무엇을 알아야 하는가? 아동은 죽음에 대해 언제 알아야 하는가? 이러한 정보를 누구에게서 혹은 어떤 방식으로 얻어야 하는가? 많은 사람들은 어린 시절은 순수해야 한다는 생각으로 죽음이 발생했을 때조차도 그것에 대해 언급하거나 인정하기를 삼간다. 이러한 침묵의 음모는 현대 아동의 삶의 현실과 모순된다. 요즘의 아동은 텔레비전과 영화를 통해 그야말로 실제와 가상의 수많은 죽음에 자주 노출된다. 그렇다면 질문은 아동이 죽음에 대해 알아야만 하는가가 아니라 아동이 실제로 무엇을 알고 있는가여야 할 것이다.

아동이 이해하는 죽음의 개념

개념으로서 죽음을 이해하는 것은 표면상으로는 매우 단순한 과제인 것처럼 보인다. 하지만 앞으로 알게 되겠지만 이는 상당히 도전적인 과제이다. 아동에게는 특히 더 그렇다. 가장 덜 복잡한 수준이라도 죽음의 개념에는 몇 가지 요소가 포함된다. 대부분의 아동은 인지 능력이 자연스럽게 발달하면서 점점 더 완전히 죽음의 개념을 이해하게 된다.

스피스와 브렌트(Speece & Brent, 1996)는 아동이 죽음의 개념을 어떻게 이해하고 있는지에 대해 조사하면서 1934년부터 1990년대 초까지 수행된 1백 개 이상의 연구를 검토했다. 이들은 아동이 이해하는 죽음의 개념에는 다섯 가지의 하위 개념이 있고 각각은 죽음을 완전히 이해하는 데 필요하고 밀접히 연관된 또 다른 개념을 포함한다고 결론지었다. 다섯 가지의 하위 개념은 보편성, 비가역성, 비기능성, 인과성, 특정 형태로의 삶의 지속성이다.

아동은 보편성(universality)이라는 하위 개념을 통해 살아 있는 모든 것은 죽음을 맞이한다는 사실을 인식한다. 살아 있는 모든 것은 영원히 살지 못한다. 하지만 어떤 것은 다른 것에 비해 더 오래 살기도 한다. 비록 죽음이 보편적이고 필연적이지만, 엄격히 정해진 시간표에 따라 발생하지는 않는다.

스피스와 브렌트(1996)는 비가역성(irreversibility)이 삶에서 죽음으로의 이행을 구별하는 과정과 그로 인한 상태를 포함한다고 설명했다. 죽음의 비가역성은 한 번 죽으면 육체가 다시 삶으로 돌아갈 수 없다는 것을 뜻한다.

아동이 알지도 모르는 비가역성의 개념으로 이해할 수 없는 두 가지 요인이 있다. 첫 번째는 기적 같은 치료 혹은 초자연적인(설명할 수 없는) 사건이다. 사망 선고를 받았지만 어찌된 일인지 되살아난 사람들이 있는데, 어떻게 그런 일이 일어났는지를 설명하기는 힘들다. 두 번째는 심폐소생술이라는 첨단 기술의 발달이다. 호흡이 멈추고 심장이 뛰지 않아서 응급실에 실려 간 사람들 가운데 많은 이들이 소생하기도 한다. 이러한 요인 때문에 비가역성이라는 하위 개념을 이해하는 것이 좀 더 복잡해진다.

비기능성(nonfunctionality)은 일반적으로 살아 있는 육체의 결과인 신체 기능이 궁극적으로 중단되는 것을 가리킨다. 1장에서 논의한, 살아 있음을 정의해 주는 기능은 필요에 따라 상당히 복잡해질 수 있다. 하지만 아동의 관점에서 살아 있음을 정의해 주는 기능은 대체로 숨 쉬기와 먹기, 놀기 같은 외부적인(관찰할 수 있는) 기능과 느낌이나 생각 같은 내부적인 기능이다. 비기능성은 내부적인 기능과 외부적인 기능 모두가 중단된 것을 말한다.

인과성(causality)을 충분히 이해하기 위해서는 추상적으로 사고할 수 있는 능력이 필요하다. 구체적인 수준에서 보면, 인과성은 죽음을 유발하는 것이다. 아동에게 "할머니께서 연세가 많아서 돌아가셨다."는 말은 무슨 뜻일까? 이 말을 이해하기 위해서는 죽음이 외부적인 원인으로 발생할 수 있다는 점과 그것이 없는 경우에도 결국 내부적인 원인으로 혹은 두 원인이 합쳐져서 발생할 것이라는 점을 반드시 이해해야 한다. 인과성은 성인에게도 어려운 개념일 수 있다.

마지막 하위 개념은 죽음 이후에도 특정 형태로 삶이 지속된다(in some type of continued life after death)는 신념이다. 이는 흔히 성인과 아동이 죽음에 대해 갖는 개념의 일부로 보고된다. 지속되는 삶의 형태가 무엇인지에 대해서 합의된 바는 없으나, 이 개념은 하위 개념으로 포함될 만한 충분한 가치가 있다.

죽음에 대한 아동의 관점

아동이 죽음에 대해 생각하는 방식에 관해 우리가 이해하는 바는 헝가리 출신의 심리학자인 마리아 내지(Maria Nagy)의 연구에 크게 영향을 받았다. 그녀는 이 중대한 연구에서 "아동은 죽음이 무엇이라고 생각하며 죽음의 본질에 대해 어떤 이론을 만들어 내는가?"(p.3)라고 질문했다. 그녀는 이 문제에 답하기 위해 3세에서 10세까지의 아동 378명을 초대하여 죽음에 대한 생각과 느낌을 표현하도록 했다. 내지(1948)는 연령에 따라 세 단계가 있다는 것을 발견했다.

단계 1. 최종적인 죽음은 없다 이 단계에는 3세부터 5세까지의 아주 어린 아동이 포함된다. 이들은 대체로 죽음을 수용하지 않는다. 죽음은 자는 것과 같다고 묘사한다. 이들은 죽음을 단지 조건만 다른 삶과 같은 것으로 간주했다. 고인은 변화하지 않는다. 하지만 아이는 더 이상 사랑하는 사람을 보거나 함께 살지 못한다. 아주 어린 아동은 죽음을 일시적인 것으로 간주하고 잠자는 사람이 깨어나듯이 죽은 사람이 살아서 돌아올 것이라고 생각한다. 죽음과 관련하여 아동에게 가장 고통스러운 것은 분리이다. 내지의 연구에 참여한 가장 어린 참가자들이 보인 주목할 만한 특징은 호기심이었다. 아동에게 죽음은 여행과 같았다. 하지만 대부분의 어린 아동은 누군가가 단지 떠난다는 것에 만족하지 못하고 어디로 갔는지와 거기가 어떤 곳인지에 대해 알기를 원했다. 장례식, 관, 공동묘지에 관한 질문을 많이 했다. 또한 죽음이 그렇게 재미있지 않은 것 같다고 생각했다. 특히 아침저녁으로 관 속에 누워 있는 것을 지루한 일로 여겼고, 친구들에게서 멀리 떨어져 있는 것은 다소 외롭고 무서운 일일 수 있다고 생각하는 것 같았다.

단계 2. 죽음은 사람과 같다 이 단계에는 5세부터 9세까지의 아동이 포함된다. 이 단계에서 죽음은 의인화된다. 내지의 연구에 참여한 참가자들 가운데 3분의 2는 죽음을 해골 인간이나 스스로의 아이디어로 창조해 낸 죽음 인간이라는 뚜렷한 인격으로 상상했다.

죽음을 부인하는 첫 번째 단계와 비교할 때, 이 단계에서는 아동의 욕구와는 반대임에도 죽음이 현실이라는 믿음이 점점 더 커진다. 아동의 나이가 더 많아지면서 이러한 결론은 더욱 확고해진다. 이 단계에서 죽음의 보편성은 인정되지 않는다. 사실 유일하게 죽는 사람은 죽음 인간이 잡아간 사람이다. 운이 좋거나 도망갈 만큼 똑똑하면 죽지 않는다.

단계 3. 죽음은 신체 활동의 중단이다   이 단계에는 9세부터 10세까지(내지의 연구에 참여한 최고 연령)의 아동이 포함된다. 아동은 죽음이 개인적이고 보편적이며 필연적이고 최종적이라는 점을 이해한다. 죽음에 대해 더 많이 이해하면서 내세의 가능성도 등장한다. 내세의 개념은 죽음을 최종적이며 필연적인 것으로 이해하고 받아들여야만 가능하다.

우리가 살펴본 바와 같이, 우리 대부분은 죽음이 보편적이고 비가역적이며 필연적이라는 사실을 이해하고 수용한다. 대부분의 아동은 인지 발달과 삶의 경험으로 인해 9세에서 10세 정도 되면 이러한 사실을 자각한다. 어떤 아동은 가족의 죽음을 경험했거나 다른 요인 때문에 이보다 더 이른 나이에 자각하기도 한다.

아동의 인지 발달은 죽음을 이해하는 데 영향을 미치는 중요한 요인이다. 장 피아제(Jean Piaget)는 죽음에 대한 아동의 이해 수준을 구체적으로 명시하지는 않았지만, 그의 이론이 이를 이해하는 데 가장 적절하다.

1. 전조작기: 2-7세   이 단계의 아동은 대체로 자기중심적이어서 자신만의 관점에서 세상을 바라본다. 사고와 행동을 구분하지 못할 수 있다. 인과관계가 분명하지 않다(예를 들어, 자신이 동생에게 화를 내어서 그가 아프거나

죽었다고 믿을 수 있음). 상상력이 발달하므로 마술적 사고를 하는 경향이 있다. 아동의 독특한 이해에 따라 현실이 왜곡될 수 있다. 아동은 자연스럽게 다른 사람도 모두 자신과 정확히 똑같은 방식으로 세상을 바라본다고 믿는다. 아동은 죽음의 비가역성을 이해하지 못하므로, 할아버지가 왜 잠에서 깨어나지 않고 놀아 주지 않는지 혹은 죽은 아빠가 왜 다시 집에 오지 않는지 이해하지 못한다.

2. 구체적 조작기: 7-11세 이전 단계의 특징이 어느 정도 남아 있지만, 자아중심성이 감소하고 추론하는 능력이 향상된다. 읽기, 쓰기, 산수에서 요구되는 수행 기능을 습득함으로써 직관적인 사고에서 점점 벗어난다. 또한 이러한 인지 능력이 싹트면서 아동은 죽음의 개념에 대해 좀 더 정확한 관점으로 사고하기 시작한다. 이는 초등학생이 죽음은 비가역적이라는 것을 이해한다는 사실에서 알 수 있다. 하지만 인지 능력의 발달로 인해 개인적인 힘과 통제에 대한 자각도 증가한다. 따라서 처음에는 필연성과 보편성의 개념을 찾아보기 힘들다. 이 연령대의 아동은 죽음이 해골 천사나 죽음 천사가 쫓아올 때 빨리 달리지 못해서 도망가지 못한 사람이나 나이든 사람에게나 일어나는 일이라고 생각한다. 이 단계가 끝날 때쯤에 대부분의 아동은 죽음에 대해 좀 더 현실적인 관점을 갖게 된다.

3. 형식적 조작기: 11세 이상 피아제의 형식적 조작기는 11세쯤에 시작되는데, 이전 단계에서 성취한 상대적인 성공에 기반을 둔다. 이 시기의 아동은 논리적이고 추상적으로 사고할 수 있는 확대된 능력을 갖게 된다. 아동은 죽음의 개념을 온전히 이해할 수 있는 능력을 갖춘다. 하지만 이 시기와 그 이후 몇 년 동안에 죽음은 아직 그저 수용되는 정도에 불과하다. 먼 미래에 존재하는 무언가에 대한 무심한 인정이다. 죽음은 나이 든 사람

의 영역에 존재하는 것으로 수용된다.

신체 연령이나 발달 단계와 상관없이 애착을 형성할 수 있는 아동이라면 상실을 경험할 수 있다. 나이가 아주 어려서 죽음의 전반적인 의미를 이해할 수 있는 능력이 없다고 하더라도 상실에 대해 자신만의 고유한 방식으로 진심 어린 반응을 보일 수 있다. 더욱이 같은 연령의 아동이라고 할지라도 인지나 정서 발달의 수준이 반드시 동일하지는 않다는 점을 기억하는 것이 중요하다. 각 아동은 하나의 개성 있는 존재로, 각각의 만남은 독특하다. 이들을 조력할 때에는 독특한 개인과 상실 관련 정황의 특수성을 알 필요가 있다.

아동의 애도 방식

아동의 애도 경험은 성인의 경험과 그다지 다르지 않다. 극심한 정서적 각성의 강도가 유사할 수 있다. 신념의 붕괴, 절망, 분노, 죄책감도 유사할 수 있다. 경험에서의 가장 주요한 차이는 아동이 자신의 감정을 확인하고 표현하는 것을 무척이나 어려워한다는 것이다. 성인도 상실과 관련된 강렬한 감정에 쉽사리 압도당할 수 있다. 아동은 종종 성인보다 언어 능력이 부족하고 쉽게 겁에 질릴 수 있으며 양가적이거나 상충되는 감정에 쉽게 위협감을 느낄 수 있다. 어떤 아동은 상실 이후에 분노, 좌절감, 죄책감으로 눈물을 흘린다. 하지만 자신이 느끼는 감정에 대해 질문하면 "슬퍼요."라고 말할지도 모른다.

자신의 감정을 확인할 수 있는 인지적 기술과 그 감정을 적절하게 표현할 수 있는 언어적 기술을 갖추지 못한 아동은 종종 정서적인 어려움을 부정적인 행동으로 전환한다. 아동과 작업하는 상담자는 상실 이후에 아동이 보이는 행동이 반드시 그 아동이 화가 났거나 나쁘다는 것을 의미하지는 않는다는 점을 반드시 인식해야 한다. 아동이 슬프거나 애도하고 있음을 나타내는 것일 수 있다. 다음은 아동이 보이는 흔한 행동이다.

- 아동은 떼쓰는 행동이나 또래나 보호자에게 신체적·언어적 공격성을 보일 수 있다. 이러한 외현적 행동은 대체로 언어적으로 감정을 표현하지 못하기 때문에 나타난다.
- 애도 반응의 하나로 식욕을 잃을 수 있다(반응성 우울). 하지만 음식을 위로의 원천으로 사용하면 과식할 수도 있다.
- 흔히 수면장애가 생긴다. 잠들지 못하거나 도중에 자주 깨고 악몽을 꾸거나 잠들기를 두려워할 수 있다.
- 친구나 가족에게서 철수할 수 있다. 혹은 성인이 자신을 떠날 때 과도하게 매달리는 행동을 보이거나 두려움을 표현할 수 있다.
- 손가락 빨기, 야뇨증, 갓난아기 말투 쓰기 같은 퇴행 혹은 다른 퇴행적 행동이 나타날 수 있다. 이러한 행동은 대체로 지금보다 더 낫고 안전하며 좀 더 예측할 수 있는 시절로 돌아가려는 욕구로 보인다.
- 학령기 아동은 자신이 없는 사이에 무슨 일이 일어날까 봐 두려워서 등교를 거부할 수 있다.
- 학업 문제가 거의 혹은 전혀 없었던 아동이 뒤처지거나 또래나 교사와 어려움을 겪을 수 있다. 주의력 결핍이나 부주의가 원인일 수 있다.
- 이전에는 평균적인 성취도를 보였던 학생이 지금은 완전히 학업에 몰두할 수 있다. 이는 상실에서 벗어나기 위한 방법일 수 있다.

행동의 변화가 정신적 고통으로 인한 증상으로 이해되기 위해서는 대체로 그 변화가 인상적인 수준이어야 한다.

감정은 아동에게 종종 혼란스러움의 원천이다. 상실에 대한 반응은 자신에 대한 지각, 고인과의 관계, 고인에게 무슨 일이 일어났는지에 관한 지각에 의해 상당히 영향을 받는다.

청소년뿐만 아니라 아동도 자기중심적이며 일반적으로 자신을 우주의 중심을 지배하는 힘센 존재라고 여긴다. 이는 매우 정상적이며 대체로 건강한 자아개념을 갖는 것으로 발전한다. 하지만 애도 영역에서는 이 자연스러운 자기중심성이 비합리적인 죄책감의 원천이 될 수 있다. 아동은 자신이 고인에 대해 생각하고 느낀 것 때문에 혹은 자신이 말을 안 들었기 때문에 고인이 죽었다고 믿는다.

분노는 성인과 아동에게 흔한 감정이다. 아동은 고인이 사망했다고 화를 내거나 고인 대신에 사망하지 않았다고 다른 가족 구성원이나 다른 사람에게 화를 낼 수 있다. 버려진 느낌이나 장례식이나 다른 의식에 참여하지 못한 일은 현재나 미래에 분노의 원천이 될 수 있다. 또한 분노는 죽음 이후에 삶이나 생활방식이 변화한 것에 대한 결과일 수 있다.

성인도 종종 혼란스러움을 경험한다. 그래서 죽음, 특히 자살이나 타살에 대해 아이에게 뭐라고 말해야 할지 고심한다. 아이를 놀라게 하지 않으면서 아이가 이해할 수 있는 말로 복잡한 사건을 어떻게 설명할지를 결정할 때 더 큰 혼란을 경험할 수 있다. 이는 실제로 일어난 일과 그 이유를 넘어 아이에게 혼란스러움을 가져다줄 수 있다. 어떻게 반응할지에 대한 서로 다른 메시지도 아이를 혼란스럽게 할 수 있다. 아빠는 "다 컸으니까 울지 말고 엄마를 도와야지."라고 말하는 반면에 교사나 학교상담사는 "슬퍼하고 울어도 괜찮아. 느끼는 대로 표현해도 돼."라고 말할 수 있다.

죽음 이후에, 특히 고인이 부모 중 하나일 경우에 두려움과 불안이 뒤따를 수 있다. 이러한 경우에 아동은 자신을 누가 돌봐줄지, 다른 가족 구성원, 특히 부모 중 남아 있는 한쪽도 죽을까 봐 걱정할 수 있다. 또한 불안은 미래와 사망한 부모가 제공했던 것이 없어질 거라는 생각과 관련될 수 있다. 자신의 죽음과 관련된 불안은 아동의 연령에 달려 있는 것 같다.

아동은 종종 연령과 인지적·정서적 능력에 적절한 수준으로 애도한다. 이는 감정을 있는 그대로 느낀 후에 다시 놀 준비를 하거나 엄마나 아빠가 죽었다는 소식을 들은 후에 바로 자기 방으로 가서 장난감을 가지고 놀 수 있음을 의미한다. 이러한 반응은 낯설지만 단지 어른의 반응이 아닐 뿐이다. 아동은 대처할 수 있는 능력이 한정되어 있기 때문에 압도당하지 않기 위해 가능하면 필요한 만큼 경험을 조절할 것이다. 이와 유사하게, 아동이 상실에 관해 어떤 말을 들었을 때 알아들었다는 뜻으로 고개를 끄덕일 수 있다. 성인의 경우에는 정확하든 그렇지 않든 이 동작을 이해했다는 신호로 받아들인다. 하지만 아동과 대화할 때는 이 동작을 이해했다는 뜻으로 받아들이면 안 된다. 아동은 뛰어난 관찰자이자 모방자이다. 아동이 성인의 행동에서 관찰한 것을 단지 모방하고 있을 가능성이 크다. 아동이 이해했다는 것을 확인하기 위해서는 당신이 방금 한 말을 아이가 자신의 언어로 다시 설명하도록 부드러운 목소리로 요청할 수 있다.

우리 모두도 마찬가지이지만, 아동의 애도는 많은 요인에 영향을 받는다. 고인이 누구인지, 고인의 나이와 아동과의 관계, 사망 당시에 아동이 옆에 있었는지, 사망이 갑작스럽고 예상치 못한 일이었는지, 사망이 폭력, 자살, 타살의 결과였는지가 이러한 요인에 포함된다. 아동의 애도에 특수한 추가적인 요인은 사망 이전이나 이후의 가족 관계, 고인의 역할, 가족의 의사소통 방식, 아동이 남아 있는 엄마 혹은 아빠와 함께 살 것인지 등이다. 이 모든 요인이 애도하는 아동의 감정과 행동에 영향을 미칠 것이다.

조력 방법

아동이 보살핌을 받고 있고 부모가 있다면, 이것이 가장 중요한 자원이다. 상실 이후에 아동의 욕구, 바람, 기대를 알고 있는 부모에게 접근하는 것이 가장 중요하다. 적절하다면, 종교인, 교사, 다른 사람들도 도움이 될 수 있다. 어떤 도움이 필요할지는 부모가 조율해야 한다.

어떤 것도 고치려고 하지 마라. 고장난 것은 아무것도 없다. 사망으로 인한 애도는 비록 삶에서 고통스러운 경험이지만 정상적이다. 아이가 아이답도록 허용하고 아동의 인지적·정서적 반응에 성인의 기대치를 부과하지 않도록 주의하라. 질문하는 것과 궁금해 하는 것을 허용하라. 하지만 아이의 질문에 주의 깊게 귀를 기울이고, 지나치게 설명하지 않으면서 무슨 일이 일어나고 있는지 아이가 잘 이해하도록 도와라. 또한 성인인 우리는 언어 능력이 뛰어난 아동을 더 편안해한다는 점을 명심하라. 하지만 아동이 언어로 표현을 잘한다고 해서 아동의 특정한 대처 방식에 대해 무언가를 알 수 있는 것은 아니다. 이와 유사하게, 지나친 침묵이 더 큰 문제를 암시한다고 무조건 생각해서는 안 된다.

아주 어린 아동이 놀이에 몰두하는 것을 허용하라. 놀이는 어린아이에게 자연스러운 표현 방식이기 때문이다. 그림 그리기와 이야기 만들기는 어린아이에게 자연스럽고 즐거운 분출구이다. 상실과 상실 후의 삶의 회복이 주제인 이야기, 예를 들어 레오 버스카글리아(Leo Buscaglia)의 『나뭇잎 프레디(*The Fall of Freddie the Leaf*)』는 아동이 상실을 '훈습하도록' 돕고 죽음이 가져온 분리와 상실에서 벗어나는 것을 쉽게 이해하도록 한다.

아동은 뛰어난 관찰자여서 속이기가 쉽지 않다는 점을 인식하라. 아동은 주변의 어른들이 상실에 어떻게 반응하는지 관찰할 것이다. 눈물, 슬픔,

초조, 다른 정상적인 감정을 감추거나 아무 일도 일어나지 않은 척하기보다는 이러한 것에 대해 설명해 주라. 개방적이고 솔직한 태도를 보이면 아동은 안심할 것이고 자신과 다른 이들의 애도 반응을 자연스럽게 수용할 것이다.

진짜 작업은 장례식과 추도식이 끝난 이후에 시작된다. 애도자가 고인에 대해 생각하고 기억하면서 감정은 강렬해지고 오르락내리락하게 된다. 불안은 고인에 대한 기억이 더 이상 명료하지 않다고 점점 더 깨달으면서 생겨날 수 있다. 오르락내리락하는 불안의 징후는 아동의 놀이, 그림, 질문 속에서 찾아볼 수 있다. 당신이 관찰한 것에 대해 물어보고 아동의 질문에 주의 깊게 귀를 기울이라. 고인에 대해 이야기하거나 사진을 보는 것을 두려워하지 말고 아동이 고인에 대한 기억을 잘 정리하고 유지하도록 도와라.

아동을 위한 애도 과제

앞 장에서 살펴본 것처럼, 애도 작업은 특히 애도 과제로 개념화될 수 있다. 애도 과제는 보호자 역할의 중요한 부분에 대해 윤곽을 잡아 주는 틀을 제공한다. 하지만 이러한 애도 과제가 애도하는 아동에게도 적용되는가? 아동의 애도를 연구하는 몇몇 학자는 그렇다고 말한다(Fox, 1988; Baker, et al., 1992; Corr, 1995; Wolfelt, 1983; Worden, 1996).

워든(Worden, 1996)은 『애도상담과 애도심리치료(*Grief counseling and grief therapy*)』를 통해 애도 과제라는 개념을 대중화했다. 그는 애도 과제가 아동에게도 적용될 수 있고 아동의 인지적·정서적·사회적 발달 면에서 이해될 수 있다고 믿었다. 그는 위의 책의 3장에 네 가지 애도 과제를 제시했다.

과제 1. 상실의 현실을 수용하기
과제 2. 애도의 고통을 헤쳐 나가기
과제 3. 고인이 사라진 환경에 적응하기
과제 4. 고인의 자리를 정서적으로 재정립하고 삶을 이어 나가기

워든은 아동도 성인처럼 죽음을 인정하고 삶을 이어 나가면서 상실의 정서적 영향을 다룰 수 있도록 고인이 실제로 사망했으며 다시 살아나지 않을 것임을 믿어야 한다고 보았다. 이를 위해서는 아동이 적어도 부분적으로나마 죽음의 개념, 특히 비가역성과 비기능성이라는 하위 개념을 이해하는 것이 필수적이다(Speece & Brent, 1996). 내지(1948)는 3세에서 5세까지의 아동이 대체로 죽음을 수용하지 않는다는 점을 밝혔다. 피아제가 말한 전조작적 발달 단계에 속하는 아동은 비가역성과 비기능성의 개념을 이해할 수 없다.

워든의 첫 번째 애도 과제를 수행하기 위해서는 앞서 언급한 능력을 갖춘 아동에게 연령에 맞는 언어로 정확하게 죽음에 대해 말할 필요가 있다. 이를 위해서는 인내심을 가질 필요가 있는데, 아마도 반복적으로 행해야 하기 때문일 것이다. 부모는 아동이 좋아하는 책을 아마 1백 번쯤 읽어 주었던 것을 기억할 것이다. 매번 읽을 때마다 정확해야 하고 한 단어도 빠뜨리지 말아야 하며 조금이라도 틀리면 아동이 바로 알아차릴 것이다. 아동이 죽음에 대해 반복적으로 던지는 질문은 서로 유사한데, 이는 죽음의 현실에 분투하는 방식이며 현실의 일관성을 시험하는 방법이다. 비록 지겨울 수 있지만, 이러한 질문은 아동이 상실의 현실을 받아들이는 데 도움이

된다. 어른이 해 주는 이야기가 바뀌면 아동은 현실을 믿을 만하지 못한 것으로 여기고 애도 작업이 지연된다.

두 번째 애도 과제는 상실과 연관된 다양한 정서를 인정하고 훈습하는 것이다. 아동의 경우에 신체화 행동이나 일탈 행동이 포함될 수 있다. 아동은 보통 본성대로 대처하는 자신의 능력을 압도하거나 초과하지 않는 방식으로 조금씩 이 과제에 접근한다. 아동의 대처 능력은 다양하며, 특히 5세에서 7세까지의 아동에게서 관찰될 수 있다. 이 연령대의 아동은 죽음이 최종적이라는 점을 이해할 수 있는 인지 능력을 갖고 있을지도 모르나, 상실이 초래한 강렬한 감정에 대처하는 정서적 발달과 사회적 기술이 부족할 수 있다.

아동이 상실에 반응하면서 경험하는 정서는 성인의 정서와 비슷하다. 하지만 아동은 그 정서를 확인하고 표현하는 데 필수적인 언어적 기술이 종종 부족하다. 더욱이 아동의 정서적 반응은 성인을 모델링하면서 영향을 받는다. 성인이 압도되지 않으면서 애도를 표현하는 것을 보면 안도감을 느낀다. 만약 성인이 애도와 관련된 역기능적인 행동을 하는 것을 본다면 그 반대의 상황이 벌어질 수 있다. 일반적으로 아동은 감정, 특히 자신이 느끼는 감정에 대해 두려움을 품을 수 있다. 결과적으로 애도 작업이 완전히 중단될 수 있다.

세 번째 과제와 관련된 애도 작업은 고인이 아동이나 다른 가족의 삶에서 했던 역할과 관계에 영향을 받는다. 대부분의 가정에서 엄마는 가족을 정서적으로 돌보는 역할을 하고 아동의 절친한 친구이다. 만약 그런 엄마가 사망했다면, 아동의 애도 작업에는 이러한 역할을 수행했던 엄마의 상실에 적응하는 것이 포함된다. 아빠가 사망했을 때에도 비슷한 역할 적응이 필요할 수 있다. 엄마는 새로운 역할 때문에 기존에 자신이 수행했던 역할을 배제할 수 있다. 아동은 이제 엄마와 아빠의 역할 모두를 상실한 상황에 적응해야만 한다.

이러한 적응은 시간이 지나도 계속되기 때문에 신속히 완료되지 않는다. 아동은 성장하면서 이전 상실의 새로운 면을 경험하게 될 것이다. 아동기에 경험한 상실에 대한 애도는 발달이 진행됨에 따라 여러 지점에서 다시 경험된다. 아동기에 엄마를 잃은 사람은 결혼식을 앞두고 혼수 준비를 함께할 엄마가 없다는 사실에 다시 강렬하게 애도를 경험할 수 있다.

애도의 마지막 과제는 애도자가 고인을 자신의 정서적인 삶의 적절한 부분에 자리매김하고 삶을 이어 나가는 것이다. 아동의 질문은 종종 이러한 과제와 관련된다. 아동이 "모든 사람이 다 죽나요?"라고 물을 때, "죽음이 보편적인가요?"라는 의미 이상을 묻고 있는 것이다. 말하지 않은 질문은 아마도 "죽은 사람은 어디로 가고, 이제 제 삶에서 그 사람의 존재를 어떻게 해야 하나요?"일 것이다. 아동기에 죽음과 상실에 대한 반복되는 질문과 대화가 보호하거나 안심이 되는 방식으로 경험된다면, 이는 이후의 삶에서 '왜'라는 실존적인 의문이 생겼을 때 그것에 대한 답이 주렁주렁 열리는 나무로 자랄 씨앗이 될 수 있다.

내세에 대한 신념도 애도에 영향력 있는 요인이 될 수 있다. 실버먼, 닉먼, 워든(Silverman, Nickman, & Worden, 1992)은 아동이 사망한 부·모에 대해 표상적 동일시(representational identification)를 유지하기 위해 시도하는 다양한 방식을 파악했다. 사망한 부·모가 천국 같은 곳에 있다거나, 사망한 부·모가 자신을 지켜본다거나, 사망한 부·모에게 연락하려고 한다거나, 사망한 부·모에 대한 기억을 일깨운다거나, 사망한 부·모와 자신이 공유한 물건을 소중히 간직하려고 하는 것 등이다.

워든(1996, pp.95-96)은 아동의 애도 경험에 중요한 매개변인을 다음과 같이 정리했다.

- 일반적으로 대부분의 아동에게 어머니의 상실은 아버지의 상실보다 더 좋지 않다. 특히 상실 이후 2년째를 지날 때 더욱 그렇다. 어머니의 죽음은 일상생활이 더 많이 변하게 되는 전조이며 대부분의 가정에서 정서적 보호자의 상실이다.
- 어머니의 상실은 불안 수준의 증가, 외현적 행동의 증가, 자존감의 감소, 자기효능감의 감소 같은 정서적·행동적 문제와 관련이 있다.
- 어머니를 잃으면 사망한 어머니와 더 깊이 연결된다.
- 남아 있는 부·모의 기능 수준은 아동이 부·모의 사망에 어느 정도 적응하는지를 알 수 있는 가장 강력한 예측 변수이다. 잘 기능하지 못하는 부·모를 둔 아동은 더 많은 불안, 우울, 수면 문제, 건강 문제를 보인다.
- 남아 있는 부·모가 일관적으로 훈육하고 아동의 욕구와 행동을 아동의 지각과 유사한 방식으로 지각하면, 애도하는 아동은 정서적·행동적 문제를 덜 보인다. 비일관적으로 훈육하고 지각의 차이가 생기면, 아동의 불안 수준은 높아질 것이다.
- 사별한 첫해에 남아 있는 쪽이 새로운 사람과 사귀면, 아동의 철수 행동, 외현적 문제 행동, 신체화 증상 같은 유의미한 문제가 이와 연관되어 나타날 수 있다. 이는 특히 남아 있는 쪽이 아버지일 경우에 그러한 것으로 나타났다.
- 반면에 적절한 애도 기간 이후에 남아 있는 부·모가 약혼이나 결혼을 하면 긍정적일 수 있다. 새로운 가족 내에서 아동은 불안, 우울을 덜 겪을 수 있고 남아 있는 부·모의 안전에 대해 덜 걱정할 수 있다.
- 형제자매의 수는 아동의 애도에 긍정적인 효과를 줄 수 있다. 이는 잘 기능하지 못하는 부·모가 주는 부정적인 효과를 완화시킬 수 있

다. 더불어 대가족은 아동이 자신의 감정을 표현할 수 있는 기회와 용기를 주는 안전함의 맥락을 제공한다.

- 잘 화합하는 가족의 아동은 그렇지 않은 가족의 아동에 비해 외현적 문제 행동을 덜 보이고 자신에 대해 더 긍정적으로 느낀다.
- 사망 이전이나 이후에 발생하는 수많은 스트레스 요인을 경험하는 가족의 경우, 부·모는 더 많은 스트레스와 우울을 겪을 수 있고 아동은 더 많은 정서적·행동적 문제를 보일 수 있다.
- 애도에 적극적으로 대처한 가족과 힘든 상황에서 긍정적인 뭔가를 발견할 수 있는 가족에서 가장 좋은 애도 성과가 나올 수 있다.
- 비록 부·모의 죽음을 경험했더라도 애도하는 아동의 죽음에 대한 이해도는 통제 집단과 비교할 때 유의미한 차이가 없었다.

청소년의 애도

청소년기는 아동기와 성인기의 사이 그리고 두 시기가 겹치는 독특한 발달적 기간이다. 청소년기의 독특성은 아동기와 성인기의 요소를 유지하는 동시에 분리하려고 분투한다는 점에서 부분적으로 비롯된다. 하나의 예로, 청소년은 죽음의 핵심 개념인 보편성, 비기능성, 비가역성, 인과성을 이해하고 이러한 개념의 세부적인 사항을 충분히 설명하는 데 필요한 성숙한 지적 수준을 갖추었다. 하지만 모든 사람에게 일어나는 현상으로서 죽음에 대해 인식하는 것은 종종 자신이 영원히 살 것이라고 생각하는 청소년의 위험한(미성숙한) 행동을 줄이는 데 충분하지 않다. 이러한 복잡한 현상에 대한 성숙한 어른으로서의 이해와 접근은 "하지만 나한테는 그런 일이 안 일어나."라는 생각 때문에 제대로 효과를 보지 못한다.

생애 발달에서는 정상적인 생애 전환 사건과 예상치 못한 생애 사건을 구분한다. 정상적인 생애 전환 사건은 다른 생애 사건과 더불어 특정 기간에 발생할 것이라고 기대되는 개인의 발달에 전환점이 된다. 이러한 생애 전환 사건은 모두는 아니더라도 대부분의 집단 구성원이 경험한다. 예상치 못한 생애 사건은 단어가 의미하는 것처럼 기대하지 않은 사건이다. 이러한 사건은 정상적인 생애 전환 과정에서 무작위로 발생하며 "하지만 나한테는 그런 일이 안 일어나."라는 청소년의 자체 규정을 위반한다.

청소년기의 독특성과 청소년이 직면하는 정상적인 발달 과제를 이해함으로써 어떤 요인이 이들의 애도 경험에 영향을 미치며 애도와 상실을 통해 이들의 여정을 가능하게 하는지에 대한 통찰을 얻을 수 있다. 청소년기의 주요 발달 과제는 정체성의 형성이다. 아동기 동안에는 가족이 주로 아동의 정체성을 규정한다. 개성화 과정은 청소년기에 시작되는데, 이 과정 동안에 다른 애착 관계에 대한 이해와 통합을 통해 부모-자녀 사이의 애착 관계가 재형성된다.

2장에서 살펴본 것처럼, 애착 대상은 세상을 탐험하게 하는 안전기지의 역할을 한다. 부모-자녀 사이의 애착 관계는 청소년기에 줄어들지 않고 재협상된다는 점을 기억하라. 애착 관계는 부모에서 또래 집단으로 점점 더 많이 이동하기 시작한다. 아동보다는 청소년이 다양한 상실 관련 경험에 직면할 가능성이 높다는 점에서 이는 중요한 함의를 갖는다. 비록 죽음 경험은 아닐지라도 애도 반응을 불러일으킬 수 있는 상실(예를 들어, 이성 관계나 중요한 우정 관계의 단절)을 경험할 수 있다.

부모의 죽음과 상실에 대한 청소년의 경험은 발달 과제의 수행에 강력한 영향을 미칠 수 있다. 이와 유사하게, 발달 과제의 지속적인 수행은 애도 반응에 강력한 영향을 미칠 수 있다. 예를 들어, 부모에게서 정서적으로 해방되려고 시도하는 청소년은 부모 중 한쪽이 예기치 않게 사망했을 경우에 애도 과정에서 부작용(강한 비합리적 죄책감, 유기감, 자존감의 저하)을 경험할 수 있다. 비슷한 시나리오로, 죽음에서 유발된 불안전감이나 안전감의 결핍으로 인해 개성화 과정이 손상될 수 있다. 2장에서 논의한 것과 같은, 애도 반응에 영향을 미치는 다른 요인이 작용한다면 이런 시나리오는 더욱 복잡해질 수 있다.

현재의 애착 관계의 원천인 또래 집단에서 사망으로 인한 상실을 접하게 되면, 해당 청소년의 자율성과 독립성의 발달이 위태로워질 수 있으며 애도 반응이 더 힘겨워질 수 있다. 동료 세대라고 간주되는 또래 집단에 속한 구성원과 갑작스럽고 예기치 않게 사별하게 되면, 자신이 절대 강자이며 영원히 살 것이라는 청소년의 갑옷이 산산조각 날 수 있다. 죽음이 청소년과 같은 연령의 비슷한 상황에 있는 사람에게 일어날 수 있다는 언뜻 보기에 신랄하지만 사실적인 현실은 이런 일이 자신에게도 일어날 수 있다는 것을 의미한다. 이 점은 엄청난 불안과 두려움의 원천이 될 수 있다. 대처 행동은 아이 같은 퇴행에서부터 치열한 자기성찰과 재조직화까지 전반적인 범위에 이른다.

또한 청소년기, 특히 청소년 후기는 가깝고 친밀한 관계를 시험하고 정립하기 시작하는 시기이다. 청소년기 초반부터 이러한 관계에 접근하고 시험해 왔다. 하지만 청소년은 자기중심적 사고, 개인적 우화, 낭만화의 족쇄를 끊어 내면서 진정한 친구가 누구인지 결정할 수 있게 된다. 그리고 이제 엄청난 투자를 하기 시작한다. 보상도 커지지만, 그만큼 위험도 커진다. 옛말에도 있는 "한 번도 사랑하지 않은 것보다 차라리 사랑하고 실연하는 것이 낫다."는 시험대에 오른다. 만약 사별을 경험한 적이 없다면, 사망으로 끝나는 성숙한 애정 관계에 중요한 투자를 하는 청소년은 관계의 안전성(보상 대비 위험 부담)에 의문을 품게 된다. 또한 이러한 경험을 통해 그

옛말이 사실이라는 개인적·실존적 이유를 분투하여 찾음으로써 성장할 수 있다.

청소년기의 애도 작업은 상황에 따른 도전을 의미한다는 것을 인식하는 것이 아마도 가장 중요할 것이다. 이러한 도전의 결과는 정상적인 생애 전환 사건과 애도자에게 적합한 발달 과제에 영향을 받을 것이다. 정서적 분리와 개성화, 성숙한 자아정체감을 성취하는 것, 친밀한 관계를 발전시키는 것 같은 발달 과제는 애도가 어떻게 경험되고 진행되는가에 영향을 미친다. 이는 애도하는 청소년을 조력하는 사람들이 애도 작업에서 정상적인 발달 작업을 탐색하는 과제를 추가로 수행해야 함을 의미한다.

사고와 성찰을 위한 질문

1   당신이 어린아이였을 때 가정에서 죽음이라는 주제를 어떻게 다루었는가?

2   어린아이로서 당신이 죽음에 대해 가장 흥미로웠던 점과 가장 당혹스러웠
    던 점은 무엇이었는가?

3   아동기에 반려동물이 죽은 경험을 한 적이 있는가? 무슨 일이 있었는가?
    어떤 느낌이었는가? 주변의 어른들은 당신에게 어떤 반응을 보였는가?

4   어린아이였을 때 가족이나 친척 가운데 사망한 사람이 있었는가? 무슨 일
    이 있었는가? 어떤 느낌이었는가? 주변의 어른들은 당신에게 어떤 반응을
    보였는가?

5   아동이 사망을 경험했을 때 부모나 다른 중요한 타인이 어떻게 반응하는
    것이 최선이라고 생각하는가?

6   레오 버스카글리아의 『나뭇잎 프레디』를 읽으시오. 당신의 경험에 비추어
    보시오.

다음은 죽음, 임종, 사별에 관한 아동용 책들이다. 다른 책은 사서의 추천을 받
아서 읽어 보도록 하시오.

- 『나뭇잎 프레디』, 레오 버스카글리아, 창해, 2004.

- *The Dead Bird*, Margaret Wise Brown, Reading, MA: Addison-
  Wesley, 1958.

- *When Violet Died*, Mildred Kantrowitz, NY: Parents' Magazine
  Press, 1973.

- *Why Did Grampa Die? A Book about Death*, Barbara S. Hazen,
  NY: Golden, 1985.

- *Dusty Was My Friend: Coming to Terms with Loss*, Andrea F.
  Clardy, Human Sciences, 1984.

9장

치료 개입

애도자와 치료 작업을 하기 위해서는 애착, 상실, 애도 과정의 역동을 이해하는 것이 필수적이다. 애도 작업이라는 미로를 헤쳐 나가기 위해서는 반드시 개입 전략이 필요하다. 개입 전략은 다음과 같은 가정에 근거한다. "죽음으로 인한 상실 이후의 고통은 애도자의 개인적인 현실 경험에 대한 자연스러운 표현이며 재조직화와 적응 과정의 자연스러운 일부이다." 또한 대부분의 사람들은 건강한 적응에 필요한 자원을 갖고 있다는 점을 이해하고 받아들여야 한다. 하지만 앞에서 논의한 것처럼 어떤 사람은 다른 사람에 비해 더 큰 어려움을 경험할 것이다. 비록 애도가 보편적인 경험이라는 것이 사실일지라도, 올포트(Allport)가 말한 것처럼 어떤 개인은 모든 타인과 유사하고, 어떤 개인은 어떤 타인과 유사하며, 어떤 개인은 타인과 전혀 다르다는 것도 사실일 것이다. 치료 개입에 대해 살펴보기 전에 개인차에 대해 잠깐 짚고 넘어갈 필요가 있다.

우리와는 다른 사람들과의 작업

앞 장에서 우리는 애도 경험에 영향을 미치는 수많은 요인을 살펴보았다. 또한 우리는 애도의 어떤 요소는 보편적이며 그러한 점에서 모든 사람은 다른 사람과 유사하다는 점에 주목했다. 하지만 우리는 애도 과정에 영향을 미치는 요인을 고려할 때 어떤 사람에게는 적용되지만 다른 사람에게는 적용되지 않는 다양한 요인이 존재한다는 점을 알았다. 이런 점에서 애도 경험에서 개인 간의 차이는 광범위할 수 있다. 마지막으로, 우리는 애도 경험이 한 개인에게 고유한 것이어서 다른 사람의 경험과는 유사하지 않을 수 있다는 점도 살펴보았다.

애도는 슬픔의 외적인 표현이다. 앞서 논의한 요인과 함께, 애도는 한 개인의 세계관에 많은 영향을 받는다. 각 개인의 독특성을 존중하기 위해서는 삶의 여정에서 그 사람이 자리한 곳에서 만나야 한다. 우리와 문화적으로 다른 사람들과 만나서 작업하기 위해서는 문화 내적이나 문화 사이의 경험 혹은 집단적인 경험과 그와 관련된 세계관에 대한 고정관념이나 선입견에 민감해야 한다. 애도자와 작업할 때는 그 경험을 동일한 보편적 문화를 공유한 구성원 사이의 실존적인 만남으로 바라보는 데에서 시작하는 것이 유용할 수 있다. 이러한 관점은 같은 인간으로서의 유대감과 애도 경험과 관련된 요소의 보편성을 인정한다.

치료적이기 위해서는 마르틴 부버(Martin Buber, 1996)가 묘사한 나와 너(the I and thou)의 관계가 되어야만 한다. '나'는 진솔하고 현재에 존재하며 경험의 세계와 그 차이를 인정하면서도 초월한다. 이 관점은 사회문화적인 영향을 간과하거나 부인하지 않는다. 하지만 정보, 경험, 잠재적 고정관념(나와 그것, 나와 우리, 나와 그들)의 단순한 조합 너머로, 즉 애도자와 조력자의 독특한 주관적 경험으로 나아가게 한다. 조력자는 나와 너의 관계에서 애도자의 이야기를 제3의 귀를 통해 경청하며 진술하게 함께한다. 애도자의 이야기는 그의 세계관과 관련된 문화적·개인적 경험을 포함하고 있다. 이러한 여정에서는 애도자를 그만의 고유한 관점으로 이해해야 한다.

클래스(Klass)는 1999년에 쓴 「애도의 범문화적인 모델의 개발: 이 분야의 현황(Developing a cross-cultural model of grief: The state of the field)」이라는 논문에서 모든 문화에 적용할 수 있는 애도 개념이 개발될 수 있다는 쉽지 않은 생각을 탐색했다. 그는 "애도는 일원적이고 보편적인 현상인가, 아니면 순수하게 문화적인 산물인가?"라는 이분법적 질문에 답하려고 시도하기보다는 문화적인 모델과 개인적이고 정신적인 모델이나 스키마 사이의 끊임없는 상호작용을 지적했다.

파크스(Parkes, 2000)는 애도 자체가 일원적이고 보편적인 현상은 아니며 애도를 보편적으로 만드는 몇몇 요소의 상호작용에 기인한다고 주장했다. 그는 비록 문화뿐만 아니라 개인 사이에도 큰 차이가 존재한다는 사실을 받아들이기는 하지만, 다양성은 차이가 아니며 적어도 위에서 언급한 보편성의 개념과는 관련이 없다고 단정했다. 개인 사이와 문화 사이에 존재하는 유사성은 보편성의 자격이 된다. 파크스는 다음의 내용이 보편적인 것이라고 밝혔다.

모든 사회적 동물은 그 정의상 서로 애착을 형성하며 유지하려는 경향이 있다. 애착은 역사적으로 생존에 필수적이다. 그래서 애착은 단절에 저항한다. 애착에 위협이 되는 일이 발생하면(이를테면, 분리) 신경생리학적 각성이 일어나고 애착 대상과의 재결합을 목적으로 한 행동이 개시된다. 애착은 높은 생존가를 갖기 때문에, 애착 행동은 덜 중요한 다른 성향보다 우선권을 갖는다. 하지만 애착 행동에 우선할 수 있으며 실제로 종종 우선하기도 하는 다른 우선 성향이 존재한다. 그것은 개인의 생존에 대한 직·간접적인 위협의 지각이다. 만약 행동 패턴의 목표를 설정하지 못한다면, 행동은 점차로 감소하고 개인은 다른 외적·내적 자극에 눈을 돌리게 된다. 상황에 따라 다른 욕구에 주의를 기울이면서, 개인은 목표 설정에 도달하기 위한 대안 수단을 적극적으로 탐색할 수 있다(pp.323-324).

우리가 자신이 지닌 문화적 차단막을 통해 상실과 애도에 대한 반응의 차이를 인식하려는 아주 흔한 경향을 인정하면서, 파크스는 이것이 우리가 타인의 눈으로 그러한 차이를 보는 법을 배울 수 없다는 것을 의미하지는 않는다고 밝혔다. 또한 타인의 눈으로 보기 위해서 우리가 지니고 있던 유용하고 타당한 생각을 버릴 필요는 없다고 주장했다. 그는 우리 문화의 유의미하고 유용한 많은 것이 타인에게도 유의미하고 가치 있을 수 있다고 믿었다.

치료 개입에 대해 이야기하기 전에 마지막으로 언급할 것이 있다. 우리와 다른 사람들은 우리의 경험이나 세계관과 양립할 수 없는 아이디어, 신념, 대처기제를 지니고 있을 수 있다. 하지만 그것들은 그들의 관점으로 이해되어야 한다. 만약 특정 행동이나 대처기제가 망가지지 않았다면 우리에게 어떻게 보이는지와 상관없이 고치려고 시도하지 말라는 것이 따르기 좋은 규칙이다.

개입

애도자는 애도의 초기 단계에서 종종 충격에 빠져 있거나 자동조종 상태여서 외부와의 접촉에 투자할 에너지나 동기를 거의 지니고 있지 않다. 여기에서의 치료 개입은 단지 접촉하고 함께 있어 주는 것이다. 이를 위해서는 "필요한 게 있으면 제게 연락하세요."라는 말 이상의 것이 필요하다. 종종 적극적인 관여가 필요하다. 우리는 애도자의 욕구를 평가하고 결정해야 하고 도움을 제공해야 한다. 이러한 평가는 지속적으로 이루어지며, 그에 따라 애도자의 욕구뿐만 아니라 그것에 대한 우리의 반응도 변화할 것이다. 처음에는 애도자가 우리가 제안하는 것을 거부할 수 있다. 하지만 그렇다고 해서 이후에 다시 도움을 제공하기를 주저해서는 안 된다.

특히 애도자가 충격을 받고 혼란을 느끼는 상태인 초기에 신체적으로나 정서적으로 함께함으로써 그가 혼자가 아니라는 것을 전달하고, 사별 경험으로 인해 초점 밖으로 갑자기 사라진 세계에 다시 초점을 맞추려는 그의 노력을 조력해야 한다. 초기 개입에서는 대체로 문제해결 방법과 애도자에게 급박한 당면 요구의 해결책을 찾는 데 초점을 맞춘다. 아마도 이 시기에는 정서적 수준에서 주요 문제에 접근하는 것이 시기상조일 수 있다. 앞에서 말한 것처럼, 애도는 때로 사회적으로 수용되기 힘든 사고나 감정을 동반하는 낯선 경험이므로 애도자가 대체로 애도해도 되는지에 대해 허락을 구하지 않을 것이라는 점을 이해해야 한다. 미해결된 애도가 애도 정서를 경험해도 된다는 허락을 받지 못한 것과 관련될 수 있다고 한 4장의 내용을 떠올려 보길 바란다. 반드시 언어적으로 비판단적인 태도와 행동으로 허용한다는 의사소통이 이루어져야 한다. 어떠한 사고와 감정이라도 표현하면 온정적인 지지와 이해를 바탕으로 받아들여질 것이라는 메시지를 애도자에게 반드시 전해야 한다.

사회적 지지는 중요한 요인이며, 애도자는 스스로 고립되지 않도록 해야 한다. 강렬한 정서적 반응이 나타나는 시기에는 애도자의 주관적이고 종종 뒤범벅된 현실의 균형을 회복하기 위해서라도 타인을 통해 안도감, 질서, 객관적인 현실감을 얻는 것이 도움이 된다. 상실의 초기 단계와, 애도가 지금쯤에는 끝나야 하고 모든 것이 정상으로 돌아가야 한다고 사회가 정해 놓은 시간에 해당되는 상실 이후의 기간 동안 그렇다. 치료 집단이나 자조 지지 집단도 특히 유용할 수 있다.

애도자는 종종 취약하고, 심지어는 무너지기 쉬워 보인다. 많은 사람들은 무슨 말을 어떻게 해야 할지 모른 채 아무런 말을 하지 못하게 된다. 제대로 된 말을 찾는 것은 기껏해야 도전거리에 불과하고, 최악의 경우에 잘못된 말은 해를 끼쳐서 불안정한 상태를 야기할지도 모른다. 애도하고 있는 한 아버지는 무슨 말을 해야 할지 고민하는 사람들에게 다음과 같이 말했다.

고통받는 사람에게 무슨 말을 할 것인가? 어떤 사람들에게는 지혜로운 말을 하는 재능이 있다. 그런 경우에 우리는 깊이 고마워한다. 그런 경우가 많이 있었다. 하지만 모든 사람이 그런 재능을 타고나지는 않는다. 어떤 사람들은 이상하고 서툰 말을 불쑥 하기도 한다. 그래도 괜찮다. 항상 현명한 말을 할 필요는 없다. 말보다 진심이 더 잘 전해진다. 무슨 말을 해야 할지 생각나지 않는다면, "무슨 말을 해야 할지 모르겠어요. 하지만 제가 슬픔을 겪고 있는 당신과 함께 있다는 것을 알았으면 좋겠어요."라고만 말하라(Wolterstroff, 1987, pp.34-35).

메시지는 명확하다. 말의 의미는 말 자체가 아니라 적절한 말을 찾으려는 노력과 유창하지 않은 그 말이 보여 주는 힘과 배려를 통해 전달된다는 것이다.

애도자가 고인에 대한 감정과 기억을 언어로 표현하도록 격려하라. 정서적 위축 혹은 다른 사람들이 같은 이야기를 반복해서 듣는 것에 피곤해하지 않을까 하는 걱정 때문에 언어로 표현하는 것이 어려울 수 있다. 애도자에게는 분리로 인한 고통과 괴로움을 표현할 수 있는 여러 번의 기회가 필요하다. 고인에 대한 기억과 과거의 사건을 회상하는 것은 상실을 수용하고 무엇을 놓쳤는지를 밝히는 데 도움이 될 수 있다.

하지만 고인의 상실을 애도하는 것만으로는 충분치 않다. 애도자는 반드시 이후에 발생하는 2차 상실을 파악하고 애도해야만 한다. 흔히 2차 상실, 특히 충족되지 않은 꿈 같은 상징적인 상실은 파악하지 못한다. 일단 파악하면, 이러한 상실에 따른 애도 반응이 나타날 것이다. 2차 상실은 매우 중요해서, 애도자는 1차 상실보다 더 많은 어려움을 겪을 수 있다. 2차 상실의 예는 애도자가 고인과 맺은 관계(누군가의 아내나 딸, 아들)에서 규정되었던 자신의 일부의 상실, 이전의 가족의 상실, 사회적 지위의 상실, 직장 일로 인해 아이와 보내는 시간의 상실, 재정적 어려움으로 인한 가정의 상실 등이다.

상실에서 회복하는 데 포함된 필요조건을 이해하고 촉진하도록 애도자를 조력할 때, 언제 본인이 모든 것을 완수했는지 알도록 조력하는 것이 유용하다. 이를 통해 애도자는 미래를 지향하면서 회복될 수 있고 더 이상 슬픔에 사로잡히지 않는다면 어떻게 될지에 관해 자각할 수 있다. 조력자는 "만약 당신이 더 이상 슬픔 때문에 힘들어 하지 않는다면 무엇을 하고 있을 것 같습니까? 어떤 느낌이 들 것 같습니까? 어떤 생각을 할 것 같습니까?"라고 질문할 수 있다. 이는 해결 중심 기법의 질문이고 치료 과정에 다시 초점을 맞추는 데 유용할 수 있다. 하지만 모든 치료 개입에서 타이밍은 핵심이다. 애도 과정에서 이러한 유형의 개입을 너무 일찍 수행하면 정상적이고 건강한 애도 반응을 어렵게 하거나 축소할 수 있다.

애도자가 정서적으로나 인지적으로 상실을 처리하기 시작하면, 보통 예상되는 정상적인 애도 반응에 대해 교육하는 것이 유용하다. 이는 애도에 대한 신화(예를 들어, 회복 시간표나 정상적인 감정)를 떨쳐 버리는 시간이 될 수 있다. 감정과 경험을 정상화하는 것은 자신의 정신건강에 의문을 품거나 분노나 안도감과 관련된 죄책감이나 수치심에 압도당하고 있는 사람에게는 안도감의 중요한 원천이 될 수 있다. 애도의 단계와 과제에 대해 알려 주면 애도자가 어느 정도 통제감을 회복하거나 애도 과정에 참여하는데 도움이 될 수 있다.

애도 과정을 촉진하는 데 도움을 주는 사람들은 직업과 상관없이 자신의 교육과 훈련 방법에만 종종 의존한다. 하지만 다양한 자원이 애도 과정에 도움이 될 수 있다. 만약 애도자의 삶에 대해 반복해서 이야기하는 것이 치유에 도움이 된다면, 문학이 애도 과정을 촉진하는 또 다른 도구가 될 수 있다. 문학, 에세이, 시는 마음에 뭔가를 말해 줄 뿐만 아니라 그것에서 애도자가 말하지 못하는 것을 표현해 주는 단어나 구절을 발견할 수도 있다. 은유-언어적 이미지와 상징은 뒤범벅된 혼란 상태(많은 경우에 애도 경험이 그렇다)에 목소리를 부여해 준다. 다른 사람이 쓴 이야기가 또 다른 사람이 처음에 말하기 위한 자원이 될 수 있으며 그다음에 다양한 인물과 줄거리, 종결로 다시 이야기될 수 있다.

문학적 자원을 활용하는 방법은 매우 다양하다. 이 자원은 위로, 도전, 생각의 양식을 제공할 수 있다. 자신의 이야기나 일기를 쓰는 것이 어떤 사람에게는 유익할 수 있다. 자신의 생각, 감정, 경험을 말로 표현해야 하는 과제에 직면할 때마다 문학은 훌륭한 자원이 된다.

음악도 문학처럼 애도 과정을 촉진하는 힘을 지니고 있다. 애도자에게 의미 있는 음악은 언어적(디지털) 표현의 필요성을 뛰어넘고 아날로그적 경험을 제공하는 능력을 가지고 있다.

창의성은 교육과 전문적 훈련에서 종종 간과되거나 잊혀진 도구이다. 창의적인 탐색이나 실험은 애도 경험에 동반되는 정서가 대체로 비논리적이라는 점에서 유용할 수 있다. 따라서 우리의 교육과 전문적 훈련에서 추구하는 논리에서 잠깐 벗어나서 말할 수 없는 것을 말하거나 표현할 수 없는 것을 표현하려는 목적을 띤 영역으로 들어가 보는 것도 종종 필요하다.

애도 집단 모델

인간은 다른 사람과 어울리기를 좋아한다. 그래서 사회적·정서적 지원을 제공할 수 있고 다른 사람의 곤경을 이해할 수 있다. 얄롬(Yalom, 1995)이 말한 것처럼, 다른 사람의 경험에서 완전히 벗어난 행동이나 사고는 있을 수 없다. 집단 리더는 집단이 갖는 치료적 요소(희망의 주입, 보편성, 정보 제공, 이타주의, 사회적 기술 계발, 모방 행동, 대인관계 학습, 집단 응집성, 카타르시스, 실존적 요인)를 사용하면서 애도 과정이 그렇듯이 음악이 흐르듯이 진행한다.

집단 상담의 목표는 직접적으로 상실의 영향을 받은 사람들이 진전할 수 있는 지지적 환경을 제공함으로써 애도 단계와 과제를 통해 나아가도록 촉진하는 것이다. 참여자는 애도를 다루는 데 필요한 것을 표현하고 집단에서 성취하고 싶은 것과 관련된 목표를 설정하도록 격려된다.

집단 참여자는 죽음으로 인한 상실로 고통스러워 한다는 공통된 경험을 갖고 있다. 애도 작업에는 동질적인 집단이 바람직하다. 비슷한 상실을 경험한 사람들, 예를 들어 배우자나 부모와 사별한 사람들이 함께 모였을 때 일반적으로 상담 효과가 가장 좋다. 하지만 어떤 프로그램이나 지역에서는 이 같은 동질적인 집단을 꾸리는 것이 가능하지 않을 수 있다. 이러한 상황에서는 최소한 2명이라도 비슷한 상실을 경험한 사람을 포함하는 것이 최선일 것이다. 집단 내에서의 유대감은 죽음으로 인한 상실을 경험했다는 점뿐만 아니라 애도자가 경험한 상실의 유형을 통해서도 형성된다.

집단은 이상적으로 8명 내지 10명 정도로 구성한다. 집단을 구성하기 전에 반드시 면담을 실시해야 하는데, 집단 상담을 하기에 별로 적합하지 않은 상실 관련 요인이나 상실로 인해 촉발될 수 있는 요인이 있는지 확인해야 하기 때문이다. 어떤 사람들의 경우에는 상실이 다른 심리적 문제나 대인관계 문제를 유발할 수 있기 때문에 애도 과정이 이들의 필요에 충분하지 않다. 또한 위기에 처해 있는 사람들은 집단 상담에 적합하지 않을 수 있다. 이들이 집단에 포함되면 이들의 위기가 상담의 초점이 되고 애도 과정보다 외부 문제를 해결하는 데 집단의 에너지가 소모되는 경향이 있다.

기본적인 사회적 기술도 참여의 전제조건이다. 경직성이나 독단성이 지나치거나, 집단이 극단적으로 개방적이거나 폐쇄적인 것을 선호한다거나, 사회적 회피가 심하거나, 충동 통제가 어렵거나, 반사회적 행동이 심한 사람을 집단에 포함하는 것은 심각하게 고려할 필요가 있다. 비록 상담에서는 대체로 자기 노출을 좋은 자질이라고 간주하지만, 과도한 자기 노출은 집단 독점의 문제를 유발할 수 있다. 따라서 이러한 사람은 조심스럽게 고려해야 한다. 정신적으로 불안정한 이력을 지닌 사람과 적극적으로 자살 충동을 느끼는 사람은 제외해야 한다. 현재 개인 상담을 받고 있는 사람은 집단 경험이 적합할지에 대해 상담자와 상의한 후에 참여를 결정해야 한다.

다음은 회기당 2시간, 총 8주 동안 진행된 일반적인 폐쇄 집단에 대한 예이다. 회기별로 개요를 제시했다.

회기 1: 도입

첫 번째 회기는 도입과 이야기로 구성된다. 집단의 특성과 비밀 보장의 중요성이 강조된다. 참여자들은 누구를 잃었는지와 어떻게 사망했는지를 포함하여 상실에 대한 이야기를 나누도록 격려된다. 이 회기 동안에 집단 리더의 초점은 지지를 제공하고 애도자의 감정과 관련 반응을 정상화하는 것이다. 참여자들이 나누는 이야기 속에서 공통된 주제를 찾고 구성원의 공통된 경험과 감정을 연결하는 것은 집단 상담을 효과적으로 촉진하는 데 핵심적이다.

첫 번째 회기부터 시작하여 전체 회기 동안에 세상을 떠난(passed away) 혹은 다른 세상으로 간(passed on) 같은 완곡한 표현은 사용하지 않는다. 죽음으로 인한 상실이 실제 현실에서 발생했다는 것에 대한 수용을 촉진하기 위해서이다. 이는 남은 작업에 너무나 중요한 전제조건이다.

집단 내의 모든 사람이 상실의 현실과 "나한테만 이런 일이 일어난 것이 아니다. 다른 사람들도 나와 같거나 비슷한 감정을 느꼈고 좋지 않은 생각을 했다."라는 인식을 공유하는 것이 중요하다. 보편성과 희망의 주입 같은 치료적 요소는 이미 작용하고 있다. 보편성은 집단 구성원이 다른 사람들도 자신과 같이 느꼈고 지금도 느끼고 있다는 사실을 앎으로써 경험하는 안도감에서 드러난다. 또한 치유와 변화라는 목적을 가진 집단의 일부로 참여함으로써 희망의 주입이 따라온다. 희망은 다른 치료적 요소의 형성을 촉진하는 집단 상담에 참여하는 데 필요한 동기를 제공한다.

첫 번째 회기는 보통 강렬하기에, 애도자가 여태까지 마음에 담고 있던 슬픔에 감정을 실어 언어적으로 표현하기 시작하는 첫 번째 기회일 수 있다. 참여자들은 첫 번째 회기를 끝마칠 때 미겔 데 세르반테스(Miguel de Cervantes)가 했던 말을 주의 깊게 들어야 한다. "미리 경계하는 것이 미리 무장하는 것이다." 애도를 허락받음으로써 슬픔과 관련 감정이 더 생긴다.

앞으로는 좋은 날보다 '안 좋은 날'이 일상이 될 수 있다. 하지만 변하리라는 희망이 있다. 그때까지는 '좋은' 날은 아니더라도 되도록이면 최선의 날을 보내야 한다.

회기 2: 애도 해결의 단계와 과제

두 번째 회기는 네 부분으로 나뉜다. 첫 번째 부분에서 참여자들은 지난 1주 동안의 경험(좋은 경험과 나쁜 경험)을 나눈다. 집단 리더는 구성원의 애도 감정과 경험이 아마도 더 좋아지기 전에 더 심해지는 과정이 있을 것이라는 사실을 알리면서 감정을 지지하고 정상화하는 데 다시 초점을 둔다.

두 번째 부분에서는 참여자들에게 애도 과정을 교육하는 데 초점을 둔다. 이는 여러 가지 이유로 중요하다. 애도자는 예상되는 것을 알고자 한다. 그것에 대비하면 많은 것에 더 잘 대처할 수 있다. 애도자는 자신이 미치지 않으리라는 것을 알 필요가 있다. 때때로 강렬하고 종종 상충되는 감정의 동요가 생겨서 확신하지 못할 뿐이다. 집단 상담은 협력적인 과정이어서 예상되는 바를 처음부터 명확히 할 필요가 있다.

참여자들에게 제공되는 두 가지 프레젠테이션 가운데 하나는 존 볼비(John Bowlby, 1980)가 말한 애도 단계의 간략한 개요이다.

1. 첫 번째 단계는 무감각 단계이다. 이 단계 동안에 무감각, 충격, 부인은 상실에 대한 자각을 부분적으로 혹은 전면적으로 차단한다. 비록 이것이 일반적으로 첫 번째 반응으로 수용되기는 하지만, 어떤 부인 형태는 이후의 단계에서도 나타난다.
2. 두 번째 단계는 갈망 단계이다. 여기서는 고인을 강렬하게 갈망하고 집착한다. 이 단계에서 부인되는 것은 상실했다는 사실이 아니라 상

실의 영속성이다.

3. 세 번째 단계는 혼란과 절망 단계이다. 이제 상실했다는 사실과 영속성이 모두 수용된다. 이 단계에서 점차 갈망의 강도가 줄어들기 시작하고 우울, 무관심, 막연함이 찾아들기 시작한다.

4. 네 번째 단계는 행동의 재편성 단계이다. 이제 우울, 무관심, 막연함은 미래에 대한 흥미, 사물이나 타인에 대한 즐거움, 방향 감각이 다시 생겨남으로써 상당히 줄어든다.

두 번째 프레젠테이션은 애도 과제에 대한 간략한 개요이다. 일반적으로 애도 단계를 인식하면서, 이를 통한 움직임이나 움직임의 결여도 예리하게 자각할 수 있다. 단계는 수동성을 암시하지만 과제는 애도자가 애도 성과에 영향을 미치는 부분에 대한 행동과 통제를 암시한다는 점에서 주목할 만하다. 다음에 네 가지 애도 과제를 기술했다.

1. 자신의 관점 밖에서 죽음의 현실을 경험하고 표현하라(Lindemann, 1944; Parkes & Weiss, 1983; Worden, 1991). 여기에는 그 사람이 사망했고 돌아오지 못한다는 현실을 직면하는 것이 포함된다.

2. 자신을 신체적으로나 정서적으로 돌보면서 애도에 내재하는 정서적 고통을 견뎌라(Parkes & Weiss, 1983; Shuchter & Zisook, 1990; Worden, 1991). 분노, 죄책감, 무력감 같은 감정은 인식하기 어려울 수 있다는 점에 주목하는 것이 중요하다.

3. 현재의 관계에서 기억 속의 관계로 고인과의 관계를 전환시켜라(Lindemann, 1991; Parkes & Weiss, 1983; Rando, 1987, 1993; Ruskay, 1996; Sable, 1991; Worden, 1991). 이를 위해 애도자는 고인과 새로운 관계를 만들 필요가 있다. 또한 여기에는 고인의 빈자리를 받아들이는 법을

배우는 것이 포함된다.

4. 고인이 없는 삶을 바탕으로 새로운 자기 정체성을 계발하라(Lindemann, 1944; Parkes & Weiss, 1983; Ruskay, 1996; Worden, 1991). 역할 혼란에는 '우리'와 '나' 사이의 분투와 새로운 자율성과 관련된 두려움이 포함된다.

참여자들은 이러한 프레젠테이션을 접한 후에 질문하거나 의견이나 개인적 경험을 나누도록 격려받는다. 이는 이 회기의 세 번째 부분이다. 강조점은 애도 경험을 이해하고 정상화하는 것이다. 이를 통해 애도자는 애도를 해결하는 방향으로 분투할 수 있는 힘을 얻는다.

이 회기의 마지막 부분에서는 각 구성원이 집단에 바랄지도 모르는 어떤 요구나 특정한 도움, 목표를 알아내기 위해 질문한다. 이때 보편성과 희망의 주입이라는 치료적 요소에 정보 제공이라는 요소가 더해진다. 암묵적으로나 명시적으로 정보를 제공하면 불확실성이라는 감정을 줄이고자 하는 인간 본연의 욕구가 충족된다.

이 회기는 첫 번째 회기에서 했던 것과 동일한 경고와 코멘트를 덧붙이면서 종결된다. "좋은 날을 보내려고 애써 노력하지 마라. 애도 과정의 현재 지점에서 할 수 있는 만큼 최선의 날을 보내려고만 하라."

회기 3: 공유하기

세 번째 회기는 지난주에 어떤 경험을 했는지 공유하도록 참여자들에게 요청하면서 시작된다. 이어서 애도 단계와 과제에 대해 간단히 검토하고 가능하다면 참여자들이 경험하고 있는 애도 단계를 공유하도록 요청한다. 각 개인이 그 경험에 어떻게 대처해 왔는지에 초점을 맞추면서 서로 논의하고 대화하는 것을 격려한다.

이 회기에서 집단 리더는 참여자들이 자신의 느낌을 파악하고 표현하도록 더 많은 노력을 기울인다. 이 과제는 공통의 감정과 독특한 감정을 파악하기 위한 것이 아니라 적절한 애도 과제에 분투와 성취를 연관시키기 위한 것이다.

이 회기에서는 앞서 언급한 집단 상담의 치료적 요소가 계속 작용할 뿐만 아니라 이타주의 요소가 추가된다. 자신만의 무거운 애도 장막에 싸여 집단 상담에 참여하는 사람들은 이제 다른 집단 구성원을 좀 더 온전히 경험하고 무언가를 줌으로써 받아들이기 시작한다. 이 같은 자기 초월 현상은 지적으로 획득할 수 없다. 오직 체험함으로써 얻을 수 있으며 치유 과정의 중요한 일부이다.

참여자들에게 기념품이나 유품을 다음 회기에 가져오도록 요청하고 다음 주에는 장례식에 대해 이야기할 것이라고 알려 주면서 이 회기를 종결한다. 이제는 익숙한 마무리이지만, 좋은 한 주를 보내려고 하지 말고 가능한 한 최선을 다하는 한 주를 보내라고 인사한다.

회기 4: 추모

집단 구성원이 지난주의 경험, 성취, 힘들었던 일을 공유하면서 회기를 시작한다. 이어서 고인과 관련된 기념품이나 유품을 공유하도록 한다. 다음으로 장례식 경험, 즉 장례식에서 있었던 일, 그리고 가능하다면 고인이 자신의 장례식에 바랐을 법한 것에 대해 이야기를 나눈다. 이처럼 장례식 경험을 다시 이야기함으로써 상실의 현실을 재확인하고 상실과 관련된 더 깊은 정서를 표현하는 문이 열린다. 더불어 집단 구성원이 서로 정서적 지지를 주고받을 수 있는 추가적인 기회가 제공된다.

이 회기에서는 그다음의 치료적 요소인 집단 응집성이 형성되고 강화된다. 이전에 시작되었고 현재는 집단 구성원을 결속시키는 강력한 힘이 존재한다. 이러한 수용과 승인의 유대는 자기 노출에 대한 점검과 탐색을 위한 풍부한 조건을 마련해 준다. 집단 응집성은 다른 요소와 동일한 의미에서의 치료적 요소는 아니다. 하지만 촉매 역할을 하는 이 응집성이 없으면 다른 요소는 최상의 치유 잠재력을 발휘하지 못한다.

이 회기를 종결하면서 참여자들에게 다음 회기에 고인의 사진이나 가족 앨범을 가져오라고 부탁한다. 좋은 한 주를 보내려고 노력하지 말라는 너무나 익숙한 코멘트를 다시 한다. 아마도 이 회기가 이러한 코멘트를 하는 마지막 회기가 될 것이다.

회기 5: 기억

앨범과 사진을 보면서 명절, 특별한 행사, 고인이 수행했던 다양한 역할에 대한 기억을 이야기하도록 한다. 집단 구성원은 사진과 앨범을 조심스럽게 돌려 본다. 집단 리더는 참여자들이 고인에 대해 그리운 점이 무엇인지와 사진과 어떤 관련이 있는지에 초점을 맞추어 이야기하도록 조력한다. 고인에 대한 긍정적인 기억과 고인이 지닌 긍정적인 자질을 이야기한 후에 "그립지 않은 것은 무엇인가요?"라는 두 번째 질문을 던진다. 균형을 잘 맞추다 보면 고인이나 고인과의 관계에서 덜 바람직한 측면을 인정하고 수용하기가 종종 더 쉬워진다. 이를 통해 미처 탐색하지 못한 감정을 알게 되고 그것을 표현할 수 있는 문이 열린다.

이 회기에서는 종종 사회적 기술의 개발, 모방 행동, 카타르시스가 나타난다. 사회적 기술의 특성과 범위는 다양하지만, 참여자들은 집단 상담에 참여함으로써 타인에게 어떻게 다가갈지와 죽음으로 인한 상실과 관련 감정에 관해 어떻게 이야기할지에 대해 배운다. 놀랍게도 대부분의 참여자는 자신이 상실의 주제나 감정에 편안해지면 다른 사람들도 그렇다는 점을 배운다.

또한 참여자들은 직간접적으로 자신의 행동을 수정하고 다른 구성원의 효과적이고 더 바람직한 행동을 모방할 기회를 얻는다. 자기 노출 같은 위험 감수 행동이나 이전에는 부인했던 분노 같은 강렬한 정서를 적절히 표현하는 능력이 그러한 예에 해당될 수 있다. 일반적으로 이 회기에는 카타르시스가 증가한다. 집단은 이제 강렬한 정서를 표현하는 안전한 장소로 간주되며, 이전에는 부인했던 감정이 이제는 정상적인 감정으로 여겨지고 비록 좋아하지는 않지만 좀 더 자발적으로 이러한 감정을 수용한다.

이 회기를 종결하면서 최선의 한 주를 보내도록, 가능하다면 좋은 한 주를 보내도록 코멘트한다. 이는 작별 인사를 하고 삶을 이어 나가는 데 초점을 맞추는 다음 회기에 대한 예고이다.

회기 6: 피드백

이 회기에서는 참여자들이 작별 인사를 하는 과정의 어디쯤에 있는지에 대해 질문한다. 다른 사람에 비해 이 과정을 오래 겪는 사람은 아직 갈 길이 먼 사람에게 역할 모델과 희망의 불빛이 될 수 있다. 어려움을 겪고 있는 사람은 자신의 어려움과 두려움을 공유하도록 초대된다. 삶에서의 어려운 과제를 터놓고 논의하고, 남아 있는 고통을 마치 상실의 (최종적인) 현실을 아직 경험하지 않은 듯이 종종 경험한다.

대인관계 학습의 형태에서 타인의 피드백은 이제 집단 내에서 자주 이루어진다. 피드백 과정은 자신이 다른 사람에게 어떤 인상을 남기는지를 거울처럼 보여 준다. 이를 통해 타인이 상실을 겪는 사람에게 어떻게 반응하는지는 그 사람이 실제로 생각하거나 필요로 하는 것을 드러내지 않는 태도에 영향을 받는다는 자각을 얻을 수 있다.

회기 7: 대처 전략

지금까지 어떻게 대처했고 지금 어떻게 대처하고 있는지가 이 회기에서 초점이 되는 질문이다. 집단 리더는 참여자들이 대처 전략의 사용에 초점을 두고 그러한 행동의 효과성을 점검하도록 조력한다. 대인관계 학습이라는 요소는 이제 무대의 정중앙에 자리를 잡고 성장과 치유를 이루기 위해 가장 중요한 역할을 한다.

질문의 예는 고인의 소유물을 어떻게 처리할지, 애도자가 알고 있는 단기 목표는 무엇인지이다. 참여자들에게 해결되지 않은 문제가 있는지 탐색하면서 두 번째 회기에서 수립한 목표를 다시 점검하고 평가한다.

상실과 관련된 실존적 요인도 조명하고 논의한다. 예를 들어, 삶이 때로는 불공평하고 정의롭지 못하다는 점, 궁극적으로 삶의 고통과 죽음에서 벗어날 수 없다는 점, 내가 다른 사람과 얼마나 가까운지와 상관없이 여전히 삶을 홀로 직면해야 한다는 점, 내가 타인에게 얼마나 많은 지도와 지지를 받았는지와 상관없이 삶을 살아가는 방식에 대한 궁극적인 책임은 나에게 있다는 점을 배우고 나의 한계와 삶의 유한성을 인식하는 것이다.

참여자들은 지나간 주들을 돌이켜보면서 자신이 맞닥뜨린 불공평하고 부당한 상황과 자신이 느낀 고통을 기억하도록 격려받는다. 집단 리더는 각 구성원이 공통의 조건을 마주하여 함께 연대하더라도 피할 수 없는 지점을 홀로 맞닥뜨린다는 점을 상기시킨다.

회기 8: 작별 인사

집단 구성원이 애도 단계와 관련 과제의 어느 지점에 와 있는지 다시 평가하도록 요청한다. 참여자들은 자신의 경험에 대해 서로 피드백을 하고 작별 인사를 하도록 격려된다. 집단 리더도 각 구성원에게 피드백을 한다. 이 회기는 필요한 경우에 활용할 수 있는 추가적인 지역사회 서비스에 관한 정보를 제공하면서 마무리된다.

몇 달이 지난 후에는 다른 집단 모임 형태나 전화 통화 형태의 추후 활동이 유익하다.

애도 과정에 대한 집단 활동은 보편성, 희망의 주입, 이타주의, 집단 응집성, 사회적 기술 개발, 모방 행동, 카타르시스, 대인관계 학습, 실존적 요인이 서로 작용함으로써 촉진된다. 이처럼 집단 상담은 애도 과정을 촉진하는 가장 효과적이고 효율적인 방식이다.

치료적 관점 유지하기

애도자를 도울 때에는 치료적 관점과 현실적 관점을 유지할 필요가 있다. 진정으로 치료적이기 위해서는 우리의 무력감과 무능함을 받아들일 필요가 있다. 이를 인식하지 않으면 애도자의 욕구가 아니라 우리의 욕구 때문에 무위로 끝날 방식으로 개입하는 위험을 초래한다. 강렬한 열망과 노력을 쏟는다고 하더라도, 우리는 상황을 나아지게 할 수 없고 애도자의 고통을 멈출 수 없다. 넘어져서 무릎에 생채기가 났던 어린아이 시절을 떠올려 보라. 눈물을 흘리며 안 아프게 해 달라고 엄마의 도움을 구했을 것이다. 하지만 엄마는 상황을 실제로 나아지게 할 수 없다. 엄마가 할 수 있었던 것은 울고 있는 당신을 안고 위로해 주는 것이었다. 묵묵히 고통을 겪는 것은 우리 대부분에게 힘들지만, 더 힘든 것은 혼자 고통을 겪는 것이다. 다른 사람들은 당신의 고통을 없애 줄 수 없지만 당신이 홀로 고통을 겪지 않도록 함께 있어 줄 수 있다는 사실을 인식하고 받아들임으로써 우리는 치료적으로 되는 것에 한걸음을 뗄 수 있다.

상실 초기의 정서적 폭발은 그리 드물지 않다. 애도자가 보이는 항의 행동은 강렬할 수 있어서 실제로는 그렇지 않지만 부적절하게 보인다. 상담자는 애도자가 자신과 타인이 비효과적이고 무능하다고 여길 수 있다는 사실을 받아들이고 적절히 반응하도록 준비해야 한다. 애도자가 원하는 것은 고인이 살아서 돌아오는 것이기 때문에 혹은 이러한 일이 전에는 결코 일어나지 않았기 때문에 자신과 타인이 비효과적이고 무능하다고 여기는 것이다. 하지만 이들은 비효과적이거나 무능하지 않다.

상실은 애도자에게 일어난 일이므로, 정황이 어떻든 간에 반드시 애도자의 관점으로 바라보아야 한다. 효과적으로 개입하기 위해서는 애도자, 고인과의 고유한 관계, 고유한 상실에 적절한 방식이어야만 한다. 먼저 가정해서는 안 된다. 그보다는 애도자가 자신의 고유한 이야기를 하도록 허용해야 한다. 상담자의 과제는 자신의 이야기를 하는 애도자가 무엇이 중요하거나 문제인지 파악하고 명료화하며 결정하고 우선순위를 정하도록 조력하는 것이다.

진솔한 관심을 보이는 것은 중요하다. 이를 위해서 우리는 애도자의 경험에 영향을 받는 것을 허용해야 한다(하지만 지나치게 압도당해서는 안 된다). 애도자가 상실을 자신의 것으로 만들도록 허용하되 그 과정에서 진솔한 정서적 반응을 통해 경험된 상실을 타당화하고 확정하는 것이야말로 매우 치료적이다. 돌봄과 과잉돌봄 사이의 균형을 유지하기 위해서는 상담자의 준비 작업이 요구된다.

의식과 의례

의식(rituals)은 사회적 질서를 유지하고 개인이 해당 사회적 맥락 안에서 인간 존재의 복잡한 측면을 어떻게 이해하고 있는지를 보여 주는 방법을 제공하는 데 도움이 되는 강력한 의례나 관습이다. 의식의 규칙은 강렬한 정서를 표현하거나 억제하는 수단으로 사용될 수 있다. 사람들이 익숙하지 않은 새로운 역할을 경험하는 방식을 제공하는 것이 의식의 역동적인 측면이다. 대부분의 문화에는 삶의 상이한 단계(예를 들어, 출생, 사춘기, 결혼, 죽음)로의 이행을 기념하기 위한 통과의례가 있다. 의식적인 행사에서는 한 상태에서 다른 상태로의 이행이나 변화를 공표하고 개인과 공동체가 새로운 상황이나 역할에 잘 적응하도록 도와준다. 애도 의식에는 몇 가지 기능이 있다. 첫째, 애도자를 사회에서 분리한다. 둘째, 애도자가 사회로 복귀하는 데 도움을 줄 수 있다.

장례식은 단연코 가장 흔한 애도 의식이다. 애도 의식은 관계의 포기와 새로운 사회적 역할로의 이행을 촉진하는 데 종종 활용된다(Rando, 1993). 나아가 슬픔을 공적으로 드러내는 기회를 제공한다. 동시에 규정된 의식은 무질서와 혼란의 시기에 체계를 제공한다. 대부분의 문화에는 죽음의 최종성을 인정하고 사회적으로 지지받는 애도 행동의 몇몇 형태를 규정한 장례식이나 애도 의식이 있다(Irish, Lindquist, & Nelsen, 1993; Rosenblatt, 1996). 어떤 사람들은 미국의 대중문화가 애도 관습을 축소하고 비의례적으로 만드는 모델에 사로잡혀 있다고 본다(Klass, Silverman, & Nickman, 1996; McGoldrick et al., 1991).

장례식은 고인이 거치는 마지막 통과의례로 간주될 수 있으며, 애도자에게는 역할 변화를 공적으로 인정하는 의례로 여겨질 수 있다. 저명한 인류학자인 아놀드 반 게네프(Arnold van Gennep, 1960)는 통과의례를 개념화했고 그것이 일련의 단계를 통해 사회적 이행을 촉진한다고 보았다. 그는 이전 상태에서의 분리, 새로운 상태로의 이행, 새로운 상태로의 통합이라는 이어지는 단계를 확인했다. 장례식 같은 의식은 이러한 이행을 매개하는 것으로 보인다. 반 게네프가 묘사한 이러한 단계는 5장에서 논의한 애도 과제, 즉 자신의 관점 밖에서 죽음의 현실을 경험하고 표현하기, 분리의 정서적 고통을 견디기, 고인과의 관계를 현재의 관계에서 기억 속의 관계로 전환하기, 고인이 없는 삶에 기반한 새로운 정체성을 개발하기와 유사하게 나타난다.

통과의례로서의 장례 의식은 애도자에게 심리적·사회적 유익을 가져다줄 뿐만 아니라 애도 과제를 촉진하는 데 도움을 준다. 장례식은 죽음으로 인한 상실에 대한 구체적인 인정이며, 이 의식을 통해 애도자가 고인과 분리되기 시작한다. 고인의 시신을 대면하는 것은 종종 도움이 되며 상실의 최종성을 수용하는 데 도움이 된다. 애도자가 이러한 현실을 정서적으로 수용할 수 없다고 하더라도, 이러한 경험에 대한 기억은 나중에 상실의 현실을 확실히 하는 데 도움이 될 것이다. 공동의 참여는 이러한 분리와 이행을 다른 상태로 공동체에 넘겨주는 역할을 한다. 또한 애도자는 장례식에서 애도하고 다른 사람들의 위로를 받는 공적이고 사회적으로 정당한 기회를 얻는다. 위로에 더하여, 애도자와 다른 사람들은 고인과의 관계를 되돌아보기 시작할 수 있다. 이러한 기억과 사랑하는 사람의 죽음과 관련된 정서를 경험하고 발산하는 것은 애도 과정의 필수적인 부분이다. 이러한 기억은 무엇을 상실했는지 파악하고 앞으로 어떻게 적응해야 하는지에 대한 방향을 정하는 데 도움이 될 수 있다. 이러한 추모의 주요한 적응적 측면은 현재의 관계를 기억 속의 관계로 수용하고 전환하는 것이다. 마지막으로, 죽음으로 인한 상실을 공적으로 확정하는 장례식은 고인과의 관계가 갑작스럽게 변화했다는 점을 확실하게 하고 더 나아가 비록 애도자가 이제 새롭고 다른 역할을 맡았지만 관계는 지속될 것이라는 점을 인정해 준다.

비록 애도 과정에 할당된 시간이 줄어들어 왔던 사회의 변화로 인해 장례 의식은 축약된 형태가 되었지만, 다른 경우에는 할 수 없을지도 모르는 경험을 제공한다는 점에서 애도자에게 매우 중요할 수 있다.

장례 의식은 변화와 이행 과정을 제공한다. 하지만 다른 의식도 존재하며 새로운 방식으로 고인과의 지속성을 제공할 수 있다. 종교 의식은 고인과의 새롭게 바뀐 관계를 형성하고 지속시키는 기회를 제공할 수 있다[예를 들어, 가톨릭의 기념 미사나 묵주 기도(Rosary)[1], 유대교의 이즈코르(Yizkor)[2]]. 가톨릭 신자는 기념 미사나 묵주 기도를 통해 고인을 기억하고 고인과 지속적으로 연결된다. 유럽 전역에 있는 유대교 공동체의 지도자들은 이즈코르서(Yizkor books)를 보관해 왔다. 공동체 내에서 사망한 사람의 이름과 사망일은 이즈코르서에 기록되었다. 이런 방식으로 고인의 존재를 기억하고 그의 삶을 보존했다. 망자의 날(Dia de los Muertos)[3]은 애도자에게 고인과 지속적으로 연결되는 기회를 제공하는, 문화적 맥락을 지닌 의식의 예이다. 이 의식은 여러 세기를 거치면서 유의미한 변화를 겪어 온 고대의 축제이지만, 스페인 침략 전의 멕시코에서는 아동과 죽은 이를 기리기 위해 행해졌다. 이는 멕시코의 가족이 죽은 이와 삶의 지속성을 기억하는 시간이라고 말할 수 있다. 주디스 스트럽 그린(Judith Strupp Green, 1972)은 「멕시코 오악사카에서의 망자의 날: 역사적 고찰(The days of the dead in Oaxaca, Mexico: An historical inquiry)」에서 이 공들인 기념행사와 대규모 의식에 대해 광범위하게 묘사했다.

....

1   가톨릭에서 행해지는 예수 그리스도와 성모 마리아의 행적을 묵상하는 기도이다.
2   유대교에서 행해지는 죽은 사람을 위한 추도식이다.
3   멕시코에서 행해지는 죽은 사람의 명복을 비는 전통 축제이다.

의식은 창조적인 만남이며 우리가 상상력을 이용하여 정상이라고 규정하거나 수용한 사회적 관습 밖으로 한 발짝 벗어나는 것에 마음을 열도록 요구한다. 유산하거나 출산한 지 얼마 안 되어 아기를 잃은 사람들은 의식을 필요로 하지만 사회적으로 규정된 의식이 부재하기 때문에 자신만의 의식이나 의례를 만들었다.

아기가 태어나면 온 가족은 대개 의식을 통해 유대감을 보인다. 가족은 이 새로운 가족 구성원을 보고 만지며 돌려 가면서 안아 보고 모두에게 소개한다. 유산이나 사산의 경우에는 이와 다르다. 하지만 아기에게 애정을 표현하고 싶은 욕구와 아기와 신체적으로 유대를 형성하고 아기를 안아 보고자 하는 욕구가 자동적으로 사라지지는 않는다. 가족은 아기의 몸을 씻기고 옷을 입히며 안아 보는 단순한 행동을 통해 위안을 얻을 수 있다. 정상적인 유대 의식의 일부인 이러한 단순 행동이 아이를 추모하도록 하고 삶과 죽음에 대한 감정을 결합하여 완성을 향하여 나아가도록 해 준다. 기념품을 마련하는 것도 중요하다. 어떤 사람에게는 사망한 아이의 사진을 지니는 것이 병적으로 보일 수 있다. 하지만 이것이 가족이 기억하는 아이의 유일한 모습일 수 있으며 소중한 기념품으로 남을 수 있다.

빅토리아 시대에는 종종 사망한 사람의 옷으로 애도 퀼트를 만들었다. 이 전통이 부활하여 애도 작업에서 치료적 환경의 일부로 활용된다. 오래된 옷이나 다른 물품에서 천을 선택하는 데에는 그것과 연관된 기억과 정서에 대한 민감성이 상당히 필요하다. 퀼트의 각 조각은 고인의 일부를 나타내기 때문에 독특하다. 완성된 퀼트 전체는 좋았던 면과 그렇지 않았던 면이 있는 고인의 삶을 나타낸다. 예를 들어, 초록색 조각은 고인의 아일랜드 혈통을, 빨간색 조각은 행복하고 쾌활한 기분을 즉각 드러내는 아일랜드인의 기질을 나타낼 수 있다. 퀼트는 시각적이고 촉각적인 기억을 불러일으키며 고인의 삶을 기린다. 이러한 의식적인 기념품이 퀼트에만 국한될 필요는 없다는 점을 기억하기 바란다. 목표는 시각적이며 촉각적인 기억을 불러일으키는 물건을 창조하는 것이다.

미국 원주민의 드림 캐처(Dream Catcher) 전설은 어린 남자아이의 할머니가 구해 준 거미에 관한 이야기이다. 거미는 할머니가 자신을 구해 준 데 대한 보답으로 나쁜 꿈은 얽아매고 좋은 꿈만 작은 구멍으로 빠져나가서 꿈꾸는 사람이 기억할 수 있는 거미줄을 짰다. 드림 캐처를 만들어서 애도자의 침대 위에 걸어 두는 것은 고인에 대한 기억이 좋은 꿈으로 남기를 바라는 행위이다.

마지막으로, 부·모를 잃은 자녀는 자신의 삶에서 일어나는 사건에 대한 소식을 고인에게 말해 주고 싶은 욕구를 종종 표현한다. 이는 풍선 띄워 보내기 같은 간단한 의식을 통해 이루어질 수 있다. 자녀는 고인과 나누고 싶은 소식을 담은 메모나 카드를 쓴다. 그런 후에 특별한 장소에서 나름의 기념 행위를 하고 메모를 매단 풍선을 고인이 받을 수 있을 것 같은 하늘로 올려 보낸다.

의식은 상상력이 요구되는, 개인의 특유한 창조적 행위라는 점을 기억하라. 그 의식이 가져다주는 위안과 의미는 오직 애도자만 이해할 수 있다.

사고와 성찰을 위한 질문

1 떠오르는 대로 재빨리 대답해 보자. 당신은 사랑하는 이와 막 사별한 사람에게 무슨 말을 할 것인가? 방금 한 말에 대해 어떤 느낌이 드는가? 왜 그런 느낌이 드는가?

2 문학이나 시 가운데 당신의 마음을 움직이는 것이 있는가? 어떻게 마음을 움직이는가?

3 애도와 상실의 경험에 관한 시를 읽어 보시오. 당신이 경험한 것을 곰곰이 생각해 보시오.

4 다음 문장에 대해 어떻게 생각하는지 말해 보시오. "창의력을 발휘하라."

5 장례식에 가 본 적이 있는가? 어떤 경험을 했는가?

6 당신은 의식에 참여하는가? 확인해 보라. 그 의식의 목적은 무엇인가?

7 유산, 낙태 혹은 다른 상실을 경험한 이후의 애도 과정을 촉진하는 데 도움이 되거나 의미가 있을 수 있는 의식을 설명하거나 개발해 보시오.

다음은 애도 과정을 촉진하는 데 도움이 될 수 있는 몇몇 문학 작품이다. 더 많은 자료나 도움이 필요하다면 사서의 도움을 받을 수 있다.

- Hall, D., *Poetry: The Unsayable Said*. Port Townsend, WA: Copper Canyon Press, 1996.

- Levertov, D., *Sands in the Well*, New York: New Directions Books, 1996.

- Lewis, C. S., *A Grief Observed*, New York: Bantam Books, 1961.

- Olds, S., *The Father: Poems*, New York: Alfred A. Knopf, 1992.

- Oliver, M., *New and Selected Poems*, Boston: Beacon Press, 1992.

- Pastan, L., *The Five Stages of Grief: Poems*, New York: Norton & Co., 1978.

- Wolterstorff, N., *Lament for a Son*. Grand Rapids, MI: William B. Eerdmans Publishing, 1987.

10장

가족과 애도

지금까지 우리의 초점은 개인의 애도 반응에 대한 것이었다. 하지만 많은 경우에 죽음과 관련된 상실은 가족의 맥락 안에서 발생하기 때문에 죽음이 가족 전체에 미치는 영향을 고려하는 것이 중요하다. 웨드메이어 (Wedemeyer, 1986)는 "가족 내에서의 죽음은 기본적으로 가족 체계의 역동적인 긴장을 드러낸다. 즉, 죽음은 가족 체계 전체에 영향을 미치는 사건이면서 가족 구성원 각자의 개인적 사건이기도 하다."(p.338) 상담자는 이러한 관점으로 애도와 상실을 바라보기 위해서 체계로서의 가족에 대한 지식과 가족 역동이 어떻게 애도 과정에 영향을 미치는지에 대한 지식을 갖추어야 한다. 이 장에서 가족 치료에 관한 논문을 의도하지는 않았다.

애도와 가족 체계

네이선 애커먼(Nathan Ackerman)은 1938년에 가족은 하나의 단위이며 고유한 심리적·사회적 삶을 지닌다고 기술했다. 그는 가족이 정적이라기보다 역동적이라고 말했다. 가족은 내부와 외부의 압력 때문에 시기마다 변화한다. 그는 가족에 대해 연구하면서 사회적 역할이라는 개념이 중요하며 몇 가지 장점을 가진다고 보았다. 첫 번째는 다양한 상호작용을 하는 여러 사람의 체계를 설명할 수 있게 해 준다는 점이다. 두 번째는 보완적이거나 상호적이 될 수 있는 잠재력을 가지고 있다는 점이다. 이러한 역할에 대해 명료하게 정의하고 합의했을 때 가족은 항상성 균형을 유지하기 위한 특정 양상으로 기능할 수 있다. 죽음으로 인한 가족 구성원의 상실은(다른 손상이나 상실도 발생할 수 있다) 불균형을 가져오고 기능을 유지하는 가족의 능력을 손상시킨다. 머레이 보웬(Bowen, 1978)은 다음과 같이 주장했다.

> 전체 가족 구성에 관한 지식, 가족 내에서 임종을 앞둔 사람의 기능 상태, 삶에 대한 전반적인 적응 수준은 죽음 이전이나, 죽어 가고 있거나, 죽음 이후에 가족을 도우려고 하는 누구에게나 중요하다. (p.328)

많은 연구자와 상담자는 중요한 가족 구성원의 사망이 가족이 직면하는 가장 강력한 정서적 경험이라는 점에 동의한다(Bowen, 1978; Carey, 1977; Defrain, 1991; Friedman, 1988; Gelcer, 1983; Kell & Rabkin, 1979; McGoldrick & Walsh, 1991; Seaburn, 1990). 어떤 가족은 서로를 추스르고 상실의 경험과 고통을 함께 나눌 수 있다. 그들은 상실에서 회복될 수 있고, 고인에게 작별 인사를 하도록 서로 도울 수 있으며, 이러한 생애 주기의 완성에 의미 있는 방식으로 구두점을 찍을 수 있고, 미래를 위해 계획하기 시작할 수 있다. 가족은 이전의 역할을 새로운 사람에게 맡기거나 새로운 역할을 개발할 수 있다. 그들은 기념일이나 가족 생애의 다른 중요한 순간에 고인을 기억하고 계속해서 그와 연결될 수 있다.

어떤 가족은 많은 이유로 항상성을 회복하고 삶을 이어 나가는 데 필요한 변화를 받아들이지 못한다. 이러한 가족은 고인을 놓아 주고 역할을 재조직하는 데 어려움을 겪을 수 있다. 그리브스(Greaves, 1983)는 가족 구성원의 사망 이후에 발생하는 각 변화를 새로운 가족의 수립이라는 주요한 과제를 지닌, 가족 자체의 죽음의 상징으로 보았다. 애도 과정이나 가족의 손상 정도에 영향을 미치는 것으로 알려진 구체적인 요인은 상실이 발생했을 때의 가족 생애 주기 단계, 고인이 수행했던 역할, 권력, 애착, 의사소통 패턴, 가족 외의 관계, 사회문화적 요소이다(Goldberg, 1973; Gelcer, 1983; Vess, Moreland, & Schwebel, 1985; Davies, Spinetta, Martinson, McClowry, & Kulenkamp, 1986; Lamberti & Detmer, 1993).

가족은 가족 구성원의 사망으로 인한 변화에 여러 반응을 보인다. 한 가지 반응은 재조직화(reorganization)이다. 재조직화 수준은 가족 체계의 적응성뿐만 아니라 고인이 수행한 역할의 수와 유형에 따라 결정된다. 또 다른 반응은 대체(replacement)이다. 이는 남겨진 배우자가 재혼하려고 할 때나 아이가 사망했을 경우 부모가 아기를 다시 가지려고 할 때 발생한다. 여러 요인에 따라 어떤 반응이든 건강하거나 그렇지 않을 수 있다.

여기에 제시된 가족 개념은 가족의 모든 구성원이 서로에게 영향을 미치면서 역동적으로 상호작용하는 단위라는 생각에 기반을 두고 있다. 개인과 마찬가지로 가족도 정서적 기능과 관련된 능력이 서로 다르다. 죽음으로 인한 상실에서 회복될 수 있는 가족의 중요한 특징 하나는 고인에 대해 그리고 상실과 관련된 느낌에 대해 터놓고 이야기할 수 있는 능력이다. 상실에 적절하게 적응할 수 없는 가족은 감정을 터놓고 표현하는 것을 잘 견디지 못하는 경향이 있다. 그들은 개인이나 가족 구성원 전체를 침묵시키는 여러 핑계를 함께 만들고 받아들인다. 증상 행동은 공개적인 논의를 금지하고 가족이 애도 과정에서 제자리걸음을 하게 하는 기능을 하는 한 명이나 그 이상의 가족 구성원이 맡은 역할 때문에 나타날 수 있다.

죽음으로 인한 상실의 분명한 효과는 가족 구성원 사이의 관계와 고인과의 관계를 재조정하려는 욕구이다. 이를 위해서는 모든 가족 구성원이 누가 어떤 책임을 맡을지에 관해 동의해야 한다. 어떤 경우에는 이러한 관계의 재조정이 큰 무리 없이 이루어질 것이다. 하지만 많은 경우에 이는 극히 고통스럽고 심지어는 정신적 외상이 될 것이다. 이러한 유형의 어려움은 사망 당시에는 해결되지 못한 관계 갈등으로 인한 세대 간 동맹이나 연합이 있는 가족에게서 발생한다. 이러한 미해결된 문제의 결과는 이제 가족 관계의 재조정을 둘러싼 갈등으로 나타난다. 스파크와 브로디(Spark & Browdy, 1972)는 원가족과 관련된 지연된 애도가 정서적 상실과 현 가족 내의 분리를 경험하는 것을 방해한다고 주장했다. 다음의 예에서 이러한 현상을 설명했다.

장남은 성공한 사업가인 가부장적인 할아버지와 밀접한 관계를 맺고 있었다. 이 손자도 할아버지와 마찬가지로 크게 성공해서 할아버지의 자랑거리였다. 하지만 손자의 아버지는 그다지 성공하지 못했고 자신의 아버지를 포함한 가족 모두에게 실망거리였다.

이러한 세대 간 유대는 장남의 아버지와의 관계에 영향을 미쳤고, 그 두 사람은 소원했다. 결국 장남은 할아버지에게서 부계 지원의 대부분을 받게 되었다. 할아버지가 사망했을 때 방치된 관계 문제가 불거졌고 가족 내 관계의 재조정이 혼란스러워졌다. 이 사례에서 삼대에 걸쳐 나타난 조정되지 못한 관계 문제는 분노, 적개심, 죄책감, 미해결된 애도를 불러일으킨다. 보웬(Bowen, 1978)은 세대 간 갈등이 미치는 영향을 평가하기 위해서 접수 면접 과정의 일부로 적어도 두 세대를 아우르는 가족력을 광범위하게 조사할 것을 제안했다.

가족 체계의 맥락에서 애도를 평가하기 위해서는 세 가지 주요한 영역을 고려해야 한다. 첫 번째는 가족 구도(family constellation)이다. 여기에는 가족의 구성과 발달 단계가 포함된다. 또한 중요한 것은 고인과 다른 가족 구성원이 수행했던 역할과 그 역할의 적절성이다. 가족 구성원이 수행했던 많은 잠재적 역할(이를테면, 보호자, 가장, 모범, 희생양)이 있기 때문에 사망으로 인해 가족 체계 내에 어떤 빈자리가 얼마나 많이 생겼는지를 확인하는 것이 중요하다. 보웬(1978)은 각 가족 구성원이 자신의 역할을 수행하고 합리적인 효율성을 발휘할 때 가족 단위가 균형과 평정을 얻는다고 보았다. 이러한 경우에 가족 구성원을 상실한 이후 그의 역할이 채워지지 않거나 기능하지 못함으로써 빈자리가 생기면 항상성을 잃게 된다. 고인이 가족 내에서 중요한 역할을 맡고 있었다면, 항상성을 다시 얻기 위해 역할 대체가 재빨리 이루어지고 다른 가족 구성원은 그 역할을 떠맡는 데 대한 압박을 받을 수 있다.

두 번째는 가족 체계의 특징이다. 이 영역에서 관심을 두어야 하는 점은 가족 내의 융통성이나 경직성의 정도, 각 가족 구성원의 의존성, 독립성, 개인적 자유, 가족의 가치와 신념, 리더십 유형과 의사결정 과정, 가족의 자원과 지지, 가족의 강점과 약점, 가족의 즉각적이거나 장기적인 욕구이다. 가족 단위 내의 정서적 관계의 질은 극히 중요하다. 정서적으로 잘 통합된 가족은 외부의 도움을 거의 혹은 전혀 받지 않고 중요한 가족 구성원의 사망에 대처하도록 서로 잘 도울 수 있을 것이다. 정서적으로 잘 통합되지 않은 가족은 사망 당시에 애도 반응을 거의 보이지 않을 수 있다. 하지만 가족 구성원은 나중에 상실과 관련된 신체적, 정서적, 행동적 증상을 경험할 가능성이 매우 크다. 애도하고 있는 가족과 작업하는 사람은 상실 이후에 감정을 표현하는 가족의 능력이 정서적 통합을 의미하지 않으며 정서적 통합의 수준을 증가시키지도 않는다는 점을 기억하는 것에 주목해야 한다.

세 번째는 가족의 의사소통 방식이나 패턴이다. 워철러윅, 베빈스, 잭슨(Watzalawick, Beavins, & Jackson)은 대표적 저서인 『인간 의사소통의 화용론(*Pragmatics of human communication*)』에서 "의사소통은 인간의 삶과 사회적 질서의 필수불가결한 조건임에 분명하."라고 말했다(1967, p.13). 가족 체계 내에서 구성원에게 이해되는 규칙, 규범, 기대는 구성원이 얼마나 잘 혹은 형편없이 의사소통하는지에 달려 있다. 감정 표현에 관한 가족 규칙, 그 규칙이 소통되는 방식, 그 규칙의 타당성을 이해하는 것은 애도 과정을 촉진하는 데 매우 중요하다. 데이비스 등(Davies et al., 1986)은 덜 기능적인 가족 내에서 슬픔은 제정신이 아닌 상태와 동일시되며 "눈물은 지긋지긋하다."라는 말을 유발한다는 점을 발견했다. 또 다른 발견은 기능적인 가족 내에서 아버지는 자신의 감정을 감추거나 아들이 장례식장에서 울지 않는다고 칭찬하는 대신 슬픔을 숨기지 않고 표현할 수 있었다는 점이다. 우리가 살펴본 것처럼, 죽음은 다양하고 강렬한 감정을 불러일으킬 수 있다. 따라서 이러한 감정을 경험하고 확인하며 처리하는 맥락을 갖는 것이 매우 중요하다. 감정의 표현을 억제하도록 하는 규칙과 의사소통 패턴을 가진 가족은 구성원의 적절한 애도 해결을 가로막을 수 있다.

가족의 애도 과제

앞서 살펴본 것처럼, 애도는 다양한 수준, 즉 개인적 수준, 가족 수준, 심지어 공동체나 사회적 수준에서 발생한다. 골드버그(Goldberg, 1973)는 가족의 네 가지 애도 과제 모델을 개발했다. 이 모델은 워든의 모델과 많은 면에서 유사하지만 가족에 초점을 둔다는 점에서 차이가 있다. 무스(Moos, 1995)는 가족의 기능에서 의사소통의 중요성에 주목하면서 다섯 번째 과제(실제로 순서상 첫 번째 과제)를 추가했다. 두 모델을 나란히 비교해 보면, 가족의 애도 작업은 다른 가족 구성원의 애도 작업과 상호작용하는 개인의 애도 작업의 확장임이 분명하다는 것을 알 수 있다.

가족의 첫 번째 애도 과제(무스가 추가한)는 가족 구성원이 인지적·정서적 수준에서 죽음을 공개적으로 인정하는 것이다. 이를 위해서 가족 구성원은 반드시 서로 이야기를 나누고 죽음에 대한 자신의 감정과 죽음의 정황을 공유해야 한다. 애도가 시작되도록 허용하려면 상실이 발생했다는 것을 인정하고 수용해야 한다(워든의 첫 번째 과제). 이는 개인의 마음속에서뿐만 아니라 사람들 사이에서도 이루어져야 한다. 우리가 살펴본 것처럼, 이는 가족의 의사소통과 상호작용 패턴에 영향을 미친다. 만약 한 가족 구성원이 어떤 이유에서든지 상실을 부인하는 행동을 한다면, 그의 행동은 각 구성원이나 서로를 향한 행동으로 비쳐지기 때문에 가족에게 영향을 미친다.

가족의 두 번째 애도 과제는 애도가 시작되도록 허용하는 것이다. 이는 워든의 두 번째 애도 과제인 애도의 고통을 훈습하는 것에 해당되며 서로 연관된다. 고통을 훈습하기 위해서는 다른 가족 구성원의 협력이 있어야 한다. 예를 들어, 1명이나 여러 명의 가족 구성원이 감정을 터놓고 표현하는 것이 사실상 무시되거나 정서적 반응을 유발하는 주제가 금기시된다면, 그 가족 구성원은 감정을 억제하는 법을 배우게 되고 애도 과정에서 제자리걸음을 하게 된다.

가족의 세 번째 애도 과제는 고인에 대한 기억을 버리는 것이다. 여기에서 골드버그가 말하고자 하는 바는 고인이 가족 내에서 여전히 활발한 역할을 수행할 수 있다는 생각을 버린다는 것이다. "개인은 고인에 대한 애착에서 자신을 풀어 주어야 한다."(Goldberg, 1973, p.400) 워든은 세 번째 애도 과제를 고인이 없는 환경에 적응하는 것이라고 설명했다. 가족은 고인에 대한 기억을 잊지 않으면서 삶을 이어 나가게 해 주는 의식이나 다른 방법을 개발해야 한다는 것에 직면하고 고인이 없는 삶에 적응하기 시작한다.

가족의 네 번째 애도 과제는 가족 내의 역할을 재편성하는 것이다. 이는 고인을 정서적으로 다시 자리매김하고 삶을 이어 나가는 것으로, 워든의 세 번째 과제의 연속임과 동시에 네 번째 과제의 시작이다. 이를 위해서는 반드시 가족 내 책임과 관련된 역할을 재분배해야 한다. 이는 구성원의 능력, 연령, 성, 혹은 무엇이 되었든 가족이 정하는 기준에 기초하여 다양한 방식으로 이루어질 수 있다. 각 구성원은 크건 작건 어떤 역할에 적응해야 한다는 것에 직면한다. 이러한 재편성에 대해 무기력한 반응을 보이는 개인은 다른 가족 구성원이 무능하다거나 제대로 하지 못한다는 꼬리표를 붙임으로써 무기력한 상태에 계속 머물 수 있다. 다른 가족 구성원이 대처에 필요한 기술을 개발하도록 해당 개인을 돕지 않음으로써 그는 애도 과정에서 제자리걸음을 하게 된다.

가족의 다섯 번째 애도 과제는 가족 밖의 역할을 재편성하는 것이다. 공동체나 가족 외의 일과 관련된 이러한 역할은 반드시 재구성되어야 한다. 워든의 네 번째 애도 과제처럼 이는 애도의 마지막 과제에 해당한다.

여기에서 가족 구성원은 이전의 지인이나 새로운 지인과 새로운 관계를 수립할 기회를 갖는다.

이제까지 검토한 이론이나 모델과 마찬가지로, 가족의 애도 과제 모델은 선형적이거나 단계별이 아니라 서로 연관되어 진행된다. 가족이 개인적으로나 집단적으로 한 가지나 그 이상의 과제와 씨름하기 때문이다. 각 구성원은 애도 과정을 거치면서 서로 다른 수용과 움직임 수준에 이른다. 이 모든 요인이 상호작용하면서, 각 구성원의 행동은 다른 구성원에게 영향을 미치고 가족 체계의 기능에 기여한다.

개입 전략

문제해결(problem solving)은 가족의 기능과 애도 해결을 향상시키는 데 도움이 되는 기본적인 기법이다. 문제를 파악하고 해결하기 위해 씨름하는 동안에 종종 문제의 원인과 결과뿐만 아니라 문제를 다루기 위해 이용할 수 있는 선택사항도 밝혀진다. 가족에 대한 개입은 애도 과제를 포함하지만 또한 그 이상의 것을 포함하기도 한다.

가족은 흔히 죽음으로 인한 상실의 현실에 제대로 준비되어 있지 않아서 상실에 따른 정서적 고통을 다루는 경험이 부족하다. 가족 구성원은 불확실성과 무력감으로 힘들어 할지 모른다. 상담자는 두려움과 불확실성을 줄이기 위해서 감정을 파악하고 정당화하며 정상화해야 한다. 또한 가족이 유쾌하지 않은 정서나 관련 두려움에 대처하기 위해서 구출하거나 거리를 두려는 행동에 대한 대안을 찾도록 도울 필요가 있다.

재구성(reframing)은 가족 구성원의 개념적 혹은 정서적 관점을 바꾸는 것이다. 그 결과 가족 구성원이 실제 행동을 바꾸지 않고도 행동과 관련된 의미가 변화한다(Watzalawick, Weakland, & Fisch, 1974). 재구성을 하면 사건이나 개인에 대한 좀 더 긍정적인 이미지가 창출된다. 가족은 어떤 사물이나 어떤 사람의 행동에 긍정적인 틀을 부여함으로써 갈등을 피하고 재건의 과정으로 나아갈 수 있다.

용어를 다시 정의하면 가족이 힘을 얻는 데 도움이 될 수 있다. 한 가지 예로 울음을 들 수 있다. 남자나 때로는 여자도 눈물을 참는 것을 강함의 표시로 여긴다. 하지만 감정을 드러내는 것과 감정을 참는 것 가운데 어느 것이 더 어려우냐는 질문을 받는다면 답은 거의 비슷할 것이다. 우는 것이 더 어렵다. 그렇기 때문에 역설적으로 진정한 강함은 약함이 드러나도록 허용하는 것일지 모른다. 통제감을 잃는 것은 또 다른 두려움이며 혼란의 원천이다. 강렬한 정서를 경험하는 것은 통제감을 잃는 것으로 보이거나 그렇게 경험된다. 통제는 흔히 무언가를 지배하는 것으로 오해된다. 마음이 흔들리면 종종 큰 비용을 치러야 하고 현실을 통제하지 못한다. 통제감은 희망했던 결과를 가져오거나 그러지 않을 수 있는 능력이다. 통제감은 다가오는 것이 무엇이든 그것을 견뎌 내는 능력이다. 이러한 경우에 통제감을 잃는 것은 통제감을 얻는 궁극적인 방식이 될 수 있다. 그렇지만 이전의 정의에 도전하고 가능하다면 그러한 정의를 다듬음으로써 건강한 기능을 도모하고 애도 과정을 촉진하는 새로운 행동을 위한 자리를 마련할 수 있다.

상호 지지의 역할에 대해 개방적으로 의사소통하고 논의하면 도움이 될 수 있다. 이에 더하여 각 가족 구성원은 이 시기에 자신이 다른 구성원에게서 필요로 하는 것이 무엇인지 그들과 공유하도록 격려된다. 가족 구성원은 시간, 가능성, 다른 요인을 따지지 않으면서 이러한 요청을 타당하다고 인정하고 그것에 부응할 기회를 갖는다.

경력이나 생활방식에 대한 실망, 관계 파탄, 직업 문제, 이전의 사별 경험을 포함한 가족력에 대한 논의는 가족의 기능과 애도 해결에 긍정적인 영향을 미칠 수 있다. 고인과 가족 구성원 사이의 미해결된 문제를 반드시 확인해야 하고 가족의 재조직화가 이루어질 수 있는 방식으로 해결해야 한다. 역할과 책임을 재분배하기 전에 사망 이전과 이후의 고인의 역할에 대해 이해할 필요가 있다.

죽음으로 인한 상실과 관련된 고통을 살펴보자. 괴로움은 의미 없는 고통의 경험이다. 가족 구성원이 괴로움에 압도당하지 않도록 돕기 위해서는 의미의 맥락 안에 괴로움을 가져다 놓도록 조력하라. 실존주의자이며 의미치료의 창시자인 빅터 프랭클(Viktor Frankl)은 의미가 만들어지기보다는 맥락 안에 존재하기 때문에 반드시 발견되어야 한다고 말했다. 다음은 의미를 통해 괴로움을 견딜 만한 고통으로 바꿀 수 있었던 한 엄마에 관한 실제 사례이다.

엄마는 어린 딸과 함께 시장에 가고 있었다. 가는 도중에 사다 줄 것이 있는지 물어보기 위해서 친한 친구의 집에 들렀다. 조금은 조급한 마음에 시동을 켜 놓은 상태로 길에 차를 세우고 친구 집의 문 앞으로 갔다. 그런데 차 안에 있던 딸이 어떻게 해서 카시트에서 내려와서 운전석의 옆문 쪽으로 기어가 문을 열고 차 밖으로 나왔다. 그런 와중에 주차 상태에 있던 변속기가 풀렸고 딸이 차 앞으로 걸어갈 때 차가 딸을 덮쳤다. 엄마는 친구 집의 문 앞 계단에 서 있다가 사고를 목격하고는 재빨리 뛰어가서 딸을 안아 올렸다. 딸은 코와 입에 피를 흘리고 있었지만 엄마의 품에 안겨 숨을 거두기 직전에 간신히 엄마의 눈을 바라볼 수 있었다. 엄마의 괴로움은 엄청났다. 그녀는 품에 안겨 죽은 딸의 피범벅된 얼굴 때문에 고통스러웠다. 그녀는 "왜 내 딸이 이런 식으로 죽는 것을 봐야만 하는가?"라며 울부짖었다. 그녀가 괴로움 가운데 고통을 수용하고 그것을 바꿀 수 있도록 만든 의미는 그 울부짖음에서 찾을 수 있었다. "아이가 죽기에 엄마의 품보다 더 안전한 곳이 있을까?" 그러한 안전함 속에서 아이가 세상을 떠나도록 한 것에 대가가 없지는 않았다. 그 대가는 딸의 얼굴에 대한 고통스러운 기억이다. 엄마는 자신의 운명을 바꿀 수 없었지만 이제는 고통을 수용할 이유를 알게 해 준 '왜'를 갖게 되었다.

이인 체계의 애도

커플은 두 사람이 보통 자녀의 사망 같은 상실로 인한 개인적이고 서로 연관된 관심사를 다루려고 노력하는 상호작용하는 애도 체계를 지닌 것으로 간주된다. 자녀의 사망 이후에는 사회적인 확인과 자신의 외부로부터의 지원에 대한 욕구가 흔히 매우 강한데, 이는 상실에 대해 다른 사람과 이야기하고자 하는 압도적인 필요성 때문인 것으로 여겨진다. 리프턴(Lifton, 1971)은 사람들이 "과거에서 도출되어 미래로 투사된, 사람, 아이디어, 상징과의 의미 있는 결속인 연결"(p.248)에 대한 강한 욕구를 가지고 있다고 주장했다. 이러한 점에서 커플은 서로를 조력하는 독특한 위치에 있다. 결혼한 커플은 공동의 역사를 공유하고 자신들이 경험한 상실을 잘 이해하는 데 도움이 될 수 있는 상호작용 패턴을 가지고 있다. 만약 커플이 결혼생활 내에서 공유된 관점을 개발할 수 있다면, 상실 그 자체, 상실에 어떻게 대처할지, 삶의 다른 과제를 어떻게 이어 나갈지에 대한 애매모호함과 불확실성을 줄일 수 있다(Gilbert, 1996; Gilbert & Smart, 1992; Patterson & Garwick, 1994). 이와는 반대로, 커플은 상실의 결과로 서로에게 그리고 결혼생활에 대해 의문을 품을 수 있다. 그들은 자기 자신과의 관계와 배우자,

부모, 양육자, 보호자로서의 역할을 재평가할 필요가 있다는 점을 깨달을 수 있다.

라이스(Reiss, 1981)는 가족의 현실 구성에 대해 논의하면서 가족 구성원이 공유한 근본적인 신념과 가정, 지향을 가족 패러다임으로 언급했다. 이러한 체계적 현상은 결혼한 커플에게서도 찾아볼 수 있다. 커플은 상실을 경험할 때 상실이 각 개인에게 유사하거나 공통된 의미를 지니고 있다는 점을 믿을 필요가 있다. 자녀를 잃은 부모가 자신의 배우자가 자신과 다른 방식으로 애도하고 있다는 것을 받아들이기를 매우 힘들어 한다는 연구 결과가 이를 지지한다(Gilbert, 1996; Gilbert & Smart, 1992; Peppers & Knapp, 1980).

이인 체계는 공유된 관계와 관련 경험에 대해서 각 파트너가 표현한 신념과 가정에 대해 동의하거나 동의하지 않는 형태로 피드백을 하는 상호작용 체계이다. 이상적인 상황에서 상실 경험에 대한 두 사람의 반응은 상실의 현실을 확인하고 서로의 애도 반응을 인정하며 치유를 촉진하려고 시도하는 상호작용이다.

불행하게도 자녀의 상실 이후 애도 경험은 커플이 서로 인정과 지지를 제공하기가 매우 어렵거나 때로는 불가능할 정도의 경험이다(Borg & Lasker, 1988; Frantz, 1984; Rando, 1983, 1984). 어떤 부모는 아이를 잃은 것뿐만 아니라 한동안 배우자를 잃은 것 같기도 했다고 말했고(Rando, 1983), 상실에 대처하는 데 배우자가 가장 도움이 되지 않는 사람이었다고 보고하기도 했다(Frantz, 1984). 각 개인마다 애도하는 방식이 다르고 많은 경우에 각 배우자가 서로 다른 상실을 경험하기 때문에 각각 다른 방식으로 애도하는 것은 그다지 놀라운 일이 아니다. 그들은 '동일한' 자녀를 잃어버리지 않았을 것이다. 각 배우자는 자녀와 서로 다른 관계를 맺고 있었기 때문에 상실에 대해 서로 다르게 경험할 것이다. 랜도(Rando, 1984)는 자녀와의 관계가 반드시 따뜻하고 애정 어린 관계가 아니었을 수 있으며 갈등 관계는 더 심각한 복합 애도 반응으로 이어질 수 있다고 말했다. 이러한 복합 애도 패턴은 자녀의 사망 이후에 커플의 관계에 영향을 미칠 수 있는데, 특히 부모 중 한쪽이 자녀와 갈등 관계를 맺었던 반면 다른 쪽은 긍정적인 관계를 맺었던 경우에 그렇다. 어떤 경우라도 각 개인은 배우자의 변화와 두 사람의 관계의 변화에 대처하면서 동시에 자신의 고유한 상실에도 대처해야 한다. 하지만 커플이 서로의 곁을 지키면서 상실을 이겨 나가기 위해서는 서로의 상실을 수용하고 인정할 필요가 있다.

결혼생활에 미치는 영향

커플은 자녀의 상실을 경험한 이후에 상실 이전과는 다른 관점으로 결혼생활을 바라보게 된다. 상실 이전에는 공동의 관심사와 가치, 목표를 공유하는 사람들로 자신들을 바라보았을 것이다. 서로를 인정하고 지지하는 공고한 역할 행동을 통해 일상의 삶에 효과적으로 대처해 나가는 협력 체계를 형성하고 있었을 것이다. 상실 이후에는 이 모든 것이 바뀔 수 있다. 이제는 자신의 고유한 상실 경험과 배우자의 반응을 고려하고 다루어야 하기 때문이다. 이전의 지식과 경험, 관찰 내용에 기초하여 예측할 수 있었던 것이 이제는 상이하고 상반되며 비생산적인 것으로 간주될 수 있다. 커플은 개인적 반응과 관련된 욕구와 씨름하면서 과부하 상태가 되어 배우자에 대한 여유를 갖지 못할 수 있다. 이때 커플은 서로의 생각과 감정을 나누는 것을 회피할 수 있다. 상실에 압도당한다고 느끼고 배우자를 지지할 수 없기 때문에 서로를 피하거나 심지어는 거리감을 느끼게 하고 상처가 되는 말을 할 수 있다.

또 다른 경우에는 서로에게 비밀로 하거나 의사소통하기를 회피한다. 커플은 죽음에 대해 이야기하지 않음으로써 명백한 고통으로부터 서로를 보호하려고 하거나 적절한 행동에 관한 역할 기대 때문에 생각과 감정을 서로 나누려고 하지 않는다. 또한 커플이 애도 과정에서 서로 매우 다른 지점에 있게 되면 이러한 일이 발생할 수 있다. 마음을 정리한 한쪽은 다시 애도의 수렁에 빠져들지 않을까 하는 두려움 때문에 상대방의 경험을 인정해 줄 수 없을지 모른다. 이유가 무엇이든 효과적인 의사소통은 성공적인 관계의 핵심이므로, 생각과 감정을 감추거나 이야기하지 않으면 고립감을 느끼게 되고 상호 지지가 결여되어 애도 과정을 저해한다.

이인 체계의 애도 과제

많은 커플은 상실과 상실이 관계에 미치는 영향에 대처하기 위해 분투할 것이다. 이들은 앞서 언급했던 것과 유사한 애도 과제에 직면한다. 커플은 자녀의 상실, 그리고 그 상실에 대한 개인적인 의미를 인식할 필요가 있다. 커플은 상실과 관련된 감정을 표현할 필요가 있다. 관계의 재구조화가 필요하기 때문에, 커플은 서로에게 헌신하고 재투자할 필요가 있다.

상실을 인정하고 감정을 나누며 무엇을 잃었는지를 고유하게 경험하기 위해서는 개방적이고 정직하게 의사소통해야 한다. 자신들과 자녀를 위해 만들고 꿈꿨던 미래의 계획뿐만 아니라 과거의 기억에 대한 이야기를 나누는 것은 각자가 잃은 것의 차이점을 이해하고 수용하는 데 도움이 된다. 격한 감정을 밖으로 드러내면 상실을 인정하는 데 도움이 될 수 있으나 어떤 개인이나 커플에게는 어려운 일일 수 있다. 한쪽이 상대방의 이야기를 비판단적으로나 지지적으로 경청하는 것은 매우 의미 있을 수 있다. 배우자가 정서적 고통을 표현하는 것을 보면 자신의 정서적 고통을 인정하는 데 도움이 된다는 점에서 이차 효과가 생길 수 있다. 곁에 있어 주기, 만지기, 껴안기, 신체적으로 가까운 거리에 있기 같은 비언어적 의사소통은 상당히 많은 긍정적인 정보와 지지를 전해 준다. 상실을 공유하는 커플의 능력, 즉 동일한 경험일 필요는 없지만 서로가 옆에 있다는 느낌은 서로에 대한 더 큰 유대감으로 발전할 수 있다.

처음에는 홀로 시간을 보낼 필요가 있을지 모른다. 하지만 상실 이후에 의무감 없이 함께 시간을 보내는 것은 적어도 고립과 철수를 줄인다는 점 이외에도 많은 효과가 있다. 함께 보낸 시간은 관계의 재구조화를 촉진할 수 있다. 커플은 문제나 과제에 초점을 맞춤으로써 말 그대로 커플이 되어 함께 작업할 수 있다. 이렇게 되면, 파트너끼리 교대로 새롭고 좀 더 유연한 역할을 시도함으로써 역할을 검토하고 재정의할 수 있다. 서로의 차이점을 인식하고 수용함으로써 인내심이 좀 더 늘어나고 공동의 목표와 가치를 재탐색할 수 있다. 커플이 공유하는 중요한 가치는 결혼생활의 핵심이 될 것이다. 커플이 이러한 가치를 분명히 하면 서로에 대한 헌신과 재투자를 통해 새롭고 이전과는 다른 이인 체계로서의 삶이 진전될 것이다.

성차

어떤 연구에서는 성차에 따라 애도 방식이 다른 경향이 있다고 제안했다(Damrosch & Perry, 1989; Guntzelman, 1992; Powers, 1993; Rando, 1986). 아버지는 일정하면서도 시간에 제한을 두면서 적응하는 반면, 대부분의 어머니는 더 많은 만성적인 고통을 보고했다. 어머니는 비통함과 우울을 더 많이 표현하고, 아버지는 분노, 두려움, 통제감의 상실을 더 많이 느낀다고 내비친다(Defrain, 1991). 또한 어머니는 죄책감을 더 많이 표현했다(Peppers & Knapp, 1980). 어머니가 아버지보다 비통함과 관련된 부정적 감정을 더 많이 표현할 것 같았지만, 어머니와 아버지 모두 깊은 비통함과 슬픔을 보고했다. 이에 더하여, 아버지는 감정을 곱씹지 않는 것을 선호한다고 집단적으로 보고한 반면, 어머니는 감정을 표현하는 것을 더 선호했다. 샤츠(Schatz, 1986)는 아버지의 애도에 관해 쓰면서 아버지에게 애도 과정은 종종 좀 더 내적이며 간접적인 방식으로 나타날 수 있다고 밝혔다. 쿡과 올젠브룬스(Cook & Oltjenbruns, 1988)는 남자가 자주 '이중구속' 상황에 빠진다는 것을 발견했는데, 그렇게 하도록 기대되는 동안에는 '남자답게' 감정을 드러내지 말라고 배웠으나 상실 이후에 '여자처럼' 감정을 표현한다는 점에서 그렇다는 것이다. 상실에 어떻게 반응하는지와 상관없이, 남자는 부적절하게 행동하는 것에 대한 어떤 형태의 비난을 경험할 것이다. 고정관념을 피하는 것이 중요하지만, 남성의 전통적인 사회적 역할과 태도(예를 들어, 남자는 항상 강해야 한다, 남자는 다른 사람의 도움을 받아서는 안 된다, 남자는 가족을 보호해야 한다), 그리고 그것이 아버지로서 애도를 표현하는 것을 지연하는 데 미치는 잠재적인 영향을 자각하는 것이 도움이 될 듯하다.

노인의 애도

인구의 연령 구성에서 가장 큰 부분을 차지하고 증가하는 연령대는 70대와 80대이다. 이 연령층의 증가는 사별을 경험한, 특히 배우자의 사망을 경험한 노인이 많다는 것을 의미한다. 자연적인 사건으로 죽음을 수용하는 것이 사망 이후의 충격적인 영향을 줄일 수 있다는 점은 앞서 언급했다. 하지만 이는 이 연령층의 사람들에게는 해당되지 않을 수 있다. 나이가 들어감에 따라 많은 상실을 경험할 가능성은 더욱 커진다. 이 연령층의 사람들은 당연히 수많은 친구와 친척의 죽음을 경험했을 것이라고 여겨진다. 동시에 노인은 고용(은퇴), 환경(은퇴 이후의 주거지 변경), 이전의 신체적 기량과 활기, 정신적 기능 같은 다양한 영역에서 상실을 경험하고 있거나 경험했을 것이다. 이러한 상황은 이 같은 상실이 좀 더 자주 더 짧은 기간에 발생한다는 사실 때문에 더 복잡해진다.

사별에 대한 적응은 다면적인데, 한 개인의 삶의 모든 영역이 잠재적으로 상실에 영향을 받을 수 있기 때문이다. 배우자와 사별한 노인은 고독, 상호의존성, 역할 적응, 죽음에 대한 개인적 자각의 영역에서 부가적인 어려움을 흔히 경험한다.

노인의 고독은 신체적·심리적 현실일 수 있다. 사별한 많은 노인이 혼자 산다. 로파타(Lopata, 1979)는 좀 더 젊은 나이에 배우자와 사별한 여성과 남성 모두가 더 나이가 들어 사별한 사람보다 배우자의 사망 이후에 멀리 이사를 가는 경향이 더 컸다고 보고했다. 이는 고독의 경험에 더하여 거주 환경과 사회적 환경의 복합적인 상실로 이어질 수 있다. 때때로 거주지의 변경이 필요하기는 하지만 바람직하지는 않다. 남겨진 배우자는 자신의 집에서 계속 살 형편이 안 되거나 혼자 생활하기 힘들 수 있다. 마찬가지로 배우자와 함께 살았던 집에서 살면 고독감이 더욱 심해질 수 있다.

고독은 한 사람과 오랫동안 결혼생활을 하고 함께 살아온 결과이기도 하다. 커플은 서로 깊게 애착하면서 보통 여러 해 동안 복잡한 상호의존성을 발전시킨다. 각 배우자는 특정 역할이나 활동에 대해 서로 많이 의존하게 되는데, 상실 이후에는 그러한 빈자리에 적응하기가 몹시 어렵다.

남성 노인은 여성 노인보다 배우자와의 사별 이후의 역할 적응에 더 큰 어려움을 겪을 수 있다. 많은 남성 노인이 새로운 역할, 특히 가사와 관련된 역할을 수행하지만 매우 힘들어 하는 반면, 많은 여성 노인은 가사를 다른 사람에게 의존하지 않기 때문에 남성 노인이 경험하는 것과 같은 어려움에 맞닥뜨리지 않는다. 하지만 여성 노인은 재정 관리나 주택의 유지 관리 같은 영역에서 어려움을 겪을 수 있다.

남성 노인과 여성 노인 모두는 친구와 가족, 배우자 같은 동년배를 상실함으로써 시간이 한정되어 있다는 현실을 더 많이 자각할 수 있다. 삶의 유한성에 대한 깊은 자각은 기존의 어려움을 더 복잡하게 할 수 있다.

애도자의 욕구를 다루는 데 지지 집단이 매우 유익할 수 있다. 지지 집단은 특히 노인에게 이로운데, 노인에 대한 지지 체계가 줄어드는 시기에 사회적 지지 체계를 제공해 주기 때문이다. 나아가 지지 집단은 배우자의 사망 이후에 흔히 발생하는 고독을 줄이는 데에도 기여한다.

사고와 성찰을 위한 질문

1 당신은 가족 구성원이 수행하는 다양한 역할을 어떻게 자각하는가?

2 가족 내에서 당신의 역할은 무엇인가? 원가족 내에서 당신이 수행한 역할은 무엇이었는가?

3 대부분의 가족은 규칙을 가지고 있다. 당신 가족의 규칙은 무엇인지 열거해 보시오.

4 가족 가운데 한 사람을 상실한 적이 있는가? 가족을 재구조화해야 했는가? 일어났던 일을 설명해 보시오. 그 이행 과정이 순조로웠는가 아니면 어려웠는가? 그 이유는 무엇인가?

5 당신의 가족 내에 가족 비밀이 있는가? 그것이 가족의 기능에 어떤 영향을 미치고 있는가?

11장

상담자의 자기 돌봄

대부분의 사람들은 다른 사람에게 도움을 주거나 봉사하기 위해 타인을 조력하는 직업을 택한다. 하지만 돕고자 하는 우리의 능력을 가로막는 애도 경험의 독특한 면이 있다. 파크스(Parkes, 1972)는 다음과 같이 그러한 경험을 기술했다.

> 고통은 그런 경우에 필연적이고 피할 수 없다. 고통은 어느 쪽도 상대방이 원하는 것을 줄 수 없다는 두 사람의 자각에서 비롯된다. 조력자는 사망한 사람을 되살릴 수 없고 애도자는 도움을 받은 것처럼 보이는 것으로 조력자를 만족시킬 수 없다(p.163).

이러한 관계에 내재된 도전거리는 가장 잘 정련된 금속일지라도 견뎌야 하는 진정한 시험일 것이다. 양쪽 모두 바람직한 것을 얻을 수 없다는 점은 제쳐 두고라도, 양쪽 모두는 사망이라는 궁극적인 현실에 직면하게 된다. 이러한 현실은 돌봄을 제공하는 사람이 제대로 점검하지 않는다면 잠재적으로 스트레스의 주요 원천이 될 수 있다.

죽음에 대한 오리엔테이션으로서 수용과 부인이 본질적으로 좋지도 나쁘지도 않다는 점을 떠올려 보라. 수용과 부인은 반드시 그것이 발생하는 맥락과 그것을 통해 얻고자 하는 목적을 포함하는 맥락에서 점검되어야 한다. 이는 애도자뿐만 아니라 돌봄 제공자에게도 해당된다. 우리 대부분은 돌봄 제공자로서 전폭적인 수용과 부인이라는 극단의 중간 지점 어딘가에서(비록 극단적인 경우도 존재하긴 하지만) 작업한다. 부인은 개인이 어떤 스트레스 상황을 마주하더라도 적응할 시간을 마련해 주는 기제로 가장 잘 이해된다. 우리가 스트레스원이 어떻게 지각되고 행동의 목적이 무엇인가를 이해할 수 있을 때에만 개인이 어떻게 적응하고 기제를 사용하는지를 평가할 수 있다. 어떤 적응 전략이든 그 개인의 이력과 사적으로나 직업적으로 대인관계망을 약화시키는 다른 사람들에게서 영향을 받을 것이다.

우리는 앞 장에서 죽음에 대한 태도와 그것과 관련된 역사를 탐색했다. 이제는 돌봄을 제공하는 사람으로서 우리의 욕구를 돌보기 위해서 수용과 부인 사이의 어느 지점에서 작업할지에 영향을 미치는 개인적인 문제를 솔직하게 탐색할 필요가 있다.

우리는 우선 모든 사람이 시한부 삶을 살고 있는 사람이나 애도하고 있는 사람과 작업할 수 있는 능력을 갖고 있지는 않다는 점을 인식해야 한다. 이러한 영역에서 작업하고자 하는 우리의 동기를 명확하게 점검할 필요가 있다. 어떤 사람들은(일반인뿐만 아니라 전문가도) 죽음을 앞두고 있는 사람이나 애도자와의 접촉을 되도록이면 피한다. 그 이유는 다양하다. 워든(Worden, 1991)은 애도자와의 작업이 적어도 세 가지 방식으로 우리에게 개인적인 영향을 미친다고 밝혔다.

첫째, 우리가 경험한 상실을 고통스럽게 자각하도록 한다. 특히 애도자가 경험한 상실이 돌봄 제공자가 경험한 상실과 유사한 경우에 더욱 그렇다. 돌봄 제공자가 자신의 상실을 적절하게 해결하지 않는다면, 도움을 주려는 어떤 개입에도 걸림돌이 될 수 있다. 하지만 돌봄 제공자가 자신의 사별 경험을 잘 해결하고 위안을 찾았다면, 그러한 경험은 우리 모두가 궁극적으로 상실을 통해 직면할 수밖에 없는 취약성에 대한 연민과 이해의 바탕이 될 수 있다.

둘째, 애도자가 우리에게 영향을 미치는 방식은 상실에 대한 우리의 예상 및 두려움과 관련된다. 애도자와의 작업은 상실의 불가피성과 보편성에 대한 우리의 자각을 높인다. 즉, 우리에게 상실이 발생할 수 있고 언젠가는 발생한다는 현실에 직면하게 한다. 자녀의 죽음을 경험한 사람과의 작업은 그런 작업 관계를 방해할 수 있는 문제를 유발해서 돌봄 제공자에게 특별한 문제를 안겨 줄 수 있다.

우리가 이미 탐색하긴 했지만, 돌봄 제공자가 직면하는 마지막 도전거리는 실존적 불안과 죽음에 대한 우리의 개인적인 자각과 관련이 있다. 다시 말하지만, 우리 대부분은 죽음에 대해 어느 정도 불안을 가지고 있지만 그 자체로 문제가 되지는 않는다. 문제는 본인만이 알고 있는 개인적인 문제가 맹목적인 불안을 유발하고 전문적인 작업의 효과를 저해할 때 발생한다. 셔먼(Sherman, 1996)은 간호사들을 대상으로 한 연구에서 죽음에 대한 불안 수준이 높은 사람들은 죽음을 앞둔 사람을 간호하는 것을 덜 선호한다는 점을 발견했다. 또한 셔먼이 발견한 또 다른 결과는 시한부 환자와 기꺼이 작업하고자 하는 의향은 간호사에게 주어지는 사회적 지지의 질적 수준에 정적이거나 부적인 영향을 받을 수 있다는 것이다. 한 개인이 곁에 아무도 없다고 느끼거나 정서적 지지를 받지 못한다고 느낀다면, 시한부 환자나 애도자를 돌보는 것과 같은 정서적으로 힘든 영역에 들어서기가 분명

쉽지 않다.

애도와 애도 과정에 대한 우리의 태도와 경험을 들여다보면 개인이 효과적으로 작업할 수 있는 유형의 사람 및 애도 경험 유형과 관련하여 우리 각자가 지닌 한계를 파악하는 데 도움이 될 것이다. 워든과 엘리자베스 퀴블러로스(Elizabeth Kübler-Ross)는 1977년에 임종 간호의 사안에 대해 의료인 5천 명을 대상으로 설문조사를 했다. 설문 내용 가운데 하나는 죽음을 앞둔 환자와 작업할 때 직면하는 어려움이 무엇인가였다. 응답자의 92%가 시한부 환자들 가운데 하나 혹은 그보다 더 많은 유형의 환자에게 특별한 어려움을 느낀다고 보고했다. 애도자와 작업하는 사람도 마찬가지이다. 모든 사람이 모든 유형의 애도자나 가족과 작업할 수 있다거나 작업해야 하는 것은 아니다. 돌봄 제공자는 자신의 개인적 한계를 인식하고 필요한 경우에 다른 전문가에게 의뢰하거나 적절한 때에 돌보는 역할에서 벗어나는 것이 중요하다.

스트레스와 대처

스트레스는 개인에 대한 요구와 그것에 대처할 수 있는 능력의 간격에서 발생한 개인적 경험, 즉 개인이 지각한 현상이라고 정의할 수 있다(Cox, 1978; Selye, 1974). 배천(Vachon, 1987)은 돌봄 제공자에 관해 광범위하게 연구했다. 그녀는 죽음을 앞둔 사람을 위한 병원, 완화치료기관, 만성치료기관, 자원봉사기관에서 근무하는 전문적인 돌봄 제공자 6백 명을 면담했다. 그녀는 직업적 스트레스라는 폭넓은 관점에서 연구조사 과제를 설정하고 피면접자들에게 기본적인 스트레스원이 무엇이고 그것에 어떻게 대처하는지를 질문했다. 피면접자들은 죽음을 앞둔 사람과 그 가족과의 직접적인 작업이 아닌 작업 환경과 직업적 역할 때문에 가장 많은 스트레스를 받는다고 대답했다. 배천은 근원적인 죽음 불안이 스트레스에 기여했을 수 있지만 전반적인 응답(증거)은 환경적 변인을 시사했다고 밝혔다. 그녀는 응답자들이 역할 갈등에 사로잡혀 있다고 결론을 내렸다. 그것은 전문적인 역할과 인간적인 돌봄 제공자로서의 역할 사이의 갈등이었다. 작업 환경의 측면에서 이 두 가지 역할의 요구사항에서 온전히 벗어나기에는 시간이 충분하지 못하다. 이러한 시간의 부족이 전문적인 역할과 돌봄 제공자로서의 역할 사이의 불균형을 가져오고 개인의 대처 능력을 손상시킨다. 돌봄 제공자가 최상의 돌봄을 제공하려면 이러한 역할 갈등과 자신도 욕구를 지니고 있음을 인식할 필요가 있다.

워든(1991)은 시한부 환자와 그 가족, 애도자와 작업하는 사람을 위해 세 가지 권장사항을 제시했다. 첫째, 많은 시한부 환자나 애도자와 친밀하게 작업하고 그 시간 동안 그들에게 애착을 갖게 된다는 점과 관련하여 자신의 한계를 아는 것이다. 이는 죽음을 앞둔 사람이나 애도자와 작업하는 것이 누군가와 친밀해지고 다양한 정도와 깊이로 애착을 형성하는 것이라는 사실을 반영한다. 애착의 정도만큼 돌봄 제공자가 애도하게 될 상실이 발생할 것이다.

둘째, 소진을 피하는 것이다. 이를 위해서 워든은 돌봄 제공자에게 함께 작업했던 사람과의 사별을 적극적으로 애도하라고 주장했다. 그는 함께 작업했던 시한부 환자의 장례식에 참석하는 것이 도움이 된다는 점을 개인적으로 깨달았다고 말했다. 슬픔과 기타 다른 감정을 경험하고 표현하는 것은 소진을 피하는 데 필수적이다.

셋째, 돌봄 제공자가 어떻게 도움을 요청할지와 어디에서 개인적인 지지를 구할지를 알아야 한다는 것이다. 돌봄 제공자는 분명히 애도하고 있는 다른 사람을 조력할 수 있지만 자신에게 언제 도움이 필요하고 그럴 경우에 어디에서 도움을 구해야 하는지에 대해서는 잘 모를 수 있다. 따라서 워든은 애도 작업자가 자신이 얻는 지지가 어디에서 비롯되는지를 인식하고 자신의 개인적인 한계가 무엇인지와 필요한 경우에 어떻게 도움을 요청하는지를 알아야 한다고 권고했다. 라파엘(Raphael, 1980)도 이러한 자각이 필요하다고 강조하면서 돌봄 제공자가 동료 지지집단, 수퍼비전, 사례토의 모임 같은 지지 체계를 어떤 식으로든 유지해야 한다고 주장했다.

순응과 성장

하퍼(Harper, 1977)는 의료 전문가들이 점점 더 성숙해지고 시한부 환자와의 작업에 더욱 편안해짐에 따라 진행되는 순응(accommodation) 과정 모델을 개발했다. 그에 따르면, 이 모델의 단계들은 정서적이고 심리적인 규범적 성장 단계와 돌봄 제공자가 전문적으로 성숙해짐에 따라 경험하는 발달 과정을 보여 준다.

단계 1. 지성화: 지식과 불안

죽음과 임종에 관한 첫 번째 작업 단계에서 돌봄 제공자는 죽음과 임종의 과정을 지적으로 바라보는 경향이 있다. 그는 죽음과 임종에 관한 전문적인 정보, 사실적 지식, 철학적 쟁점을 습득하는 데 초점을 둔다. 이러한 활동은 필수적이기는 하지만 부차적인 목적을 가지며 당면한 과제를 지적으로 이해하여 환경을 통제함으로써 불안을 다스리려는 시도로 간주된다. 이러한 스트레스와 불안 관리 방법 때문에 돌봄 제공자는 죽음을 앞둔 환자와 그 가족과의 대인관계적 거리를 조절하는 데 어려움을 겪는다. 타인과 효과적으로 작업하려면 너무 가까워지거나 너무 멀어져서는 안 된다. 이 단계에 있는 돌봄 제공자는 자신의 역할과 죽음에 대해 관심을 갖고는 있으나 일반적으로 그것을 불편해한다.

단계 2. 정서적 생존: 트라우마

이 단계에서 하퍼가 말한 트라우마는 돌봄 제공자가 상대적으로 평온한 지성화의 지점에서 실제로 경험하면서 느끼는 정서적 격동이라는 반대 지점으로 내던져질 때 경험하는 충격과 놀라움이다. 이 단계에서 돌봄 제공자는 환자의 임박한 죽음이나 실제 죽음이라는 현실에 직면한다. 이제 정서적 수준에서 죽음을 경험하고 고통과 죽음을 피할 수 없다는 자각이 생긴다. 부수적으로, 돌봄 제공자는 자신의 개인적 무능력과 무력감과 관련된 감정을 마주한다. 또한 자신의 건강 상태와 죽음을 앞둔 환자의 건강 상태의 불공평함과 관련된 불편감과 인지적 부조화를 경험하면서 환자에 대한 걱정, 심지어 동정심도 많아질 수 있다. 이 단계에서 좌절감, 죄책감, 불안은 흔히 경험되는 감정이다.

단계 3. 우울: 고통, 애도

이 단계는 전문적인 성장과 발달의 위기를 나타낸다. 거센 폭풍에서 성공적으로 벗어난 사람은 성장하고 그렇지 못한 사람은 어쩔 수 없이 (다른 분야로) 옮겨 갈 것이다. 이 위기는 잠재적으로 수용을 내포하고 있으며, 수용하면 순응 과정에 접어든다. 수용은 죽음과, 죽음과 임종의 현실에 대한 것이다. 돌봄 제공자는 죽음이 존재한다는 것과 그 어떤 개입에도 임종을 더 좋게 할 수 없다는 것 혹은 임종 과정을 덜 힘들게 할 수 없다는 것을 직면하고 수용해야 한다. 돌봄 제공자는 상실을 수용하기 위해 분투하면서 순응 과정에 들어서기 전에 고통과 애도를 경험할 수 있다.

단계 4. 정서적 도착: 조절, 완화, 순응

이 단계에서 돌봄 제공자는 트라우마와 이전의 분투 과정에서 경험한 관련 정서에서 벗어나기 시작한다. 돌봄 제공자는 불공평한 상황, 죽음의 불가피성과 현실에 더 이상 집착하지 않으면서 개인적인 진실성과 그와 관련된 자유로움의 지점에 이른다. 하지만 이것이 돌봄 제공자가 죽음을 앞둔 사람과 작업할 때 고통과 애도를 경험하지 않는다는 의미는 아니다. 이것이 의미하는 바는 돌봄 제공자가 고통으로 인해 무력해지거나 압도당하지 않고 편한 마음으로 고통을 경험한다는 것이다. 돌봄 제공자가 이 단계에서 죽음을 앞둔 환자에게 보이는 정서적으로 민감한 반응은 이제 진정성 있고 적절한 반응이 된다.

단계 5. 깊은 연민: 자기실현, 자각, 현실화

앞의 단계들을 성공적으로 밟아 왔다면, 이 단계는 돌봄 제공자의 성장과 발달 과정의 정점을 나타낸다. 이 단계의 특징은 임박한 죽음을 온전히 수용하면서 죽음을 앞둔 환자에게 깊은 연민을 느끼는 능력이다. 죽음을 삶의 가장 마지막 단계로 이해하고, 살아가는 것이 죽어 가는 것보다 더 고통스럽다고 여기기도 한다. 이제 죽음을 앞둔 환자에 대한 돌봄 제공자의 연민과 관심은 죽어 가는 환자와 그 가족의 욕구에 대한 전문적일 뿐만 아니라 인간적인 평가에 기초한 활동으로 대체된다.

하퍼의 모델은 돌봄 제공자로서 개인적이고 전문적으로 성숙해 가는 과정에 대한 하나의 관점을 제공한다. 그리고 함께하는 여행을 준비하고 그 진전을 측정할 수 있는 하나의 본보기를 제공한다. 우리가 검토한 다른 모델처럼, 이 단계들은 필수적으로 거쳐야 하는 것은 아니며 순서대로 이

수해야 하는 것도 아니다. 또한 모든 사람의 경험이 5단계에서 끝나는 것도 아니다.

이제 어디로 갈 것인가

이제부터 당신이 나아가야 할 곳, 앞으로 찾아야 할 것은 당신에게 달려 있다. 하지만 탐색 과정에서 당신에게 도움이 될 만한 몇 가지 자원이 있다. 죽음교육및상담학회(Association for Death Education and Counseling, ADEC) 같은 기관에서 제공하는 워크숍과 자격증 과정을 통해 관련 주제에 관한 개요를 손쉽게 얻을 수 있다. 이 비영리기관은 죽음 교육과 죽음 관련 상담의 질을 향상시키려는 목적으로 1976년에 설립되었다(Leviton, 1993). 전문 학술지도 이 분야의 관심사와 쟁점뿐만 아니라 연구 결과와 중요한 정보를 얻을 수 있는 자원이다. 이 장의 끝부분에 전문기관과 전문 학술지 목록을 수록했다.

내 수업을 듣는 학생들은 상담, 심리학, 간호학, 사회복지학, 신학, 교육학 등 다양한 분야 출신인데, 자신의 기본 지식에 또 다른 역량을 더하고 싶은 바람을 갖고 있다. 이처럼 배경이 다양하다는 것은 그만큼 다양한 기대를 갖고 있다는 뜻이어서, 이 수업을 진행하는 것이 만만치 않음을 종종 느낀다. 개인적인 훈련을 통해 그리고 다양한 배경을 지닌 학생들을 가르치는 교육자로서 내가 지금까지 발견한 것은 죽음, 상실, 애도의 영역에 대한 학습은 지적인 경험뿐만 아니라 정서적인 경험도 필요로 한다는 점이다. 죽음을 앞둔 사람과 애도자와 함께하는 여행은 힘겨운 과제이다. 실존적 인본주의자인 제임스 부젠털(James Bugental)은 치료적이 되는 과정을 여행자와 가이드의 탐구적인 만남으로 바라보았다(Bugental, 1978). 진정성이 없는 가이드는 죽음, 임종, 애도, 상실의 과정에 대해 지적으로 이해하고 있어서 이해한다는 환상만을 가지고 있다. 이러한 가이드는 실제로 그 여행의 위험이나 보상을 알지 못한다. 하지만 진정한 가이드는 그 과정에 대해 지적으로뿐만 아니라 정서적으로도 이해하고 있고, 매번의 여행이 자신뿐만 아니라 여행자에게도 새로운 여행임을 알고 있으며, 그 여행이 지닌 잠재적 위험과 보상을 자각하고 있다. 부젠털이 말하는 바는 당신이 발을 디디기 두려워하는 영역으로 다른 사람을 안내할 수 없다는 것이다.

진정한 경험은 매끄럽지 않고 다소 뒤섞여 있다. 그리고 심하게 고통스러운 무언가를 포함한 심도 있고 상세하며 면밀한 논의를 필요로 할 것이다. 하지만 만약 당신이 여행하기를 원하고 다른 사람과 함께 걸으며 그를 안내하기를 바란다면, 이미 시작한 것을 계속하라. 이번 여행은 끝났다. 이제는 자신의 개인적 경험을 돌아보고 지금까지 배운 것을 바탕으로 다음의 새로운 만남을 준비해 보자.

사고와 성찰을 위한 질문

1 당신은 자신의 무능력과 무력감을 어떻게 다루는가?

2 당신이 시한부 환자나 애도자와 작업하려는 동기는 무엇인가?

3 당신의 삶에서 경험한 중요한 상실을 확인해 보시오. 그 상실에 어떻게 대처했으며, 현재는 어떤 상태인가?

4 개인적으로나 전문적으로 스트레스를 어떻게 다루고 있는가?

5 다른 사람에게 도움을 청하는 것은 당신에게 얼마나 어려운가?

6 당신이 받는 개인적이고 전문적인 지지는 어디에서 오는가?

에필로그

    죽음은 자연스러운 일이다. 태어났을 때부터 우리는 (알든 알지 못하든) 결국엔 죽음으로 끝맺을 여정을 시작한다. 태어나 살아가는 모든 것이 죽는다. 이는 만물의 자연스러운 질서이다. 이것은 매우 단순한 개념이지만, 우리가 삶과 죽음을 다시 바라보고 다시 생각해보도록 하는 심오한 것이기도 했다.

    이 책은 애도와 상실을 경험하는 현상을 소개하고 개괄적으로 설명하고자 했다. 사별한 사람들을 대하는 작업은 노끈을 푸는 일과 매우 유사하다. 애도와 상실을 경험하는 일은 사별을 당한 사람의 대인관계, 사회적 기대와 (명시적이거나 암시적인) 규칙, 상실의 유형, 상실과 관련된 주변 상황을 비롯한 미로와 같은 개인의 고유한 이야기이다. 그러나 사별을 겪는 과정에서 변화를 일으키도록 돕기 위해서는 그 과정에 대한 개념화를 해야 한다. 때문에 여러 모델들(단계와 과제)을 책에서 제시했다.

    결론적으로 죽음을 바라보는 방법이나 죽어가거나 사별을 경험한 사람과 작업하는 올바른 방법이란 것은 없어 보인다. 서문에서 내가 독자들에게 주의한 내용을 다시 언급하고자 한다. 한 사람은 다른 모든 사람들과 같고, 몇몇의 다른 사람들과도 같고, 또 어떤 누구와도 같지 않다는 고든 올포트의 말을 염두에 두고, 독자들은 제시되는 정보와 이것의 적용 가능성에 대해 비판적으로 검토해야 한다. 결국 죽음, 죽어 가는 과정 그리고 사별을 극복한 이들이 경험하는 애도는 모두 매우 개인적이고 사람마다 다른 경험이다. 우리는 이를 염두에 두고 시작을 했고, 이제는 마무리 짓는다. 이 책이 당신의 학습에 많은 도움을 주었기를 진심으로 바란다.

참고문헌

Ad Hoc Committee of the Harvard Medical School to Examine the Definition of Death (1968). A definition of irreversible coma. *Journal of the American Medical Association, 205*, 337–340.

Ainsworth, M., Blehar, M., Waters, E., & Walls, S. (1978). *Patterns of attachment: A psychological study of strange stimulation*. Hillside, NJ: Erbaum.

Allen, J., Hauser, S., Bell, K., & O'Conner, T. (1994). Longitudinal assessment of autonomy and relatedness in adolescent-family interactions as predictors of adolescent ego development and self-esteem. *Child Development, 65*, 179–194.

Allen, J., Kuperminc, G., & Moore, C. (1997). Developmental approaches to understanding adolescent deviance. In S. Luthar, J. Burack, D. Cicchetti, & J. Weiss (Eds.), *Developmental psychopathology: Perspective on risk and disorder* (pp. 548–567). Cambridge, England: Cambridge University Press.

Aristotle (1962). *The Nicomachean ethics* (Martin Ostwald, Trans.). Indianapolis: Bobbs-Merrill.

Association Quebecoise de Suicidologie (1990). *La prevention de suicide au Quebec: Vers un modele integre de services*. Montreal: AQS.

Baker, J., Sedney, M., & Gross, E. (1992). Psychological tasks for bereaved children. *American Journal of Orthopsychiatry, 62*(1), 105–116.

Barrett, T., & Scott, T. (1990). Suicide bereavement and recovery pattern compared with non-suicide bereavement patterns. *Suicide and Life Threatening Behavior, 20*, 1–15.

Barrett, T., & Scott, T. (1989). Development of the grief experiencequestionnaire. *Suicide and Life Threatening Behavior, 19*, 201–215.

Bates, J., Maslin, C., & Frankel, K. (1985). Attachment security, mother–child interactions, and temperament as predictors of problem solving ratings at three years. In I. Bertherton &E. Waters (Eds.), *Growing points in attachment theory and research*. Monographs of Society for Research in Child Development, 50 (1-2, Serial No. 209), 167–193.

Beauchamp, T., & Childress, J. (1994). *Principles of biomedical ethics* (4th ed.). New York: Oxford University Press.

Beauchamp, T., & Childress, J. (1989). *Principles of biomedical ethics* (3rd ed.). New York: Oxford University Press.

Beauchamp, T., & Childress, J. (1983). *Principles of biomedical ethics* (2nd ed.). New York: Oxford University Press.

Beauchamp, T., & Childress, J. (1979). *Principles of biomedical ethics*. New York: Oxford University Press.

Belsky, J., Rovine, M., & Taylor, D. (1984). The Pennsylvania infant and family project III. The origins of individual differences in infant mother attachment: Maternal and infant contributions. *Child Development, 55*(3), 718–728.

Benn, S. (1998). *A theory of freedom*. Cambridge: University Press.

Bersoff, D., & Koeppl, P. (1993). The relationship between ethical principles and moral principles. *Ethics and Behavior, 3*(3/4), 345–357.

Borg, S., & Lasker, J. (1988). *When pregnancy fails: Families coping with miscarriage, stillbirth, and infant death* (2nd ed.). New York: Bantam.

Bowen, M. (1978). *Family therapy in clinical practice*. New York: Aaronson.

Bowlby, J. (1990). *Charles Darwin: A new life*. New York: Norton.

Bowlby, J. (1982). Attachment and loss: Retrospect and prospect. *American Journal of Orthopsychiatry, 52*(4), 664–678.

Bowlby, J. (1980). *Attachment and loss* (Vol. 1, 2nd Ed.). Harmonsworth UK: Penguin.

Bowlby, J. (1980). *Attachment and loss* (Vol. 3). New York: Basic Books.

Bowlby, J. (1980). *Loss, sadness and depression*. New York: Basic Books.

Bowlby, J. (1979). *The making and breaking of affectional bonds*. London: Tavastock.

Bowlby, J. (1977). The making and breaking of affectional bonds, I, II. *British Journal of Psychiatry, 130*, 201–210, 421–431.

Bowlby, J. (1973). *Attachment and Loss* (Vol. 2). New York: Basic Books.

Bowlby, J. (1969). *Attachment and Loss* (Vol. 1). New York: Basic Books.

Boyle, J. (1991). Who is entitled to double effect? *Journal of Medicine and Philosophy, 16* (4), 475–494.

Boyle, J. (1980). Toward an understanding of the principle of double effect. *Ethics, 90*(4), 527–538.

Bratman, M. (1987). *Intention, plans and practical reason*. Cambridge, MA.: Harvard University Press.

Braybrooke, D. (1991). No rules without virtues: No virtues without rules. *Social Theory and Practice, 17*(2), 139–156.

Brown, M. (1958). *The dead bird*. Reading, MA: Addison-Wesley.

Buber, M. (1996). *I and Thou* (Trans. Walter Kaufmann original work 1970). New York: Simon & Schuster.

Bugental, J. (1978). *Psychotherapy and process: The fundamentals of an existential-humanistic approach*. New York: McGraw-Hill.

Burt, R. (1979).*The role of law in doctor patient relations*. New York: Free Press; Simon & Schuster Adult Publishing Group.

Buscaglia, L. (1982). *The fall of freddie the leaf*. Thorofare, NJ: Slack.

Cain, A. (1972). *Survivor's of suicide*. Springfield, IL. Thomas.

Cain, A., & Fast, I. (1972). The legacy of suicide: Observations on the pathologenic impact of suicide on marital partners. In A. C. Cain (Ed.), *Survivors of suicide* (pp. 145–155). Springfield, IL: Charles C. Thomas.

Calhoun, L., & Allen, B. (1993). The suicide of a child: Social perception of stepparents. *Omega: Journal of Death and Dying, 26*(4), 301–307.

Calhoun, L., Selby, J., & Abernathy, C. (1988). Suicidal death: Social reactions to bereaved survivors. *Journal of Psychology, 116*(2), 255–261.

Calhoun, L., Selby, J., & Abernathy, C. (1984). Suicidal death: Social reactions to bereaved survivors. *Journal of Psychology, 116*(2), 255–261.

Calhoun, L., Selby, J., & Selby, L. (1982). The psychological aftermath of suicide: An analysis of current evidence. *Clinical Psychology Review, 2,* 409–420.

Calhoun, L., Selby, J., & Steelman, J. (1984). A collation of funeral directors impressions of suicide deaths. *Omega: Journal of Death and Dying, 19*(4), 365–373.

Campbell, J., Swank, P., & Vincent, K. (1991). The role of hardiness in the resolution of grief. *Omega: Journal of Death and Dying, 23*(1), 53–65.

Carey, A. (1977). Helping the family and the child cope with death. *International Journal of Family Counseling, 5*(1), 58–63.

Carter, B., & Brooks, A. (1990). Suicide postvention: Crisis or opportunity. *School Counselor, 37*(5), 378–390.

Cassidy, J., & Berlin, L. (1994). The insecure/ambivalent pattern of attachment: Theory and Research. *Child Development, 65,* 971–991.

Chaplin, J. P. (1985). *Dictionary of psychology.* New York: Bantam Doubleday Dell.

Childress, J. (1990). The place of autonomy in bioethics. *The Hastings Center Report, 20* (1), 12–17.

Clardy, A. (1984). *Dusty was my friend: Coming to terms with loss.* Human Sciences.

Clayton, P., Desmaris, L., & Winokur, G. (1968). A study of normal bereavement. *American Journal of Psychiatry, 125*(2), 168–174.

Conway, P. (1988). Losses and grief in old age. *Social Casework, 69*(9), 541–549.

Cook, A., & Oltjenbruns, K. (1998). The bereaved family. In A. S. Cook & K. A. Oltjenbruns (Eds.), *Dying and grieving: Life span and family perspective* (pp. 91–115). Fort Worth, TX: Harcourt Brace.

Corr, C. (1995). Entering into adolescent understandings of death. In Earl Grollman (Ed.) *Bereaved children and teens: A support guide for parents and professionals,* pp. 21–35. Boston: Beacon Press.

Cox, T. (1978). *Stress.* Baltimore: University Press.

Crittenden, P. (1988). Relationships at Risk. In J. Beisky & T. Nezworski (Eds.), *Clinical implications of attachment* (pp. 136–174). Hillsdale, NJ: Erlbaum.

Crockenberg, S. (1981). Infant irritability, mother's response, and social supportinfluences on security of infant–mother attachments. *Child Development, 52,* 857–869.

Cruzan v. Director, Missouri Department of Health, 110 S. Ct. 2841 (1990).

Damrosch, S., & Perry, I. (1989). Selfreported adjustment, chronic sorrow, and coping of parents of children with Down Syndrome. *Nursing Research, 38*(1), 25–30.

Darwin, C. (1981). *The decent of man, and selection in relationship to sex* (Vol. 1). Princeton, NJ: Princeton University Press (Original work published 1871).

Davies, B., Spinetta, J., Martinson, I., McClowry, S., & Kulenkamp, E. (1986). Manifestations of levels of functioning in grieving families. *Journal of Family Issues, 7,* 297–313.

Defrain, J. (1991). Learning about grief from normal families: SIDS, stillbirth, and miscarriage. *Journal of Marriage and Family Therapy, 17,* 215–232.

Doka, K. (1995). *Children mourning, mourning children.* Washington DC, US: Hospice Foundation of America.

Doka, K. (1995). Coping with life threatening illness: A task model. Omega: *Journal of Death and Dying, 32* (2), 111–112.

Doyle, P. (1980). *Grief counseling and sudden death.* Springfield, IL: Charles C. Thomas.

Dworkin, G. (1976). Autonomy and behavior control. *The Hastings Center Report, 6*(1), 23–28.

Edelstein, L. (1943). *The Hippocratic Oath: Text, Translation and Interpretation*. Baltimore: Johns Hopkins University Press.

Engel, G. (1964). Grief and grieving. *American Journal of Nursing, 64*, 93–98.

Engel, G. L. (1961). Is grief a disease? *Psychosomatic Medicine, 23*(1), 18–22.

Farnsworth, J., Pett, M. A., & Lund, D. A. (1989). Predictors of loss management and well-being in later life, widowhood and divorce. *Journal of Family Issues, 1*(1), 102–121.

Feiel, H. (1971). The meaning of death in American Society: Implication foreducation. In B. Green & D. Irish (Eds.), *Death Education: Preparing for Life*. Cambridge MA: Schenkman.

Finnis, J. (1991). *Moral absolutes: Tradition, revision, and truth*. Washington, DC: Catholic University of America Press.

Fox, S. (1988). *Good grief: Helping groups of children when a friend dies*. The New England Association for the Education of Young Children.

Frankena, W. (1973). The ethics of love conceived as an ethic of virtue. *The Journal of Religious Ethics, 3*(1), 21–31.

Frantz, T. (1984). Helping parents whose child has died. In T. T. Frantz (Ed.), *Death and grief in the family* (pp. 11–26). Rockville, MD: Aspen Systems.

Freeman, S. (1999). The principle of double effect and virtue ethics: A search for complementarity in end-of life decision making. *Illness, Crisis & Loss, 7*(4), 333–345.

Freeman, S. (1991). Group facilitation of the grieving process with those bereaved by suicide. *Journal of Counseling Development, 69*(4), 328–331.

Freeman, S., & Ward, S. (1998). Counseling the Bereaved: What Counselors Should Know. *Journal of Mental Health Counseling, 20*(3), 216–226.

Friedman, E. (1988). Systems and ceremonies: A family view of the rites of passages. In B. Carter & M. McGoldrick (Eds.), *The family life cycle: A framework for family therapy* (pp. 459–460). New York: Gardner Press.

Freud, S. (1917). Mourning and melancholia. In standard edition of the complete psychological works of Sigmund Freud (Vol. 14). London: Hogarth Press, 1957.

Fulton, R., & Fulton, J. (1971). A psychosocial aspect of terminal illness: Anticipatory grief. *Omega, Journal of Death and Dying, 2*, 91–99.

Futterman, E., Hoffman, I., & Sabshin, M. (1972). Parental anticipatory mourning. In B. Schoenberg, A. Carr, D. Peretz, & A. Kutscher (Eds.), *Psychosocial aspects of terminal care*. New York: Columbia University Press.

Gamino, L., Sewell, K., & Easterling, L. (1998). Scott and White grief study: An imperical test of predictors of intensified mourning. *Death Studies, 22*(4), 333–355.

Garcia, J. (1993). The new critique of anti-consequential moral theory. *Philosophical Studies, 71*(1), 1–32.

Gelcer, E. (1983). Mourning is a family affair. *Family Process, 22*, 501–516.

Gilbert, K. (1996). We've had the same loss, why don't we have the same grief ? Loss and differential grief in families. *Death Studies, 20*, 269–283.

Gilbert, K., & Smart, L. (1992). *Coping with infant or fetal loss: The couples healing process*. New York: Brunner/Mazel.

Ginsberg, H., & Opper, S. (1987). *Piaget's theory of intellectual development.* Englewood Cliffs, NJ: Prentice-Hall.

Glick, I., Weiss, R. S., & Parkes, C. M. (1974). *The first year of bereavement.* New York: John Wiley & Sons.

Goldberg, S. (1973). Family tasks and reaction to the crisis of death. *Social Casework, 54,* 219–228.

Gorer, G. (1965). *Death, grief, and mourning.* New York: Doubleday.

Gray, R. E. (1987). Adolescent response to the death of a parent. *Journal of Youth and Adolescence, 16*(6), 511–525.

Greaves, C. (1983). Death in the family: A multifamily therapy approach. *International Journal of Family Psychiatry, 4*(3), 247–261.

Green, J. S. (1972). The days of the dead in Oaxaca, Mexico: An historical inquire. *Omega: Journal of Death and Dying, 3*(3), 245–262.

Grossmann, K., Grossmann, K. E., Spangler, G., Suess, G., & Unzner, L. (1985). Maternal sensitivity and newborns' orientation responses as related to quality of attachment in northern Germany. In I. Bretherton & E. Waters (Eds.), *Growing points of attachment theory and research.* Monograph of the Society for Research in Child Development, 50(1-2 Serial No. 209), 233–257.

Guntzelman, J. (1992). Grief and the early intervention practitioner. Keynote address, *When a child dies*: Third Annual Conference on the Training Consortium for Early Intervention Services. Baltimore, MD.

Hall, D. (1996). *Poetry: The unsayable said.* Port Townsend, WA: Copper Canyon Press.

Harper, D. (1977). *Death: The coping mechanism of the health professional.* Greenville, SC: Southeastern University Press.

Hauerwas, S. (1985). *Character and the Christian life.* Notre Dame: Notre Dame University Press.

Haworth, L. (1986). *Autonomy: An essay in philosophical psychology and ethics.* New Haven, Conn: Yale University Press.

Hazen, B. (1985). *Why did Grampa die? A book about death.* New York: Golden.

Heidegger, M. (1962). *Being and time.* New York: Harper & Row, pp. 210–241.

Horowitz, M. (1998). Diagnostic criteria for complicated grief disorder: Dr. Horowitz replies. *American Journal of Psychiatry, 155,* 1306.

Horowitz, M., Wilmer, N., Marmar, C., & Krupnick, J. (1980). Pathological grief and the activation of latent self-images. *American Journal of Psychiatry, 137,* 1157–1162.

Inhelder, B., & Piaget, J. (1952). *The growth of logical thinking from childhood to adolescence.* New York: International Universities Press.

In re Quinlan, 70 N. J. 10, 355 A.2d 647 (1976).

Irish, D., Lindquist, K., & Nelsen, V. (Eds.) (1993). *Ethnic variations in dying, death and grief: Diversity in universality,* Washington DC: Taylor & Francis.

Isabella, R., & Belsky, J. (1990). Interactional synchrony and the origins of mother–child attachment: A replication study. *Child Development, 62,* 373–384.

Isabella, R., Belsky, J. & von Eye, A. (1989). Origins of infant mother attachment: An examination of interactional synchrony during the infants first year. *Developmental Psychology, 25*(1), 12–21.

James, W. (1890). *The principles of psychology* (Vol. 1, p. 293). New York: Henry Holt.

Kaffman, M., Elizur, E., & Gluckson, L. (1987). Bereavement reactions in children: Therapeutic implications. *Israel Journal of Psychiatry and Related Sciences, 24*(1–2), 65–76.

Kantrowitz, M. (1973). *When Violet died*. New York: Parents' Magazine Press.

Kastenbaum, R. (2001). *Death, society, and the human experience*. Rockleigh, NJ: Allyn & Bacon.

Kastenbaum, R. (1977). *Death, society, and the human experience*. St. Louis: Mosby.

Kavanaugh, R. (1974). *Facing death*. Baltimore: Penguin Books.

Keenan, J. (1992). Virtue ethics: Making a case as it comes of age. *Thought, 67*(265), 115–127.

Kell, R., & Rabkin, L. (1979). The effects of sibling death on the surviving child: A family perspective. *Family Process, 8*, 471–477.

Klass, D. (1999). Developing a crosscultural model of grief: The state of the field. *Omega: Journal of Death and Dying, 39*(3), 153–178.

Klass, D. (1988). *Parental grief: Solace and resolution*. New York: Springer.

Klass, D., Silverman, P., & Nickman, S. (1996). *Continuing bonds: New understandings of grief*. Washington DC: Taylor & Francis.

Koop, C., & Grant, E. (1986). The smallbeginnings of euthanasia: *Examining the erosion in legal prohibitions against mercy killing, 2*(3), 585–634.

Kubler-Ross, E. (1969). *On death and dying*. New York: MacMillan.

Lamberi, J., & Detmer, C. (1993). Model of family grief assessment and treatment. *Death Studies, 17*, 55–67.

Lasker, J. N., & Toedter, L. J. (1991). Acute versus chronic grief: The case of pregnancy loss. *American Journal of Orthopsychiatry, 61*(4), 510–522.

Lazare, A. (1979). Unresolved Grief. In A. Lazare (Ed.), *Outpatient psychiatry: Diagnosis and treatment* (pp. 498–512). Baltimore: Williams & Wilkins.

Leliaert, R. M. (1989). Spiritual side of "good grief": What happened to Holy Saturday? *Death Studies, 13*, 103–117.

Lenhardt, A. (1997). Disenfranchised grief/hidden sorrow: Implications for school counselors. *School Counselor, 44*, 264–270.

Levertov, D. (1996). *Sands in the well*. New York: New Directions Books.

Levine, S. (1984). *Who dies: An investigation into conscious living and conscious dying*. New York: Anchor/Doubleday.

Leviton, D. (1993). Association for Death Education and Counseling, In R. Kastenbaum and B. Kastenbaum (Eds.), *Encyclopedia of death*. New York: Avon.

Lewis, C. S. (1961). *A grief observed*. New York: Bantam Books.

Lewis, M., & Feiring, C. (1989). Infant, mother, and mother–infant interaction behavior and subsequent attachment. *Child Development, 60*, 831–837.

Lifton, R. (1973). The sense of immortality: On death and the continuity of life. *American Journal of Psychoanalysis, 101*, 141–148.

Lifton, R. (1971). *History and human survival*. New York: Random House.

Lifton, R. (1968). *Death in life: Survivors of Hiroshima*. New York: Random House.

Lindemann, E. (1944). Symptomology and management of acute grief. *American Journal* of Psychiatry, *101*, 141–148.

Lindemann, E., & Greer, I. (1953). A study of grief: Emotional responses to suicide. *Pastoral Psychology, 4*(39), 9–13.

Lopata, H. (1979). *Women as widows.* New York: Elsevier.

Lorenz, K. (1963). *On aggression.* New York: Bantam.

Lund, D. A., Caserta, M. S., & Dimond, M. F. (1986). Gender differences through two years of bereavement among the elderly. *The Gerontologist, 26*(3), 314–320.

MacIntyre, A. (1981). *After virtue: A study in moral theory.* Notre Dame: University of Notre Dame Press.

Maher, M. F., & Smith, D. (1993). I could have died laughing. *Journal of Humanistic Education and Development, 31*(3), 123–129.

Main, M. (1990). Cross-cultural studies of attachment organization: Recent studies, changing methodologies and the concept of conditional strategies. *Human Development, 33* (1), 48–61.

Main, M. (1981). Avoidance in the service of attachment: A working paper. In K. Immelmann, G. Barlow, M. Main & L. Petrinovich (Eds.), *Behavioral development: The Bielefeld Interdisciplinary Project* (pp. 651–693). New York: Cambridge University Press.

Main, M., & Hess, E. (1990). Parents' unresolved traumatic experiences are related to infant disorganized attachment status: Is frightened and or frightening parental behavior the linking mechanism? In M. T. Greenberg, D. Cicchetti & E. M. Cummings (Eds.), *Attachment in the preschool years: Theory, research and intervention* (pp. 161–182) Chicago: University of Chicago Press.

Main, M., & Solomon, J. (1986). Discovery of an insecuredisorganized/ disoriented attachmentpattern: Procedures, findings, and implications for the classification of behavior. In T. B. Brazelton & M. Yogman (Eds.), *Affect development in infancy* (pp. 95–124). Norwood, NJ: Ablex.

Marrone, R. (1997). *Death, mourning and caring.* Pacific Grove: Brooks/Cole/Wadsworth.

McCormack, J. (1981). The principle of the double effect. In J. McCormack (Ed.), *How brave a new world: Dilemmas in bioethics* (pp. 413–429). Washington D.C.: Georgetown University Press.

McGoldrick, M., Almeida, R., Hines, P., Garcia-Preto, Y., Rosen, E., & Lee, E. (1991). Mourning in different cultures. In F. Walsh & M. McGoldrick (Eds.) *Living beyond loss: Death in the family* (pp. 176–206) New York: W. W. Norton.

McGoldrick, M., & Walsh, F. (1991). A time to mourn: Death and the family life cycle. In F. Walsh & M. McGoldrick (Eds.), *Living beyond loss* (pp. 30–48). New York: W.W. Norton.

Meara, N., Schmidt, L., & Day, J. (1996). Principles and virtues: A foundation for ethics decisions, policies and character. *The Counseling Psychologist, 24*(1), 4–77.

Montaigne, M. (1992). *The Complete Essays.* New York: Viking Penguin.

Moore, M., & Freeman, S. (1995). Survivors of suicide: Implications for group as a post-vention. *Journal for Specialists in Group Work, 20*(1), 40–47.

Moos, N. (1995). An integrated model of grief. *Death Studies, 19*, 337–354.

Nagy, M. (1948). The child's theories concerning death. *Journal of Genetic Psychology, 73*,

3–27.

Nees, D., & Pfeffer, C. (1990). Sequelae of bereavement resulting from suicide. *American Journal of Psychiatry, 147,* 279–285.

Neimeyer, R. (1998). Death anxiety research: The state of the art. *Omega: Journal of Death and Dying, 36*(2) 97–120.

Neimeyer, R. (1998). *The lessons of loss: A guide to coping.* New York: McGraw-Hill.

Neuberger, N. (1962). Cited in J. Frank, "Nuclear Death—-The Challenge of Ethical Religion," *The Ethical Platform* (29 April, 1962).

Oakley, J. (1996). Varieties of virtue ethics. Ratio, 9 (2), 128–152.

Olds, S. (1992). *The father: Poems.* New York: Alfred A. Knopf.

Oliver, M. (1992). *New and selected poems.* Boston: Beacon Press.

Osterweis, M., Solomon, F., & Green, M. (Eds.) (1984). Bereavement: Reactions consequences and care. Report by the Committee for the study of Health Consequences of the Stress of Bereavement, Institute of Medicine, National Academy of Sciences. Washington, DC: National Academy Press.

Parkes, C. (2000). Comments on Dennis Klass's article "Developing a crosscultural model of grief." *Omega: Journal of Death and Dying, 41*(4), 323–326.

Parkes, C. (1990). Risk factors in bereavement: Implications for the prevention and treatment of pathologic grief. *Psychiatric Annals, 20*(6), 308–313.

Parkes, C. (1970). The first year of bereavement: A longitudinal study of the reaction of London widows to the death of their husbands. *Psychiatry: Journal for the Study of Interpersonal Processes, 33*(4), 444–467.

Parkes, C. (1970). Seeking and finding a lost object: Evidence for recent studies to bereavement. *Social Science and Medicine, 4*(2), 187–201.

Parkes, C. (1964). Recent bereavement as a cause of mental illness. *British Journal of Psychiatry, 110*(465), 198–204.

Parkes, C., & Brown, R. (1972). Health after bereavement: A controlled study of young Boston widows and widowers. *Psychosomatic Medicine, 34*(5), 449–461.

Parkes, C., & Weiss, R. (1983). Recovery from bereavement. New York: Basic Books.

Pastan, L. (1978). *The five stages of grief: Poems.* New York: Norton & Co.

Patterson, J., & Garwick, A. (1994). Levels of meaning in family stress theory. *Family Process, 33,* 287–304.

Pattison, E. (1978). The living-dying process in C.A. Garfield (Ed.). *Psychosocial Care of the Dying Patient.* New York: McGraw-Hill.

Pellegrino, E. (1985). The virtuous physician and the ethics of medicine. In E. Shelp & D. Thomasma (Eds.), *Virtue and Medicine: Explorations in the Character of Medicine* (pp. 237–256).

Dordrecht, Netherlands: D. Reidel. Peppers, L., & Knapp, R. (1980). *Motherhood and mourning: Perinatal death.* New York: Praeger.

Piaget, J. (1960). *The Child's Conception of the World.* Patterson, NJ: Littlefield Adams.

Piaget, J. (1973). *The Child and Reality: Problems for Genetic Psychology.* New York: Grossman.

Plimpton, E., & Rosenblum, L. (1987). Maternal loss in nonhuman primates: Implications for human development. In J. Bloom-Feshbach & S. Bollm-Feshbach (Eds.) *The psychology of separation and Loss* (pp. 63–86), San Francisco: Jossey-Bass.

Powers, L. (1993). Disability and grief: From tragedy to challenge. In G. H. S. Singer & L. E. Powers (Eds.). *Families, disability, and empowerment: Active coping skills and strategies for family interventions* (pp. 119–150). Baltimore: Paul H. Brookes Publishing Co.

Prigerson, H., Bierhals, A., Kasi, S., Reynolds, C., et al. (1996). Complicated grief as a disorder distinct from bereavement related depression and anxiety: A replication study. *American Journal of Psychiatry, 153*(11), 1484–1486.

Punzo, V. (1996). After Kohlberg: Virtue ethics and the recovery of the moral self. *Philosophical Psychology, 9* (1), 7–23.

Pynoos, R. S., & Nader, K. (1990). Children's exposure to violence and traumatic death. *Psychiatric Annals 20* (6), 334–344.

Rando, T. (1996). Complications in mourning traumatic loss. In K. Doka (Ed.), *Living with grief after a sudden loss* (pp. 139–160). Washington, DC: Hospice Foundation of America.

Rando, T. (1986). *Parental loss of a child.* Champaign, IL: Research Press Co.

Rando, T. (1984). *Grief, dying and death. Clinical interventions for caregivers.* Champaign, IL: Research Press.

Rando, T. A. (1993). The increasing prevalence of complicated mourning: The onslaught is just beginning. *Omega: Journal of Death and Dying, 26*(1), 43–59.

Rando, T. A. (1987). The unrecognized impact of sudden death in terminal illness and in positively progressing convalescence. *Israel Journal of Psychiatry and Related Sciences, 24*(1–2), 125–135.

Rando, T. A. (1983). An investigation of grief and adaptation in parents whose children have died from cancer. *Journal of Pediatric Psychology, 8*(1), 3–20.

Range, L., & Goggin, W. (1990). Reactions to suicide: Does age of the victim make a difference? *Death Studies, 14*(3), 269–275.

Raphael, B. (1983). *The anatomy of bereavement.* New York: Basic Books.

Raphael, B. (1980). A psychiatric model for bereavement counseling. In B. Mark Schoenberg (Ed.) *Bereavement Counseling: A multidisciplinary handbook.* Westport, Conn.: Greenwood Press.

Raphael, B. (1977). Preventive intervention with the recently bereaved. *Archives of General Psychiatry, 34*, 1450–1454.

Raphael, B., & Middleton, W. (1990). What is pathologic grief ? *Psychiatric Annals, 20*(6), 304–307.

Raphael, B., & Middleton, W. (1987). Current state of research in the field of bereavement. *Israel Journal of Psychiatry and Related Sciences, 24*(1–2), 5–32.

Raphael, B., & Nunn, K. (1988). Counseling the bereaved. *Journal of Social Issues, 44*(3), 191–206.

Raz, J. (1986). *The morality of freedom.* Oxford: Clarendon Press.

Reed, M., & Greenwald, J. (1991). Survivor–victim status, attachment and sudden death bereavement. *Suicide and life threatening behavior, 21*, 385–401.

Reiss, D. (1981). *The families construction of reality.* Cambridge, MA: Harvard University Press.

Reite, M., & Boccia, M. (1994). Physiological aspects of adult attachment. In M. Sperling & W. Berman (Eds.), *Attachment in adults* (pp. 98–127), New York: Guildford Press.

Rubin, S., & Schechter (1997). Exploring the social construct of bereavement: Perceptions of adjustment and recovery in bereaved men. *American Journal of Othopsychiatry, 67*, 279–289.

Rudestam, K. (1977). Physical and psychological response to suicide in the family. *Journal of Consulting and Clinical Psychology, 45*(2), 162–170.

Ruskay, S. (1996). Saying hello again: A new approach to bereavement counseling. *Hospice Journal, 11*, 5–14.

Rynearson, E. (1988). The homicide of a child. In F. M. Ochberg (Ed.), *Posttraumatic therapy and victims of violence* (pp. 213–224). Philadelphia, PA: Brunner/Mazel.

Rynearson, E. K. (1990a). Pathologic grief: The queen's croquet ground. *Psychiatric Annals, 21*(6), 295–303.

Rynearson, E. K. (1990b). Personal reflections: Is grief pathologic? *Psychiatric Annals, 20*(6), 294.

Rynearson, E. K. (1987). Psychotherapy of pathologic grief. *Psychiatric Clinics of North America, 14*(3), 487–499.

Sable, P. (1991). Attachment, loss of spouse, and grief in elderly adults. *Omega: Journal of Death and Dying, 23*(2), 129–142.

Sanders, C. (1986). Accidental death of a child. In T. A. Rando (Ed.), *Parental Loss of a Child* (pp. 181–190).

Champaign, IL: Research Press. Sanders, C. (1989). *Grief: The mourning after.* New York: Wiley.

Sanders, C. M. (1979–1980). A comparison of adult bereavement in the death of a spouse, child and parent. *Omega: Journal of Death and Dying, 10*(4), 303–322.

Scharlach, A. E. (1941). Factors associated with filial grief following the death of an elderly parent. *American Journal of Orthopsychiatry, 61*(2), 307–313.

Schatz, W. (1986). Grief of fathers. In T. A. Rando (Ed.), *Parental loss of a child.* Champaign, IL: Research Press.

Schenidman, E. (1969). *On the nature of suicide.* San Francisco: Jossey-Bass.

Schneider, J. (1984). *Stress, loss, and grief: Understanding their origins and growth potential.* Baltimore: University Park Press.

Seaburn, D. (1990). The ties that bind: Loyalty and widowhood. In E. M. Stern (Ed.), *Psychotherapy and the widowed patient* (pp. 139–146). New York: Hawthorne Press.

Seay, B., Hansen, E., & Harlow, H. (1962). Mother infant separation in monkeys. *Journal of Child Psychology and Psychiatry, 3*, 123–132.

Selye, H. (1974). *Stress without distress.* New York: McGraw-Hill.

Sherman, D. (1996). Nurses' willingness to care for AIDS patients. Image, *Journal of Nursing Scholarship, 28*, 205–214.

Shuchter, S. (1986). *Dimensions of grief: Adjusting to the death of a spouse.* San Francisco: Jossey-Bass.

Shuchter, S. R., & Zisook, S. (1990). Hovering over the bereaved. *Psychiatric Annals, 20* (6), 327–333.

Siggins, L. (1966). Mourning: A critical survey of the literature. *International Journal of*

Psycho-Analysis, 47, 14.

Silverman, E., Range, L., & Overholser, J. (1994). Bereavement from suicide as compared to other forms of bereavement. *Omega: Journal of Death and Dying, 30*(1), 41–51.

Silverman, P., Nickman, S., & Worden, J. (1992). Detachment revisited: The child's reconstruction of a dead parent. *American Journal of Orthopsychiatry, 64*(4), 494–503.

Simos, B. (1979). *A time to grieve.* New York: Family Services Association.

Smith, P., & Pederson, D. (1988). Maternal sensitivity and patterns of infant–mother attachment. *Child Development, 59,* 1097–1101.

Smith, P., Range, L. M., & Ulmer, A. (1992). Belief in afterlife as a buffer in suicidal and other bereavement. Omega: *Journal of Death and Dying, 24*(3), 217–225.

Solomon, M. (1982). The bereaved and the stigma of suicide. *Omega: Journal of Death and Dying, 13*(4), 377–387.

Spark, G. and Browdy, E., (1972). The aged are family members. In C. Sager & H. Kaplan (Eds.), *Progress in group and family therapy.* New York: Brunner/Mazel.

Speece, M., & Brent, S. (1996). The development of children's understanding of death. In C. A. Corr & D. M. Corr (Eds.), *Handbook of childhood death and bereavement.* New York: Springer Publishing Co.

Spohn, S. (1992). Notes on moral theology. *Theological Studies, 53*(1), 60–74.

Stillion, J., & McDowell, E. (1996). *Suicide across the life span: Premature exit.* Philadelphia. PA: Taylor Francis.

Stroebe, M. (1993). Coping with bereavement: A review of the grief work hypothesis. *Omega: Journal of Death and Dying, 26*(1), 19–42.

Stroufe, L. A., & Waters, E. (1977). Attachment as an organizational construct. *Child Development, 48,* 1184–1199.

Sudnow, D. (1967). *Passing on: The social organization of dying.* Englewood Cliffs, NJ: Prentice-Hall.

Teehan, J. (1995). Character, integrity and Dewey's virtue ethics. *Translations of the Charles S. Peirce Society, 31*(4), 841–863.

Tedeschi, R., & Calhoun, L. (1993). Using the support group to respond to the isolation of bereavement. *Journal of Mental Health Counseling, 15*(1), 47–54.

Thomas, L. (1996). Virtue ethics and the arc of universality: Reflections on Punzo's reading of Kant and virtue ethics. *Philosophical Psychology, 9*(1), 25–31.

Thomas, L. (1974). *The lives of a cell: Notes of a biology watcher.* New York: Viking Press.

Tobacyk, J. J., & Mitchell, T. P. (1987). The out-of-body experience and personality adjustment. *The Journal of Nervous and Mental Disease, 175*(6), 367–370.

Tolstoy (1960). *The death of Ivan Ilych and other stories.* New York: Signet Classics.

Tolstoy (1931). *War and Peace.* New York: Modern Library.

Ulmer, A., Range, L. M., & Smith, P. (1991). Purpose in life: A moderator of recovery from bereavement. *Omega: Journal of Death and Dying, 23*(4), 279–289.

Vachon, M. (1987). *Occupational stress in the care of critically ill, the dying, and the bereaved.* Washington DC, US: Hemisphere Publishing Corp.

van der Hart, O., & Goossens, F. A. (1987). Leave-taking rituals in mourning therapy. *Israel Journal of Psychiatry, and Related Sciences, 24*(1–2), 87–98.

van der Wal, J. (1990). The aftermath of suicide: A review of empirical literature. *Omega: Journal of Death and Dying, 20*(2), 149–171.

van Gennep, A. (1960). *The rites of passage*. Chicago: University of Chicago Press (Orig. pub. 1908).

Veatch, R. (1985). Against virtue: A deontological critique of virtue theory and medical ethics. In E. Shelp (Ed.) *Virtue and medicine: Explorations in the character of medicine*, 329–346. Dordrecht, Netherlands: D Reildel.

Vess, J., Moreland, J., & Schwebel, A. (1985). A follow-up study of role functioning and the psychological environment of families of cancer patients. *Journal of Psychological Oncology, 3*(2), 1–14.

Volkan, V. (1973). More on "linking objects." Paper presented at the Symposium on Bereavement. Columbia Presbyterian, Medical Center, New York City. November, 1973.

Volkan, V. (1972). The linking objects of pathological mourners. *Archives of General Psychiatry, 27*, 215–221.

Watzalawick, P., Beavins, J., & Jackson, D. (1967). *Pragmatics of human communication*. New York: Norton.

Watzalawick , P., Weakland, J., & Fisch, R. (1974). *Change: Principles of problem formation and problem resolution*. New York: Norton.

Westberg, G. (1962). *Good-grief*. Philadelphia: Fortress Press.

Wolfelt, A. (1988). *Death and grief: A guide for the clergy*. Muncie, IN: Accelerated Development.

Wolfelt, A. (1983). *Helping children cope with grief*. Muncie, IN: Accelerated Development.

Wolterstorff, N. (1987). *Lament for a son*. Grand Rapids, MI: William B. Ferdmans Publishing.

Worden, J. W. (1991). *Grief counseling and grief therapy*. New York: Springer.

Worden, W. (1996). *Children and grief: When a parent dies*. New York: The Guilford Press.

Wortman, C. B., & Silver, R. C. (1989). The myths of coping with loss. *Journal of Consulting and Clinical Psychology, 57*(3), 349–357.

Yalom, I. (1995). *The theory and practice of group psychotherapy*. New York: Basic Books.

Zisook, S. & DeVaul, R. (1985). Unresolved grief. *American Journal of Psychoanalysis, 45*, 370–379.

Zisook, S., Shuchter, S. R., & Lyons, L. E. (1987). Predictors of psychological reactions during the early stages of widowhood. *Psychiatric Clinics of North America, 10*(3), 355–368.

찾아보기

인명색인

저자 소개

스티븐 J. 프리먼 Stephen J. Freeman
새크라멘토의 캘리포니아 스테이트 대학교 상담교육학과 교수이며, 그 전에 텍사스 여자대학교에서 18년 동안 재직하며 상담을 가르쳤 다. 본인이 직접 개인 상담소를 운영하는 상담 실무의 전문가이며, 죽음, 애도, 상실을 주제로 활발한 연구와 저술 활동을 해왔다.

역자 소개

이동훈
성균관대학교 교육학과 교수(상담교육 전공)
미국 플로리다대학교 박사(Ph.D.)
성균관대학교 카운슬링센터장 및 외상심리건강연구소 소장
(전) 전국학생생활상담센터협의회 회장

강영신
전남대학교 심리학과 교수(상담심리학 전공)
미국 노스이스턴대학교 박사(Ph.D.)